韩德强/主编

中国法院类案检索与裁判规则专项研究丛书

中国法学会研究会支持计划
最高人民法院审判理论研究会主持

公司股东权利行使与责任案件裁判规则（二）

人民法院出版社

图书在版编目（CIP）数据

公司股东权利行使与责任案件裁判规则．二／韩德强主编．－－北京：人民法院出版社，2022.8
（中国法院类案检索与裁判规则专项研究丛书）
ISBN 978-7-5109-3563-3

Ⅰ．①公… Ⅱ．①韩… Ⅲ．①上市公司－股东－权益保护－审判－案例－中国 Ⅳ．①D922.291.915

中国版本图书馆CIP数据核字（2022）第134791号

中国法院类案检索与裁判规则专项研究丛书
公司股东权利行使与责任案件裁判规则（二）
韩德强　主编

责任编辑：马　倩
封面设计：鲁　娟
出版发行：人民法院出版社
地　　址：北京市东城区东交民巷 27 号（100745）
电　　话：（010）67550526（责任编辑）67550558（发行部查询）
　　　　　　65223677（读者服务部）
客　服 QQ：2092078039
网　　址：http：//www.courtbook.com.cn
E－mail：courtpress@sohu.com
印　　刷：天津嘉恒印务有限公司
经　　销：新华书店

开　　本：787 毫米×1092 毫米　1/16
字　　数：242 千字
印　　张：13.5
版　　次：2022 年 8 月第 1 版　2022 年 8 月第 1 次印刷
书　　号：ISBN 978-7-5109-3563-3
定　　价：52.00 元

版权所有　侵权必究

中国法院类案检索与裁判规则专项研究

首席专家组组长：姜启波

首席专家组成员（以姓氏笔画为序）：

丁文严　王　锐　王保森　王毓莹　代秋影　包献荣
刘俊海　李　明　李玉萍　杨　奕　吴光荣　沈红雨
宋建宝　陈　敏　范明志　周海洋　胡田野　钟　莉
袁登明　唐亚南　曹守晔　韩德强　黎章辉

公司股东权利行使与责任案件裁判规则（二）

主　编：韩德强

副主编：廖春迎　杜　岩

专家组（以姓氏笔画为序）：

卜　素　闫　飞　吕小彤　许晓晨　张　君
张宏博　陈　洋　杜　茵　周　岩　赵　桐
赵银豪　洪　靓

中国法院
类案检索与裁判规则专项研究
说　明

最高人民法院《人民法院第五个五年改革纲要（2019—2023）》提出"完善类案和新类型案件强制检索报告工作机制"。2020年9月发布的《最高人民法院关于完善统一法律适用标准工作机制的意见》（法发〔2020〕35号）对此进行了细化，并进一步提出"加快建设以司法大数据管理和服务平台为基础的智慧数据中台，完善类案智能化推送和审判支持系统，加强类案同判规则数据库和优秀案例分析数据库建设，为审判人员办案提供裁判规则和参考案例"。为配合司法体制综合配套改革，致力于法律适用标准统一，推进人民法院类案同判工作，中国应用法学研究所组织了最高人民法院审判理论研究会及其下设17个专业委员会的力量，开展中国法院类案检索与裁判规则专项研究，并循序推出类案检索和裁判规则研究成果。

最高人民法院审判理论研究会及其分会的研究力量主要有最高人民法院法官和地方各级人民法院法官，国家法官学院和大专院校专家教授，国家部委与相关行业的专业人士。这些研究力量具有广泛的代表性，构成了专项研究力量的主体。与此同时，为体现法为公器，应当为全社会所认识，并利用优秀的社会专业人士贡献智力力量，专项研究中也有律师、企业法务参加，为专项研究提供经验与智慧，并参与和见证法律适用的过程。以上研究力量按照专业特长组成若干研究团队开展专项研究，坚持同行同专业同平台研究的基本原则。

专项研究团队借助大数据检索平台，形成同类案件大数据报告，为使用者提供同类案件裁判全景；从检索到的海量类案中，挑选可索引的、优秀的例案，为使用者提供法律适用参考，增加裁判信心，提高裁判公信；从例案中提炼出同类案件的裁判规则，分析裁判规则提要，提供给使用者参考。从司法改革追求的目标看，此项工作能够帮助法官从浩如烟海的同类案件中便捷找到裁判思路清晰、裁判法理透彻的好判决（即例案），帮助法官直接参考从这些好判决中提炼、固化的裁判规则。如此，方能帮助法官在繁忙工作中实现类案类判。中国法院类案检索与裁判规则专项研究，致力于统一法律适用，实现法院依法独立行使审判权与法官依法独立行使裁判权的统一。这也正是应用法学研究的应有之义。

专项研究的成果体现为电子数据和出版物（每年视法律适用的发展增减），内容庞大，需要大量优秀专业人力长期投入。有关法院裁判案件与裁判内容检索的人工智能并不复杂，算法也比较简单，关键在于"人工"，在于要组织投入大量优秀的"人工"建设优质的检索内容。专项研究团队中的专家学者将自己宝贵的时间、智力投入到"人工"建设优质内容的工作中，不仅仅需要为统一我国法律适用、提升裁判公信力作出贡献的情怀，还需要强烈的历史感、责任感，具备科学的体系思维和强大的理性能力。此次专项研究持续得越久，越能向社会传达更加成熟的司法理性，社会也越能感受到蕴含在优质司法中的理性力量。

愿我们砥砺前行。

2022 年 8 月

公司股东权利行使与责任案件裁判规则（二）

前　言

随着社会发展及司法公开力度加大，案件裁判信息的交流与比较日益频繁、便捷，人民群众对法律适用及裁判尺度不统一问题的关注度不断提升，类案同判成为强烈的社会司法需求。最高人民法院也在持续关注并出台措施加以应对，如2018年印发的《关于进一步全面落实司法责任制的实施意见》提出，健全完善法律统一适用机制，各级法院应当在完善类案参考、裁判指引等工作机制基础上，建立类案及关联案件强制检索机制，确保类案裁判标准统一、法律适用统一；存在法律适用争议或者"类案不同判"可能的案件，承办法官应当制作关联案件和类案检索报告。2019年发布的《人民法院第五个五年改革纲要（2019—2023）》再次重申完善统一法律适用机制，完善类案和新类型案件强制检索报告工作机制。2020年，最高人民法院发布《关于统一法律适用加强类案检索的指导意见（试行）》，就类案检索的范围、方法、法律适用分歧解决机制等问题进行了明确。最高人民法院推动类案同判已经成为提升司法公信、实现法律适用统一的重要工作内容和手段。而实现类案同判，首先要发现类案并确立类案裁判规则，进而通过规则约束个案裁判。

近年来，我国经济取得了高速的发展和质的飞跃，随着社会主义市场经济体制的发展和完善，公司作为市场经济的重要主体，其实践内容越来越丰富，与此同时，公司运行中各相关主体的矛盾和利益冲突越来越多地表露出来，涉及公司、股东、债权人权益以及公司内部治理的纠纷经常发生，公司诉讼案件数量呈逐年上升趋势，而公司诉讼案件应该是各类商事纠纷诉讼中最为复杂的一种。这既缘于我们对这一领域的生疏，缺乏长期的实践积累，也缘于其中包含了太多、太复杂的法律关系和各种具有特殊内容的商事法律规范及商事运作规则。

　　司法实践中，因一些公司法律制度的适用问题缺乏细致性规定导致同一类纠纷案件有许多不同裁判观点。股东是公司运行、诉讼最直接、最常见的参与者和亲历者，股东权利的行使与责任的承担，是贯穿整个公司实践的主线，涉及股东权利行使与责任的案件也是公司诉讼中体量最大的一类案件。因此，提炼公司股东权利行使与责任类案件的裁判规则，具有极高的实践价值。

　　为确保公司股东权利行使与责任类案裁判规则研究的公信度与权威性，最高人民法院审判理论研究会、中国应用法学研究所组织牵头，由北京市第二中级人民法院专门审理与公司有关的纠纷类案件的民四庭负责具体的编著事务。在最高人民法院法研所研究员韩德强主编的统筹指导下，精心编写、认真论证、反复打磨，终成本书。针对审判实践中遇到的公司股东权利的取得、行使、义务与责任方面的争议问题及新型或疑难复杂问题，编写团队依托大数据检索平台、辅之各类经典案例，从检索收集到的海量类案中，研究、分析、提炼类案裁判规则25条，并最终确定22条成熟的裁判规则。每条规则下均附有该规则的类案检索报告，确保项下案例与规则具有高度契合性，保证统计数据的准确度。此外，每条规则下还提供了可供参考的例案、裁判规则提要及辅助信息，彰显了裁判规则的权威性、准确性和可适用性。可供参考例案均系编写团队精心挑选，通过个案向读者展示裁判思路；裁判规则提要是类案裁判规则的核心，是对规则的法理依据、审理要点及适用情形的具体阐释；辅助信息则附注了与裁判规则相关的法律条文，方便读者查阅。

本书 22 条裁判规则基本涵盖了当前涉及股东权利行使与责任审判领域中的重点、热点、疑难问题，全面展示了该领域内的权威司法裁判观点，为法官、律师及其他从事相关实务、研究的人员提供了有益的参考。当然，受制于经济发展速度、公司实践丰富及编者水平等原因，本书难免存在疏漏，敬请广大读者不吝赐教，帮助笔者进一步总结提高，共同凝聚涉及公司股东权利行使与责任案件的法律适用共识，推进类案同判，促进适法统一。

公司股东权利行使与责任案件裁判规则（二）

凡　例

一、法律法规

《中华人民共和国民法典》，简称《民法典》

《中华人民共和国公司法》，简称《公司法》

《中华人民共和国民事诉讼法》，简称《民事诉讼法》

《中华人民共和国涉外民事关系法律适用法》，简称《涉外民事关系法律适用法》

二、司法解释

《最高人民法院关于适用〈中华人民共和国公司法〉若干问题的规定（一）》，简称《公司法解释一》

《最高人民法院关于适用〈中华人民共和国公司法〉若干问题的规定（二）》，简称《公司法解释二》

《最高人民法院关于适用〈中华人民共和国公司法〉若干问题的规定（三）》，简称《公司法解释三》

《最高人民法院关于适用〈中华人民共和国公司法〉若干问题的规定（四）》，简称《公司法解释四》

《最高人民法院关于适用〈中华人民共和国公司法〉若干问题的规定（五）》，简称《公司法解释五》

《最高人民法院关于适用〈中华人民共和国民事诉讼法〉的解释》,简称《民事诉讼法解释》

《最高人民法院印发〈关于执行案件立案、结案若干问题的意见〉的通知》,简称《执行案件立结案意见》

目 录

第一部分　公司股东权利行使与责任案件裁判规则摘要　// 001

第二部分　公司股东权利行使与责任案件裁判规则　// 011

公司股东权利行使与责任案件裁判规则第 13 条：股东请求公司分配利润但未提交载明利润分配方案的股东会决议，人民法院应当驳回其诉讼请求。但股东有证据证明公司有盈余、符合法定分配条件且存在部分股东滥用股东权利变相分配利润、隐瞒或转移公司利润等情形的，诉讼中可强制盈余分配，且不以股权回购、代位诉讼等其他救济措施为前提　/ 013

一、类案检索大数据报告　/ 013
二、可供参考的例案　/ 015
三、裁判规则提要　/ 027
四、辅助信息　/ 029

公司股东权利行使与责任案件裁判规则第 14 条：股东在公司股东会或者股东大会作出包含具体分配方案的利润分配决议后转让股权的，转让方请求公司按照决议内容分配利润的，人民法院应予支持。转让方将依据前述决议享有的利润给付请求权一并转让的除外 / 030

一、类案检索大数据报告 / 030

二、可供参考的例案 / 032

三、裁判规则提要 / 042

四、辅助信息 / 045

公司股东权利行使与责任案件裁判规则第 15 条：有限责任公司股东提出关于公司收购其股份请求的，以提出请求的股东对《公司法》第七十四条规定情形的股东会决议投反对票为前提，否则法院不予支持其请求。除非股东能够证明非因其自身过错导致其无法对相应决议投反对票 / 047

一、类案检索大数据报告 / 047

二、可供参考的例案 / 049

三、裁判规则提要 / 058

四、辅助信息 / 060

公司股东权利行使与责任案件裁判规则第16条：除《公司法》第七十四条规定情形外，有限责任公司股东主张公司依据章程或协议的约定回购其股权的，在该约定不存在法定无效事由的情况下，法院应予支持。实际履行将不符合《公司法》关于"股东不得抽逃出资"等强制性规定的除外。有限责任公司股东依据公司章程或其与公司签订的协议中关于回购股权的约定，主张公司回购股权的，如该约定的内容不存在法定无效事由，应当认定有效，人民法院应当审查回购条件是否成就，如约定的回购条件成就，还应进一步审查回购是否符合《公司法》关于"股东不得抽逃出资"的强制性规定，判决是否支持其诉讼请求 / 061

一、类案检索大数据报告 / 061

二、可供参考的例案 / 063

三、裁判规则提要 / 069

四、辅助信息 / 073

公司股东权利行使与责任案件裁判规则第17条：公司应股东请求提起损害公司利益责任纠纷诉讼后撤回起诉，股东履行前置程序后有关主体拒绝再次提起诉讼的，股东可以自己的名义直接向人民法院提起诉讼。股东有证据证明公司在前一次诉讼中存在消极诉讼、未经股东同意随意放弃诉讼请求等情形的，股东未履行前置程序，基于相同事由以自己的名义直接提起股东代表诉讼的，人民法院应予受理 / 075

一、类案检索大数据报告 / 075

二、可供参考的例案 / 077

三、裁判规则提要 / 086

四、辅助信息 / 087

公司股东权利行使与责任案件裁判规则第 18 条：公司内部人员没有担任法律或公司章程规定的高级管理人员职务，但实际行使了公司高级管理人员职权，公司有证据证明其利用职权开展关联交易给公司造成损失，主张其向公司承担赔偿责任的，人民法院应予支持　/ 088

一、类案检索大数据报告　/ 088
二、可供参考的例案　/ 090
三、裁判规则提要　/ 103
四、辅助信息　/ 105

公司股东权利行使与责任案件裁判规则第 19 条：有限责任公司股东举证证明导致债务人公司应当进行清算的情形出现之前，债务人公司作为被执行人的案件已终结本次执行程序，并以此主张其"怠于履行义务"的消极不作为与债权人"债权无法受偿"之间没有因果关系，不应对公司债务承担连带清偿责任的，人民法院应予支持　/ 108

一、类案检索大数据报告　/ 108
二、可供参考的例案　/ 110
三、裁判规则提要　/ 126
四、辅助信息　/ 129

公司股东权利行使与责任案件裁判规则第20条：《公司法解释二》第十八条第二款规定的清算清偿责任需要具备的行为要件是指，清算义务人应当或者能够履行妥善保管义务、及时组织清算义务，但未履行或未妥善、及时履行上述义务。有限责任公司股东举证证明其针对保管义务和及时组织清算义务已经积极采取了措施，或者保管不善出现的后果以及未能开展清算的结果系由于其他原因造成，其对此没有过错，在此情况下，有限责任公司主张其不应当对公司债务承担连带清偿责任的，人民法院依法予以支持 / 131

　　一、类案检索大数据报告　/ 132
　　二、可供参考的例案　/ 133
　　三、裁判规则提要　/ 149
　　四、辅助信息　/ 150

公司股东权利行使与责任案件裁判规则第21条：债权人依据《公司法解释二》第十八条第二款的规定请求有限责任公司股东对公司债务承担连带责任的，诉讼时效期间自债权人知道或者应当知道公司无法进行清算之日起计算。公司出现清算事由后，因无财产可供执行，人民法院对债权人的强制执行申请作出终结本次执行程序裁定的，债权人签收该裁定的时间可以认定为"债权人知道或者应当知道公司无法进行清算之日" / 151

　　一、类案检索大数据报告　/ 152
　　二、可供参考的例案　/ 153
　　三、裁判规则提要　/ 167
　　四、辅助信息　/ 169

公司股东权利行使与责任案件裁判规则（二）

公司股东权利行使与责任案件裁判规则第22条：已登记注销的公司仍有未清偿债务，债权人依据《公司法解释二》的规定起诉清算组成员、公司股东、董事、实际控制人，要求其承担相应民事责任的，人民法院予以支持　/170

一、类案检索大数据报告　/170
二、可供参考的例案　/172
三、裁判规则提要　/184
四、辅助信息　/186

第三部分　公司股东权利行使与责任案件裁判关联规则　//189

第一部分
公司股东权利行使与责任案件裁判规则摘要

公司股东权利行使与责任案件裁判规则第 13 条：

股东请求公司分配利润但未提交载明利润分配方案的股东会决议，人民法院应当驳回其诉讼请求。但股东有证据证明公司有盈余、符合法定分配条件且存在部分股东滥用股东权利变相分配利润、隐瞒或转移公司利润等情形的，诉讼中可强制盈余分配，且不以股权回购、代位诉讼等其他救济措施为前提

【规则描述】公司是否分配利润，以及具体的分配金额等，均须由公司股东会或股东大会作出决议，本质上属于公司自治的范畴。在公司没有作出利润分配决议的情形下，法院一般不会越俎代庖，径行对公司利润进行分配。然而，在资本多数决原则下，少数股东可能受到多数股东决定的长期不分配股利政策的侵害。股东有证据证明公司有盈余且存在部分股东变相分配利润、隐瞒或转移公司利润等滥用股东权利情形的，法院可适用《公司法解释四》第十五条但书部分的规定，强制对公司利润进行分配。

公司股东权利行使与责任案件裁判规则第 14 条：

股东在公司股东会或者股东大会作出包含具体分配方案的利润分配决议后转让股权的，转让方请求公司按照决议内容分配利润的，人民法院应予支持。转让方将依据前述决议享有的利润给付请求权一并转让的除外

【规则描述】股东利润分配请求权是指股东基于其公司股东的资格和地位而享有的请求分配公司利润的权利。在发生股权转让时，首先应查明转让双方是否约定股权转让前的公司利润归属问题，若该约定符合公司章程规定，且不违反法律、行政法规强制性规定，应按照约定履行。若不存在上述约定，且公司股东（大）会亦未就转让前的利润分配作出决议，全体股东亦未对此形成书面一致意见的转让方在股权转让之前所享有的股东利润分配请求权，随转让方的全部股东权利概况转让于受让方。但在股权转让前公司利润分配方案已由股东（大）会决议通过或全体股东一致书面同意的情况下，转让方享有对转让前已确定股利金额的分配请求权，该权利具有债权性质，可与股权分离而独立存在，转让方在股权转让后仍对股权转让前的公司利润享有利润给付请求权，但转让方已通过股权转让款实现的除外。

公司股东权利行使与责任案件裁判规则第 15 条：

有限责任公司股东提出关于公司收购其股份请求的，以提出请求的股东对《公司法》第七十四条规定情形的股东会决议投反对票为前提，否则法院不予支持其请求。除非股东能够证明非因其自身过错导致其无法对相应决议投反对票

【规则描述】针对有限责任公司股东会特定决议有异议的股东，可以请求公司以合理价格收购其股份，享有该项请求权的主体是对股东会特定决议投反对票的股东，其他股东请求公司收购其股份，因不符合法定的身份条件，不应得到支持。该条规定旨在平衡资本多数决的"效率"与保护中小股东的"公平"之间的矛盾，从立法本意理解，"对股东会特定决议投反对票"应扩大解释为股东针对公司内部特定事项的意见，无法通过股东会决议体现为公司的意志，包括与代表多数资本的股东意见不一致，无法召开股东会或未形成股东会决议，非因自身原因导致未能出席股东会但对决议事项持反对意见。

公司股东权利行使与责任案件裁判规则第 16 条：

除《公司法》第七十四条规定情形外，有限责任公司股东主张公司依据章程或协议的约定回购其股权的，在该约定不存在法定无效事由的情况下，法院应予支持。实际履行将不符合《公司法》关于"股东不得抽逃出资"等强制性规定的除外。有限责任公司股东依据公司章程或其与公司签订的协议中关于回购股权的约定，主张公司回购股权的，如该约定的内容不存在法定无效事由，应当认定有效，人民法院应当审查回购条件是否成就，如约定的回购条件成就，还应进一步审查回购是否符合《公司法》关于"股东不得抽逃出资"的强制性规定，判决是否支持其诉讼请求

【规则描述】《公司法》第七十四条规定了有限责任公司股东可以行使股权回购请求权的法定情形，但该条并未对公司与股东约定其他回购股权的情形予以禁止，因此股东通过有限责任公司回购股权退出公司，并不仅限于《公司法》第七十四条

规定的情形。当公司章程约定公司回购条件，或公司与股东达成协议在特定情形下由公司回购股权时，在该约定不存在法定无效事由的情况下，应认定为有效。公司回购股权不得违反资本维持原则，不得损害债权人利益，公司应进行减资或将回购的股权转让。股权转让或者注销之前，该股东不得以公司收购其股权为由对抗公司债权人。

◈ 公司股东权利行使与责任案件裁判规则第 17 条：

公司应股东请求提起损害公司利益责任纠纷诉讼后撤回起诉，股东履行前置程序后有关主体拒绝再次提起诉讼的，股东可以自己的名义直接向人民法院提起诉讼。股东有证据证明公司在前一次诉讼中存在消极诉讼、未经股东同意随意放弃诉讼请求等情形的，股东未履行前置程序，基于相同事由以自己的名义直接提起股东代表诉讼的，人民法院应予受理

【规则描述】 公司特定机关或者人员同意股东的书面申请提起诉讼后又撤诉的，首先应当审查公司是否存在任意放弃诉权的情况，如果公司未经股东同意擅自撤回起诉，且未能对撤回起诉提供合理理由，则可以认定公司不存在再次提起诉讼的可能性。在这种情况下，股东可以不再履行前置程序直接提起诉讼。而对于股东同意公司撤回起诉的情况，撤回起诉可能存在合理理由，公司可能待条件成熟后再行起诉。对于存在公司再行起诉可能性的案件，股东应履行前置程序后方可提起股东代表起诉。

◈ 公司股东权利行使与责任案件裁判规则第 18 条：

公司内部人员没有担任法律或公司章程规定的高级管理人员职务，但实际行使了公司高级管理人员职权，公司有证据证明其利用职权开展关联交易给公司造成损失，主张其向公司承担赔偿责任的，人民法院应予支持

【规则描述】 关于《公司法》第二百一十六条第一款关于公司高级管理人员范围的理解，应当采取符合立法目的的扩大解释，将虽未被公司任命为经理、副经理、财务负责人或上市公司董事会秘书等法律或公司章程规定的高管职务，但在事实上行使了公司高级管理人员职权的公司内部人员也认定为公司高级管理人员。对于这部分人员违反相关法律法规的规定，利用关联关系损害公司利益，给公司造成损失的行为，人民法院应当依法判决其向公司承担赔偿责任。

公司股东权利行使与责任案件裁判规则第19条：

有限责任公司股东举证证明导致债务人公司应当进行清算的情形出现之前，债务人公司作为被执行人的案件已终结本次执行程序，并以此主张其"怠于履行义务"的消极不作为与债权人"债权无法受偿"之间没有因果关系，不应对公司债务承担连带清偿责任的，人民法院应予支持

【规则描述】《公司法解释二》第十八条第二款规定："有限责任公司的股东、股份有限公司的董事和控股股东因怠于履行义务，导致公司主要财产、账册、重要文件等灭失，无法进行清算，债权人主张其对公司债务承担连带责任的，人民法院应依法予以支持。"该条款规定的有限责任公司清算义务人的连带清偿责任属于侵权责任，从责任构成要件的角度说，股东等清算义务人承担责任的前提是其不作为与债权人的债权利益受到损失之间具有因果关系。债权人的债权经过人民法院的强制执行程序，没有发现债务人公司有可供执行的财产线索，人民法院终结本次执行程序，债权人的债权未能受偿或者未能足额受偿，此时可以认定债权人的债权利益遭受损失。而在此之后债务人公司出现应当进行清算的情形，此时债务人公司清算义务人的清算义务方才产生，即便清算义务人怠于履行义务，该"原因行为"在后，债权人利益受损的"结果"在前，无法认定清算义务人"怠于履行义务"与债权人"债权无法受偿"之间存在因果关系。

公司股东权利行使与责任案件裁判规则第 20 条：

《公司法解释二》第十八条第二款规定的清算清偿责任需要具备的行为要件是指，清算义务人应当或者能够履行妥善保管义务、及时组织清算义务，但未履行或未妥善、及时履行上述义务。有限责任公司股东举证证明其针对保管义务和及时组织清算义务已经积极采取了措施，或者保管不善出现的后果以及未能开展清算的结果系由于其他原因造成，其对此没有过错，在此情况下，有限责任公司主张其不应当对公司债务承担连带清偿责任的，人民法院依法予以支持

【规则描述】《公司法解释二》第十八条第二款规定的"怠于履行义务"中的"怠于履行"是指没有启动清算程序成立清算组，或者在清算组组成后没有履行清理公司主要财产以及管理好公司账册、重要文件等义务。这里的"怠于"，是一种消极的不作为行为，过错形态既包括故意，也包括过失。故意是指有限责任公司的股东在法定清算事由出现后，在能够履行义务的情况下，有意不履行启动清算程序、成立清算组进行清算、清理公司主要财产及管理好公司主要账册、重要文件等义务；在其他股东请求其履行清算义务的情况下，拒绝履行。过失是指公司在法定清算事由出现的情况下，股东基于法律知识的欠缺，不知道要履行清算义务，启动清算程序，成立清算组、清理公司主要财产以及管理好公司账册、重要文件等义务。因此，在审理这类案件的过程中，股东举证证明其已经履行清算义务采取了一定的积极行为，如请求控股股东或者其他股东对公司进行清算，但后者没有启动。又如，股东作为清算组成员，请求清算组其他成员清理公司主要财产及管理好公司账册、重要文件，但清算组其他成员没有积极作为。再如，公司清算事由出现之前，公司的账册、重要文件已经因自然灾害或者被司法机关收缴等原因而导致这些材料灭失或者股东对这些材料失去控制等。

公司股东权利行使与责任案件裁判规则第 21 条：

债权人依据《公司法解释二》第十八条第二款的规定请求有限责任公司股东对公司债务承担连带责任的，诉讼时效期间自债权人知道或者应当知道公司无法进行清算之日起计算。公司出现清算事由后，因无财产可供执行，人民法院对债权人的强制执行申请作出终结本次执行程序裁定的，债权人签收该裁定的时间可以认定为"债权人知道或者应当知道公司无法进行清算之日"

【规则描述】《公司法解释二》第十八条第二款赋予债权人向怠于履行公司清算义务以致无法清算的股东主张连带清偿公司债务的权利。该条规定一方面旨在强化清算义务人依法、及时清算的法律责任，另一方面也竭力实现债权人与公司股东之间合法权益的平衡。而债权人请求股东对公司债务承担连带责任的侵权之债请求权受诉讼时效限制既是权利基础的要求，亦是不同利益主体间权益平衡的体现。诉讼时效的设置，旨在督促债权人在知晓股东怠于履行清算义务，且其债权无从清偿后及时行使其对股东享有的连带清偿请求权。而对于债权人主张该项请求权的理想化状态是先提起强制清算，在人民法院的终结裁定中获得类似于"公司主要财产、章程、重要文件等灭失，无法清算"的事实认定，再诉股东承担连带清偿责任，然而司法实践中，多数债权人并未先启动强制清算程序，而是在其债权走到终结本次执行程序时，发现股东在此前便已存在怠于清算的情形，此时此刻，便应作为债权人知道或者应当知道公司无法清算的起算点。

公司股东权利行使与责任案件裁判规则第 22 条：

已登记注销的公司仍有未清偿债务，债权人依据《公司法解释二》的规定起诉清算组成员、公司股东、董事、实际控制人，要求其承担相应民事责任的，人民法院予以支持

【规则描述】公司注销应以合法清算完毕为前提，对于已经清算登记注销的公司未清偿债务，清算组成员或公司股东、董事、实际控制人如存在违反法律法规、不履行法定义务的情形或在注销登记过程中对公司债务作出承诺，则应承担相应责任。该

规定系为保护公司债权人利益，规范公司股东、董事、实际控制人及清算组成员依法履职而设计的规则。从《公司法解释二》的规定看，清算组成员或公司股东、董事、实际控制人对公司未清偿债务承担责任的情形分4种：（1）清算组成员未履行对债权人的通知、公告义务导致债权人未及时申报债权而未获清偿，或执行未经确认的清算方案，或从事清算事务时，违反法律、行政法规或者公司章程时，对债权人的损失承担赔偿责任。（2）公司股东、董事、实际控制人以虚假清算报告骗取注销登记的，对公司债务承担赔偿责任。（3）公司股东、董事、实际控制人未经清算即办理公司注销登记导致公司无法清算的，对公司债务承担清偿责任。（4）公司股东、董事、实际控制人在办理公司注销登记时对公司债务作出承诺的，按承诺对公司债务承担责任。

第二部分
公司股东权利行使与责任案件裁判规则

公司股东权利行使与责任案件裁判规则第 13 条：

股东请求公司分配利润但未提交载明利润分配方案的股东会决议，人民法院应当驳回其诉讼请求。但股东有证据证明公司有盈余、符合法定分配条件且存在部分股东滥用股东权利变相分配利润、隐瞒或转移公司利润等情形的，诉讼中可强制盈余分配，且不以股权回购、代位诉讼等其他救济措施为前提

【规则描述】 公司是否分配利润，以及具体的分配金额等，均须由公司股东会或股东大会作出决议，本质上属于公司自治的范畴。在公司没有作出利润分配决议的情形下，法院一般不会越俎代庖，径行对公司利润进行分配。然而，在资本多数决原则下，少数股东可能受到多数股东决定的长期不分配股利政策的侵害。股东有证据证明公司有盈余且存在部分股东变相分配利润、隐瞒或转移公司利润等滥用股东权利情形的，法院可适用《公司法解释四》第十五条但书部分的规定，强制对公司利润进行分配。

一、类案检索大数据报告

截至 2020 年 3 月 31 日，以"《公司法解释四》第十五条"为引用法条，并限定案由为"公司盈余分配纠纷"，通过 Alpha 案例库共检索到类案 295 件。因其中存在同一案件的一审、二审、再审裁判，同时还有套案因素等，实质上争议的焦点问题是相同的，严格意义上应将其认定为一起案件，故剔除前述情形后，实际共有 197 件案件，也即有 197 篇裁判文书。整体情况如下：

从类案地域分布看，涉案数最多的地域是广东省，共 23 件；其次是湖南省，共 14 件。（如图 1-1 所示）

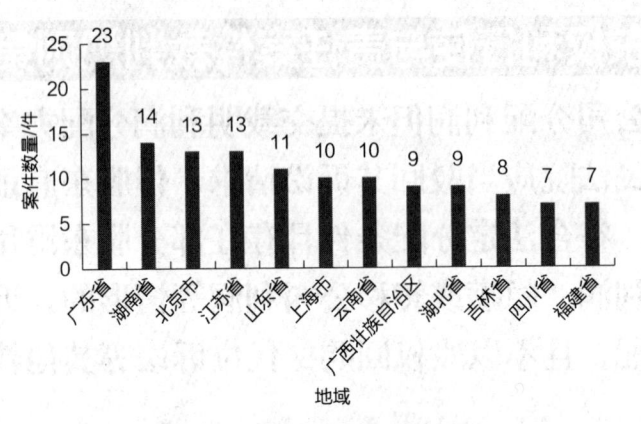

图 1-1　类案主要地域分布情况

从类案结案时间看，最多的年份是 2019 年，共有 119 件；其次为 2018 年，共有 56 件。（如图 1-2 所示）

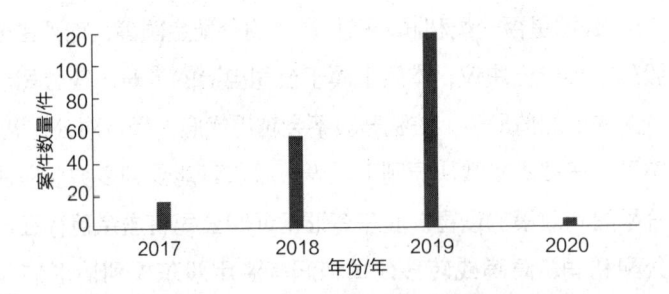

图 1-2　类案结案年度分布情况

从案件经历的审理程序看，只经过了一审程序的共计 96 件；经过一审、二审两审程序的共计 88 件，经过了一审、二审及再审程序的共计 13 件。（如图 1-3 所示）

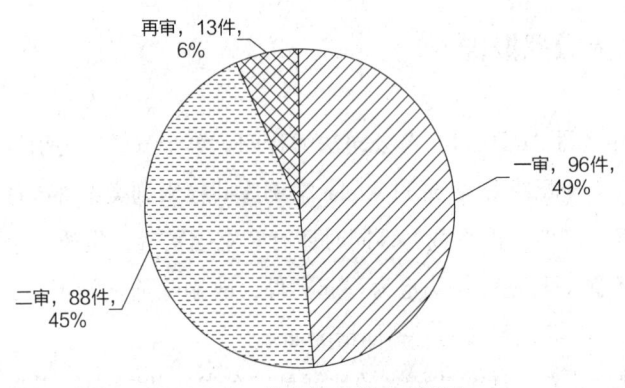

图 1-3　类案经过的审判程序

从案件的裁判结果来看，在只经过一审的案件中，全部驳回的案件数量最多，有 75 件，全部或部分支持诉讼请求的有 17 件。在二审的案件中，维持原判的数量最多，有 69 件，改判的有 9 件。再审的 13 件案件全部维持原判。（如表 1-1 所示）

表 1-1　案件的裁判结果

一审裁判结果	案件数量（件）
全部驳回	75
全部/部分支持	17
驳回起诉	2
不予受理	1
其他	1
二审裁判结果	案件数量（件）
维持原判	69
改判	9
其他	8
发回重审	2
再审裁判结果	案件数量（件）
维持原判	13

二、可供参考的例案

例案一：北京雷岩投资管理顾问有限公司与雷岩投资有限公司公司盈余分配纠纷案

【法院】

　　北京市第二中级人民法院

【案号】

　　（2019）京 02 民终 11624 号

【当事人】

　　上诉人（原审原告）：北京雷岩投资管理顾问有限公司

　　法定代表人：俞某某

　　被上诉人（原审被告）：雷岩投资有限公司

【基本案情】

北京雷岩投资管理顾问有限公司（以下简称雷岩顾问公司）上诉请求：撤销一审判决，依法发回重审或者改判，判令雷岩投资有限公司（以下简称雷岩投资公司）支付2016年度股东总分红20%的利润及相应利息暂计1万元（总分红以实际调查后的数额为准，利息按中国人民银行同期贷款利率计算）；判令雷岩投资公司支付2016年度股东总分红剩余80%利润按雷岩顾问公司持股比例分配的收益及相应利息暂计1万元（总分红以实际调查后的数额为准，利息按中国人民银行同期贷款利率计算）；雷岩投资公司承担本案的诉讼费。首先，雷岩顾问公司提交的雷岩投资公司2016年资产负债表、利润表是本案双方股东知情权案执行过程中，雷岩投资公司向法院提交的。一审法院对该资产负债表、利润表的真实性未予审查核实。依据资产负债表体现的雷岩投资公司未分配利润为56677707.8元。雷岩顾问公司作为雷岩投资公司基金管理人和股东有权按照协议约定分配公司盈余。其次，没有召开股东会并不等同于没有对其他股东分红，一审法院未查明雷岩投资公司是否对其投资的7家企业作过分红。最后，一审法院对雷岩顾问公司提出的调查雷岩投资公司分红和资产状况的申请不予批准属于程序违法。

雷岩投资公司辩称：不同意雷岩顾问公司的上诉请求及理由。公司利润分配是公司自治范畴，应由公司自主决定。根据《公司法》及司法解释的规定以及公司章程的约定，公司利润分配应由股东会或股东大会决议。雷岩顾问公司并未提供证据证明公司有股东会决议或经全部股东同意并签署文件，故一审判决驳回雷岩顾问公司诉讼请求正确，请求二审法院维持原判。

法院经审理查明：雷岩投资公司成立于2007年12月20日，注册资本5000万元，原始股东为雷岩顾问公司、首都产业控股有限公司。后于2009年12月28日发生股权变动，现股东包括首都产业控股有限公司、兴和通大投资有限公司、雷岩顾问公司、柳林，其中雷岩顾问公司出资额为49.9985万元。2008年10月，上述四方签署了关于雷岩投资公司的股份转让、投资的协议。该协议涉及了雷岩投资公司基本情况和股份转让的约定、出资人权利义务、投资及投资决策、出资总额、认缴出资额等事项。其中第2.3.4条约定：鉴于《公司法》允许股东之间按照约定进行分红，首都产业控股有限公司、兴和通大投资有限公司、柳林和雷岩投资公司特此约定，在取得投资收益后，由公司通过股东会决议，确定雷岩顾问公司可以享受股东总分红部分的20%的比例激励收益或利润，剩余80%利润由首都产业控股有限公司、兴和通大投资有限公司、柳林及雷岩顾问公司按照相互之间的持股比例分配，除非另有约定。

一审庭审中，雷岩顾问公司明确其系基于雷岩投资公司股东身份提起本案诉讼，并认可无论是根据《公司法》还是雷岩投资公司章程的规定抑或上述四方协议的约定，雷岩投资公司均应根据股东会决议进行利润分配，且雷岩投资公司未曾针对2016年度利润分配事宜作出过股东会决议。

【案件争点】

在未提供载明利润分配方案的股东会决议的情况下，雷岩顾问公司能否主张雷岩投资公司分配利润。

【裁判要旨】

雷岩顾问公司向法院请求分配雷岩投资公司利润，需提交载明具体分配方案的股东会或者股东大会决议，或举证证明股东违反法律规定滥用股东权利导致公司不分配利润，给其他股东造成了损失。现雷岩顾问公司认可雷岩投资公司针对2016年度利润分配事项未作出股东会决议，亦未能提供证据证明存在股东滥用股东权利导致公司不分配利润，给其他股东造成损失的情形。故雷岩顾问公司请求法院分配雷岩投资公司利润缺乏事实及法律依据，一审判决驳回其诉讼请求正确，二审法院予以维持。另，一审法院对雷岩顾问公司提出的调查雷岩投资公司分红和资产状况的申请不予批准，亦不属于法律规定的审判程序违法的情形，故二审法院对雷岩顾问公司的该项上诉主张不予支持。

例案二：庆阳市太一热力有限公司、李某某与甘肃居立门业有限责任公司盈余分配纠纷案[①]

【法院】

最高人民法院

【案号】

（2016）最高法民终528号

【当事人】

上诉人（一审被告）：庆阳市太一热力有限公司

法定代表人：李某某

---

① 通过Alpha案例库、中国裁判文书网查询检索，本案为最高人民法院公布的公报案例。

上诉人（一审被告）：李某某

被上诉人（一审原告）：甘肃居立门业有限责任公司

【基本案情】

庆阳市太一热力有限公司（以下简称太一热力公司）、李某某上诉请求：撤销一审判决，驳回甘肃居立门业有限责任公司（以下简称居立门业公司）诉讼请求，诉讼费用全部由居立门业公司承担。事实与理由：（1）在居立门业公司没有书面诉请的情况下，一审判决太一热力公司按中国人民银行同期贷款利率向居立门业公司支付利息，超出了诉请范围，且归属于居立门业公司的盈余在没有从公司财产中区分开来之前，仍为太一热力公司的财产，对股东之间的盈余分配判决承担利息没有事实及法律依据。（2）一审判决不仅对是否应向居立门业公司分配盈余的认定错误，而且对盈余数额的认定也错误。尤其是对应由国家收取的"接口费"，错误认定为属于太一热力公司的盈利。此外，一审的《庆阳市太一热力有限公司经营期间利润分配纠纷司法审计鉴证报告》（以下简称《审计报告》）存在诸多错误。（3）一审判决明显剥夺了法定的股东会权利，其判决结果与适用的法律规定相矛盾。没有股东会决议，就不能进行盈余分配。没有进行盈余分配，并不代表侵害股东权益。既然盈余分配权利属于股东会，那么股东就无权直接以诉讼方式请求人民法院干预股东会的权力并代行股东会的职责。在股东会作出决议前，居立门业请求进行盈余分配没有法律依据。（4）一审判决李某某承担连带责任错误。太一热力公司不认为李某某损害了居立门业公司的股东权益。李某某仅为太一热力公司的法定代表人，而非太一热力公司的股东。是否分配盈余，只能由股东会决定，在股东会没有决定盈余分配前，不存在损害股东权利的理由和事实。本案为公司盈余分配之诉，而非侵权之诉，一审适用《公司法》第二十一条、第一百五十二条规定判令李某某承担连带责任不当，该条款与股东盈余分配没有直接关系。一审认定李某某侵权适用的法律和太一热力公司章程错误，且甘肃兴盛建筑安装公司（以下简称兴盛建安公司）是否长期占用资金，与损害公司股东利益之间没有必然的联系。（5）在股东会未决定分配盈余前，居立门业公司有诸多自救行为，但无权以此提起诉讼。

居立门业公司辩称：太一热力公司、李某某的上诉理由不能成立，请求驳回上诉、维持原判。

法院经审理查明：太一热力公司由李某某和张某某二人于2006年3月设立，公司注册资本1000万元，李某某以货币212万元、实物438万元总计出资650万元，占注册资本65%；张某某出资350万元，占注册资本35%。2006年6月，太一热力公司经庆阳市工商行政管理局登记注册成立，经营范围为热能供给、管道安装维修。

2007年4月，张某某与居立门业公司签订股权转让协议，将其在太一热力公司的350万元股权转让给居立门业公司。2007年5月，李某某与甘肃太一工贸有限公司（以下简称太一工贸公司）、居立门业公司签订股权转让协议，将其在太一热力公司的股权600万元转让给太一工贸公司，50万元转让给居立门业公司。同年5月，太一热力公司修改公司章程，将公司股东变更为太一工贸公司和居立门业公司，太一工贸公司持股比例60%，居立门业公司持股比例40%，并在工商行政管理部门进行变更登记。

一审审理期间，经居立门业公司申请，一审法院于2013年5月委托甘肃茂源会计师事务有限公司对太一热力公司的盈余状况进行了审计。2015年2月9日，甘肃茂源会计师事务有限公司出具甘茂会审字〔2015〕第52号《审计报告》，结论为：截至2014年10月31日，太一热力公司资产总额93635362.38元，其中货币资金2984981.97元、应收账款3390万元、其他应收款21657860.38元、固定资产646278.82元、工程施工34446241.21元；负债总额4856924.26元；所有者权益88778438.12元，其中实收资本12805025.04元、未分配利润75973413.08元；清算收益112067641.39元，清算支出36094228.31元，清算净收益75973413.08元。

【案件争点】

1. 太一热力公司是否应向居立门业公司进行盈余分配。
2. 如何确定居立门业公司应分得的盈余数额。
3. 太一热力公司是否应向居立门业公司支付盈余分配款的利息。
4. 李某某是否应对太一热力公司的盈余分配给付不能承担赔偿责任。

【裁判要旨】

1. 关于太一热力公司是否应向居立门业公司进行盈余分配的问题。太一热力公司、李某某上诉主张，因没有股东会决议故不应进行公司盈余分配。居立门业公司答辩认为，太一热力公司有巨额盈余，法定代表人恶意不召开股东会、转移公司资产，严重损害居立门业公司的股东利益，法院应强制判令进行盈余分配。二审法院认为，公司在经营中存在可分配的税后利润时，有的股东希望将盈余留作公司经营以期待获取更多收益，有的股东则希望及时分配利润实现投资利益，一般而言，即使股东会或股东大会未形成盈余分配的决议，对希望分配利润股东的利益不会发生根本损害，因此，原则上这种冲突的解决属于公司自治范畴，是否进行公司盈余分配及分配多少，应当由股东会作出公司盈余分配的具体方案。但是，当部分股东变相分配利润、隐瞒或转移公司利润时，则会损害其他股东的实体利益，已非公司自治所能解决，此时若司法不加以适度干预则不能制止权利滥用，亦有违司法正义。虽目前有股权回购、公司解散、代位诉讼等法定救济路径，但不同的救济路径对股东的权利保护有实质区别，故需司法解释对股东的盈余分配请求权予以进一步明确。为此，《公司法解释四》第十五条规定："股东未提交载明具体分配方案的股东会或者股东大会决议，请求公司分配利润的，人民法院应当驳回其诉讼请求，但违反法律规定滥用股东权利导致公司不分配利润，给其他股东造成损失的除外。"在本案中，首先，太一热力公司的全部资产被整体收购后没有其他经营活动，一审法院委托司法审计的结论显示，太一热力公司清算净收益为75973413.08元，即使扣除双方有争议的款项，太一热力公司也有巨额的可分配利润，具备公司进行盈余分配的前提条件；其次，李某某同为太一热力公司及其控股股东太一工贸公司法定代表人，未经公司另一股东居立门业公司同意，没有合理事由就将5600万余元公司资产转让款转入兴盛建安公司账户，转移公司利润，给居立门业公司造成损失，属于太一工贸公司滥用股东权利，符合《公司法解释四》第十五条但书条款规定应进行强制盈余分配的实质要件。最后，前述司法解释规定的股东盈余分配的救济权利，并未规定需以采取股权回购、公司解散、代位诉讼等其他救济措施为前置程序，居立门业公司对不同的救济路径有自由选择的权利。因此，一审判决关于太一热力公司应当进行盈余分配的认定有事实和法律依据，太一热力公司、李某某关于没有股东会决议不应进行公司盈余分配的上诉主张不能成立。

  2. 关于如何确定居立门业公司应分得的盈余数额问题。太一热力公司、李某某上诉主张，《审计报告》采用了未经质证的证据材料作为审计依据且存在6项具体错误。居立门业公司答辩认为，一审判决对太一热力公司盈余数额的认定相对客观公正。二审法院认为，在未对盈余分配方案形成股东会或股东大会决议情况下司法介入盈余分配纠纷，系因控制公司的股东滥用权利损害其他股东利益，在确定盈余分配数额时，要严格公司举证责任以保护弱势小股东的利益，但还要注意优先保护公司外部关系中债权人、债务人等的利益。本案中，首先，一审卷宗材料显示，一审法院组织双方对公司账目进行了核查和询问，对《审计报告》的异议，一审庭审中也进行了调查，并组织双方当事人质证辩论。太一热力公司、李某某虽上诉主张审计材料存在未质证问题，但并未明确指出哪些材料未经质证，故二审法院对该上诉理由不予支持。其次，对于太一热力公司能否收取诉争的1038.21万元入网"接口费"，双方当事人各执一词，因该款项涉及案外人的实体权益，应当依法另寻救济路径解决，而不应在本案公司盈余分配纠纷中作出认定和处理，故该款项不应在本案中纳入太一热力公司的可分配利润，一审判决未予扣减不当，二审法院予以纠正。最后，太一热力公司、李某某上诉主张的《审计报告》其他5项具体问题，均属事实问题，其在二审中并未提交充分证据证明一审判决的相关认定有误，故二审法院不予调整。因此，居立门业公司应分得的盈余数额，以一审判决认定的太一热力公司截至2014年10月31日可分配利润51165691.8元为基数，扣减存在争议的入网"接口费"1038.21万元，再按居立门业公司40%的股权比例计算，即为16313436.72元。

3. 关于太一热力公司是否应向居立门业公司支付盈余分配款利息的问题。太一热力公司、李某某上诉主张，公司盈余分配的款项不应计算利息。居立门业公司答辩认为，李某某挪用公司收入放贷牟利，需对居立门业公司应分得的盈余款给付利息。二审法院认为，公司经营利润款产生的利息属于公司收入的一部分，在未进行盈余分配前相关款项均归属于公司；在公司盈余分配前产生的利息应当计入本次盈余分配款项范围，如本次盈余分配存在遗漏，仍属公司盈余分配后的资产。公司股东会或股东大会作出盈余分配决议时，在公司与股东之间即形成债权债务关系，若未按照决议及时给付则应计付利息，而司法干预的强制盈余分配则不然，在盈余分配判决未生效之前，公司不负有法定给付义务，故不应计付利息。本案中，首先，居立门业公司通过诉讼应分得的盈余款项系根据本案司法审计的净利润数额确定，此前太一热力公司对居立门业公司不负有法定给付义务，若《审计报告》未将公司资产转让款此前产生的利息计入净利润，则计入本次盈余分配后的公司资产，而不存在太一热力公司占用居立门业公司资金及应给付利息的问题。其次，李某某挪用太一热力公司款项到关联公司放贷牟利，系太一热力公司与关联公司之间如何给付利息的问题，居立门业公司据此向太一热力公司主张分配盈余款利息，不能成立。最后，居立门业公司一审诉讼请求中并未明确要求太一热力公司给付本判决生效之后的盈余分配款利息。因此，一审判决判令太一热力公司给付自2010年7月11日起至实际付清之日的利息，既缺乏事实和法律依据，也超出当事人的诉讼请求，二审法院予以纠正。

4. 关于李某某是否应对太一热力公司的盈余分配给付不能承担赔偿责任的问题。李某某上诉主张其没有损害公司利益，一审判令其承担连带责任没有法律依据。居立门业公司答辩认为，李某某滥用法定代表人权利损害居立门业公司股东利益，应承担赔偿责任。二审法院认为，《公司法》第二十条第二款规定"公司股东滥用股东权利给公司或者其他股东造成损失的,应当依法承担赔偿责任",第二十一条规定"公司的控股股东、实际控制人、董事、监事、高级管理人员不得利用其关联关系损害公司利益。违反前款规定,给公司造成损失的,应当承担赔偿责任",第一百四十九条规定"董事、监事、高级管理人员执行公司职务时违反法律、行政法规或者公司章程的规定,给公司造成损失的,应当承担赔偿责任",第一百五十二条规定"董事、高级管理人员违反法律、行政法规或者公司章程的规定,损害股东利益的,股东可以向人民法院提起诉讼"。盈余分配是用公司的利润进行给付,公司本身是给付义务的主体,若公司的应分配资金因被部分股东变相分配利润、隐瞒或转移公司利润而不足以现实支付时,不仅直接损害了公司的利益,也损害到其他股东的利益,利益受损的股东可直接依据《公司法》第二十条第二款的规定向滥用股东权利的公司股东主张赔偿责任,或依据《公司法》第二十一条的规定向利用其关联关系损害公司利益的控股股东、实际控制人、董事、监事、高级管理人员主张赔偿责任,或依据《公司法》第一百四十九条的规定向违反法律、行政法规或者公司章程的规定给公司造成损失的董事、监事、高级管理人员主张赔偿责任。本案中,首先,李某某既是太一热力公司法定代表人,又是兴盛建安公司法定代表人,其利用关联关系将太一热力公司5600万余元资产转让款转入关联公司,若李某某不能将相关资金及利息及时返还太一热力公司,则李某某应当按照《公司法》第二十一条、第一百四十九条的规定对该损失向公司承担赔偿责任。其次,居立门业公司应得的盈余分配先是用太一热力公司的盈余资金进行给付,在给付不能时,则李某某转移太一热力公司财产的行为损及该公司股东居立门业公司利益,居立门业公司可要求李某某在太一热力公司给付不能的范围内承担赔偿责任。最后,《公司法》第一百五十二条规定的股东诉讼系指其直接利益受到损害的情形,本案中李某某利用关联关系转移公司资金直接损害的是公司利益,应对公司就不能收回的资金承担赔偿责任,并非因直接损害居立门业公司的股东利益而对其承担赔偿责任,一审判决对该条规定法律适用不当,二审法院予以纠正。因此,一审判决判令太一热力公司到期不能履行本案盈余分配款的给付义务则由李某某承担赔偿责任并无不当,李某某不承担责任的上诉主张,二审法院不予支持。

例案三：郴州城宇房地产开发有限公司与孙某公司盈余分配纠纷案

【法院】

湖南省郴州市中级人民法院

【案号】

（2019）湘10民终3095号

【当事人】

上诉人（原审被告）：郴州城宇房地产开发有限公司

法定代表人：傅某

被上诉人（原审被告）：孙某

【基本案情】

郴州城宇房地产开发有限公司（以下简称城宇公司）上诉请求：（1）撤销一审判决，依法改判；（2）本案一审、二审诉讼费用由孙平承担。主要的事实和理由：（1）一审法院在确认盈余分配金额时，将2018年1月1日至2019年2月28日期间城宇公司预估可实现的利润，作为城宇公司已产生盈利进行分配是没有依据的。《审计报告》并未提供详细计算依据，未考虑公司各个经营阶段的费用投入差异和经营自主性，其预估方法不具有合理性。（2）城宇公司股东并未滥用股东权利给其他股东造成损失，不符合强制盈余分配的实质条件。因为项目开发时间长、前期资金压力大，通过从公司外调取资金用于开发，后期再进行归还，是惯常的经营方式，并非只要与持股相关方来往就是关联交易或违法行为。（3）城宇公司账簿设置符合会计准则的要求，账目清晰，未设置多套账簿应付股东查询，亦未通过非法手段篡改股东可能分配的利润，仅是未对利润分配的时间达成一致意见。（4）一审法院以城宇公司存在可供分配的利润，但长期不向股东分配，严重损害股东合法权益的裁判理由，并不是《公司法解释四》第十五条所要考虑的构成要件，如认为有利润长期不分配，可以按照《公司法》相关规定要求公司进行回购即可。无论是项目合伙清算还是对公司盈余分配，均属于当事人自治范畴，审判权作为公权力，应充分尊重当事人的意思自治，不宜过早强制介入。

孙某辩称：驳回城宇公司的上诉请求。主要事实和理由：《审计报告》中关于2018年1月1日至2019年2月28日的审计结论：城宇公司可实现利润151838195.55元，可以作为一审请求分配利润的依据。关于公司盈利分配是否属于城宇公司的自治范围，在于城宇公司的股东是否滥用权利造成公司无法分配利润给其他股东造成损失，城宇公司认为应当尊重公司的意思自治，不宜强制介入，其观点损害了其他股东的利益。根据最高人民法院相关案例，为保护公司股东的利益，司法机关可以根据公司股东滥用权利造成无法分配利润的情况强制对公司盈利进行分配。

法院经审理查明：2015 年 2 月 2 日，城宇公司召开股东会，作出变更公司股东股权的决定，变更后的股东持股比例为：厦门华程投资开发有限公司持股 35.8%、郴州瑞锦物资贸易有限公司持股比例 25.58%、厦门大都投资开发有限公司持股比例 24.13%、孙某持股比例 4.83%、郑某某持股比例 3.86%、王某某持股比例 2.9%、赖某某持股比例 2.9%……2018 年 4 月 25 日，城宇公司减资，注册资本变更为 800 万元，孙某持股比例仍为 4.83%。

本案审理期间，经孙某申请，一审法院委托湖南金华会计师事务所有限责任公司对城宇公司开发的"君临天下"项目自 2009 年 10 月至 2017 年 12 月 31 日财务状况进行审计。2018 年 12 月 30 日，湖南金华会计师事务所有限责任公司出具湘金会师专字〔2019〕第 009 号《审计报告》，审计结果为："君临天下"项目累计实现利润总额 142110731.89 元，计提所得税 35527682.97 元，期末未分配利润 114926009.9 元，其中第一期 106583048.92 元，第二期 8342960.98 元。

在《审计报告》第 5 项"有待核实的问题"第 3 款"项目成本核算中有待查实的问题"中显示，城宇公司将应支付"君临天下"项目的工程款 1350 万元用于长沙华庭项目使用，其中 1000 万元至今未还。在《审计报告》的附件"君临天下项目其他应收款－大额资往来情况表"中显示，城宇公司有其他大额资金往来。在《审计报告》附件"其他应收款审计明细表"中"拆借款科目"显示，厦门华程投资有限公司拆借款两笔分别为 49798920.25 元、7343612 元，厦门瑞城投资开发有限公司拆借款 200 万元、湖南高峰实业发展有限公司拆借款 50 万元、郴州市瑞锦物资贸易有限公司拆借款 5218000 元。另外，在《审计报告》第 5 项"有待核实的问题"第 3 款"项目成本核算中有待查实的问题"显示，"君临天下"项目累计银行贷款 1.4 亿元中有 8150 万元转入湖南创高建设有限公司日月星城项目（2011 年 12 月至 2016 年 9 月）财务账，未收取银行借款利息，银行贷款利息全部由"君临天下"项目承担。在《审计报告》附件"利润及利润分配审计汇总表"（截止时间：2017 年 12 月 31 日）载明，城宇公司开发的"丽景郴江"项目未分配利润为 5106722.67 元。

一审法院在国家企业信用信息公示系统查询到，本案城宇公司与厦门华程投资开发有限公司、厦门大都投资开发有限公司、郴州市瑞锦物资贸易有限公司、湖南创高建设有限公司等公司的关联关系。

【案件争点】

1. 人民法院是否应该介入城宇公司自治范围内的利润分配问题，并强制分配利润。

2. 如果需要强制分配利润，应分配的利润范围如何确定。

【裁判要旨】

关于焦点一。一般情况下，是否分配利润、拿出多少利润来分配，属于公司的自治范围，人民法院一般不予干预。但根据《公司法解释四》第十五条的规定："……违反法律规定滥用股东权利导致公司不分配利润，给其他股东造成损失的除外。"在此种情况下，人民法院应该介入并决定是否强制分配利润。就本案而言，二审法院除认可一审法院的分析以外，另认为：（1）城宇公司2004年1月即已成立，2009年10月开始筹备建设"君临天下"项目，至本案诉讼时该项目已经基本开发完成，住宅已经销售88%以上；且在2016年7月19日的股东会议上城宇公司向股东报告"项目运营成功，项目处于无风险状态"，因此，城宇公司分配利润的基本条件已经成就。（2）孙某要求分配利润，城宇公司以及控股股东并没有给出不分配利润的恰当理由。一般而言，在公司存在巨额利润的情况下，不予分配利润的正当考虑应当是公司后续发展、后续项目建设等情况，但在本案诉讼中城宇公司的答辩意见中并没有涉及公司的后续发展问题，而是仅限于分配条件没有成就、一审审计结论确定的利润数额不正确等现实因素，上述答辩意见均不能成立。（3）更为重要的是，公司的股东应当得到公平的对待，这是法律最基本的原则。如果公司的控股股东通过控制权实际上获得了投资回报，那么虽然公司没有形成分配利润的决议，但小股东在没有办法通过公司治理结构满足诉求的情况下，通过诉讼要求获得相应的对待，人民法院予以适当司法干预就成为合情、合理、合法且符合逻辑的结果，并没有侵害公司的治理权。就本案而言，根据一审审计的情况，城宇公司控股股东以及关联公司实际上从城宇公司已经获得了巨额的资金，且在审计过程中未配合审计机构说明具体理由，在诉讼中对该事实也没有否认，仅以资金调配为由予以抗辩，上述事实可以证明城宇公司小股东没有得到公平、一致的对待。（4）《公司法》所规定的在公司连续5年不分配利润的情况下，股东有权要求公司回购股权，应当理解为对股东的授权，并不是赋予义务，公司不能据此获得强制回购股权的权利，故是否要求公司回购股权的选择权应由股东自己决定。同样的道理，人民法院应当尊重股东的选择权，不能因股东会不能达成分配利润的决议，就对案件拒绝裁判或要求在公司清算时再解决有关争议。因此，本案需要司法干预并强制分配利润。

关于焦点二。第一，一审审计结论应该是审理本案的依据，理由：（1）一审法院委托的审计机构具有相应的资质；（2）审计的依据是一审法院依法调取的城宇公司的财务账册，具有真实性，且双方当事人不持异议；（3）一审中审计机构已经保障了当事人的权利，城宇公司未配合、未按照要求提交相应的依据，相应的后果应该由城宇公司承担。第二，一审后城宇公司启动税审、造价询价等工作以及城宇公司被部分购房者起诉要求承担违约责任等，均不能成为本案不分配利润的正当理由。（1）城宇公司启动税审、造价询价等工作，是在本案一审后进行的，考虑到城宇公司开发的"君临天下"项目早已基本完成，其启动上述工作的时间节点不能让人信服；（2）相应的税金、工程造价款，审计中已经予以考虑并相应扣除；（3）项目还存在大量未销售房产，正常情况下只会增加相应的利润，在2016年7月19日的股东会上城宇公司除报告"项目处于无风险状态"外，还报告"项目尚有未销售现房货值约2.3亿存货"；（4）本案是因大股东运用其控制地位致使小股东利益受损而引发的诉讼，人民法院应当对上述行为作出否定性评价。同时，假如公司的利润之后经有权机构经合法程序认定与本案的审计结论存在偏差，公司可以通过追索的方式，要求股东返还，还有相应的救济途径。相反，如果人民法院因此而拒绝强制分配利润，则小股东的权利无法得到救济。基于以上分析，从价值选择方面考虑，本案应该依据现有证据作出相应的裁判。第三，城宇公司事实上存在巨额利润。（1）有一审审计结论予以证实；（2）有2016年7月19日城宇公司股东会决议予以证实；（3）城宇公司已经提取公司法所规定的法定公积金，且未在本案分配范围之内。第四，城宇公司应分配的利润范围如何确定。对此，一审法院已经予以详细论述，法院赞同，不再重复。第五，城宇公司账面上并没有相应的足额资金，是否影响本案的处理？从审计意见看，城宇公司与其大股东以及大股东关联公司之间存在巨额的往来，其中厦门华程拆借逾5000万元，长沙华庭项目1000万元未归还，如此等等。上述事实表明，尽管城宇公司账面上目前没有足额的资金，但不影响本案的处理。此外，城宇公司主张孙某只是"君临天下"项目的合伙人，不是公司的股东，该主张与公司登记事项不符；即使如城宇公司所言孙某只是"君临天下"项目的合伙人，因一审所处理的只是"君临天下"项目的利润问题，没有将公司的其他项目的利润纳入分配范围（如，城宇公司先行开发的丽景郴江项目500余万利润没有在本案处理范围之内，且一审另行扣除了"君临天下"项目400万元公积金），上述处理均是有利于城宇公司的。故法院不认可城宇公司的有关主张。

三、裁判规则提要

《公司法解释四》第十五条规定，股东未提交载明具体分配方案的股东会或者股东大会决议，请求公司分配利润的，人民法院应当驳回其诉讼请求，但违反法律规定滥用股东权利导致公司不分配利润，给其他股东造成损失的除外。该条文旨在实现尊重公司自治和保护少数股东的利益之间的平衡。

（一）公司利润分配系公司内部自治事项

股利分配请求权是股东对于自己的投资期望得到回报的一种权利。既然股利分配请求权是股东对自己的投资回报所享有的期待权，那么，股东是否能够实现这种权利，在事实上取决于公司经营是否产生利润。公司当年度有盈利，需要先遵守法律的强制性规定，用来弥补亏损，提取法定公积金和任意公积金。

公司的利润不能自动量化为每个股东的收益，公司向股东分配股利须由公司作出决议后再实施。我国《公司法》第三十七条规定，股东会行使审议批准公司的利润分配方案和弥补亏损方案的职权。第四十六条规定，董事会对股东会负责，制订公司的利润分配方案和弥补亏损方案。第九十九条规定，《公司法》第三十七条第一款关于有限责任公司股东会职权的规定，适用于股份有限公司股东大会。由此可见，无论是有限责任公司还是股份有限公司，公司股利分配方案由董事会制订，交股东会或股东大会决议通过后，交付董事会执行。一般情况下，是否分配利润、拿出多少利润来分配，属于公司的自治范围，法院一般不予干预。在公司没有作出利润分配决议的情形下，法院一般不会越俎代庖，径行对公司的利润进行分配。

（二）法律对公司利润分配的介入和规制

股利分配关系到公司、股东、管理层、债权人等利害关系人的切身利益，这些利害关系人之间的利益不一致，甚至存在冲突。如果任由股东确定股利分配方案，可能出现有利于己的短期行为，不利于公司的长期发展，损害其他利害关系人的利益。这要求股利分配制度必须平衡这些利益冲突，保障各方利益。因此，股利分配不能完全任由公司自治，法律须对其有所规制。

在资本多数决的原则下，利润分配的决定不可避免地与运作或控制公司的大股东或董事等个人意思紧密相连。若控制者掌握公司权力拒不分配公司利润或者非法分配时，少数股东可能受到多数股东决定的长期不分配股利方案的侵害。此时，为了实现对小股东的保护，法律规定了一些救济途径。例如，《公司法》第七十四条规定的投反对票的股东享有股权回购请求权，依照《公司法》第七十一条的规定，股东也可以向第三人转让股权。当然，这些解决途径都是以股东退出公司为条件的，是股东的无奈之举，是法定的、消极的救济措施。

考虑到在公司在实务中大股东滥用股权及多数决原则，欺压中小股东的纠纷时有发生，消极的救济途径显然并不足以切实保护中小股东的利益，因此《公司法解释四》第十五条但书部分确认了强制利润分配诉讼，即滥用股东权利导致公司不分配利润，并给其他股东造成损失的，允许股东在公司没有作出利润分配决议的情形下，直接向法院提起请求公司分配利润之诉。

（三）法院介入并强制进行公司利润分配的依据

一般而言，在公司存在巨额利润的情况下，不予分配利润的正当考虑应当是公司后续发展、后续项目建设等情况。公司应就不分配利润进行说明，公司仅以分配条件没有成就、审计确定的利润数额不正确等因素作为不分配利润的依据，不具有说服力。当然，公司是否就其商业判断向法院作出说明，并不是法院介入并强制进行公司利润分配的决定性因素。法院介入并强制进行公司利润分配的依据是请求公司分配利润的股东能够提供证据证明存在"违反法律规定滥用股东权利导致公司不分配利润，给其他股东造成损失的"的情形。

法院介入并强制进行利润分配需要借助公司审计报告、资产负债表等证据进行判断。在分配公司利润方面滥用股东权利的行为主要有以下几种：一是给在公司任职的股东或者其指派的人发放与公司规模、营业业绩、同行业薪酬水平明显不符的过高薪酬，变相给该股东分配利润的；二是购买与经营不相关的服务或者财产供股东消费或者使用，变相给该股东分配利润的；三是为了不分配利润，隐瞒或者转移公司利润的，以及滥用股东权利不分配利润的其他行为。其中，控股股东、董事、监事、高级管理人员转移利润行为可能也构成关联交易，股东可依据《公司法》第二十一条规定请求控股股东、实际控制人、董事、监事、高级管理人员赔偿所造成的损失，但不影响股东提起强制利润分配诉讼。

总体来看，强制利润分配诉讼需要股东提供充分的证据，证明难度比较大，股东要注意留存其他股东滥用股东权利导致不分配利润的相关证据。例如，在公司任职的股东的薪酬远高于公司章程规定的相关证据，大股东或者董事会、高级管理人员操纵公司隐瞒或者转移利润的相关证据以及公司审计报告、财务报告等。这些证据将来可能作为职务侵占、挪用资金等刑事案件的初步报案证据。

四、辅助信息

《公司法解释四》

第十五条　股东未提交载明具体分配方案的股东会或者股东大会决议,请求公司分配利润的,人民法院应当驳回其诉讼请求,但违反法律规定滥用股东权利导致公司不分配利润,给其他股东造成损失的除外。

公司股东权利行使与责任案件裁判规则第 14 条：

股东在公司股东会或者股东大会作出包含具体分配方案的利润分配决议后转让股权的，转让方请求公司按照决议内容分配利润的，人民法院应予支持。转让方将依据前述决议享有的利润给付请求权一并转让的除外

【规则描述】　股东利润分配请求权是指股东基于其公司股东的资格和地位而享有的请求分配公司利润的权利。在发生股权转让时，首先应查明转让双方是否约定股权转让前的公司利润归属问题，若该约定符合公司章程规定，且不违反法律、行政法规强制性规定，应按照约定履行。若不存在上述约定，且公司股东（大）会亦未就转让前的利润分配作出决议，全体股东亦未对此形成书面一致意见的转让方在股权转让之前所享有的股东利润分配请求权，随转让方的全部股东权利概况转让于受让方。但在股权转让前公司利润分配方案已由股东（大）会决议通过或全体股东一致书面同意的情况下，转让方享有对转让前已确定股利金额的分配请求权，该权利具有债权性质，可与股权分离而独立存在，转让方在股权转让后仍对股权转让前的公司利润享有利润给付请求权，但转让方已通过股权转让款实现的除外。

一、类案检索大数据报告

截至 2020 年 3 月 31 日，以"股权转让""公司盈余分配纠纷"为关键词，通过 Alpha 案例库共检索到类案 543 件，经逐案阅看、分析，与本规则关联度较高的案件共有 92 件。因其中存在同一案件的一审、二审、再审裁判，严格意义上应将其认定为一起案件，同时还有同一批股权转让的多个股东对公司主张分配转让前的公司利润而提起的多起诉讼，实质上争议的焦点问题是相同的，故剔除前述情形后，实际共有 78 件案件，也即有 78 篇裁判文书。整体情况如下：

从类案地域分布看，涉案数最多的地域是江苏省，共 9 件；其次是广东省，共 8 件。（如图 2-1 所示）

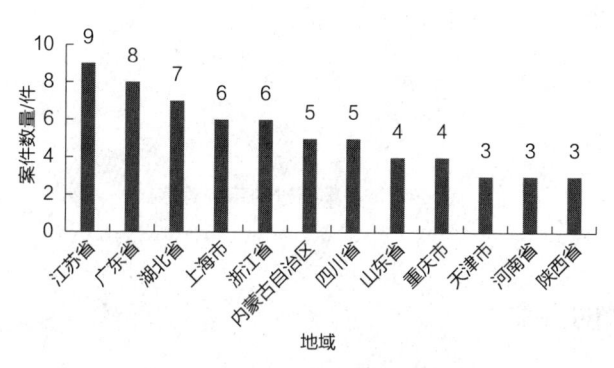

图 2-1 类案主要地域分布情况

从类案结案时间看，最多的年份是 2017 年，共有 15 件；其次为 2016 年和 2019 年，各有 13 件。（如图 2-2 所示）

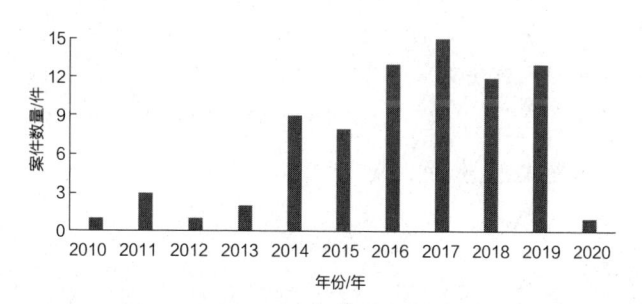

图 2-2 类案结案年度分布情况

从案件经历的审理程序看，只经过了一审程序的共计 39 件；经过一审、二审两审程序的共计 34 件；经过了一审、二审及再审程序的共计 5 件。（如图 2-3 所示）

图 2-3 类案经过的审判程序

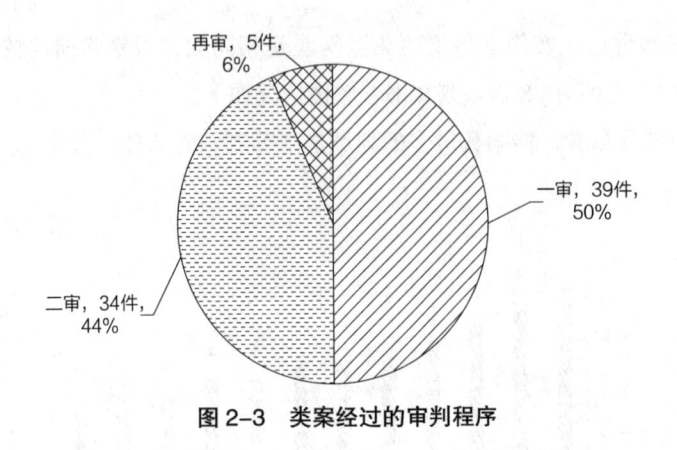

（一审，39件，50%；二审，34件，44%；再审，5件，6%）

二、可供参考的例案

例案一：黄某某与江苏三德利牧业发展有限公司、和盛食品集团有限公司公司盈余分配纠纷案[①]

【法院】

江苏省常州市中级人民法院

【案号】

（2018）苏04民终3726号

【当事人】

原告：黄某某

被告：江苏三德利牧业发展有限公司

被告：和盛食品集团有限公司

【基本案情】

黄某某诉称：2018年1月15日，泰州和盈畜牧有限公司（于2018年5月24日变更公司名称为和盛食品集团有限公司，以下简称和盛公司）与江苏三德利牧业发展有限公司（以下简称三德利公司）盖章签订《协议书》，约定在2018年4月底前，按照实际股权的10%进行红利分配，分配方式按原实际持股比例，黄某某等三德利公司股东亦在"股东"处签字。2018年4月26日，黄某某与和盛公司签订《股权转

---

① 通过Alpha案例库、中国裁判文书网查询检索，本案仅有二审判决书，没有一审判决书。

让协议》，约定黄某某同意将其在三德利公司认缴的100万元出资、占公司注册资本3.85%的股权，以100万元的价格转让给和盛公司。2018年5月17日，三德利公司进行了相应的工商变更登记手续。后因与三德利公司协商分红支付事宜未果，黄某某诉至法院要求判令三德利公司立即支付分红159065.5元及从2018年5月1日按照中国人民银行同期基准贷款利率计算至实际付款之日止的逾期付款违约金；三德利公司承担律师费10900元；和盛公司对上述费用承担连带责任；诉讼费、保全费和保函费由三德利公司、和盛公司承担。同时，黄某某主张其诉求中的"红利"实质为和盛公司应对原各股东让利进行的相应补偿，与公司是否亏损无关，并非主张公司盈余分配请求权。

三德利公司、和盛公司共同辩称：不同意黄某某的诉讼请求。此外，三德利公司主张"分红"应为盈余分配。和盛公司称股权转让款已全部支付黄某某，其中100万元股权转让在其他法院诉讼过程中，59万元在2018年1月15日签订《协议书》后支付给了黄某某。

法院经审理查明：2016年1月15日，三德利公司向黄某某发放股权证1本，股权证中记载了黄某某的入股数14460股及入股金额1590655元。2018年1月15日，和盛公司（甲方）与三德利公司（乙方）签订《协议书》1份，和盛公司以增资及股权受让方式取得三德利公司股东资格，现就各股东之间权利、义务及公司内部管理等相关事宜，达成协议如下：第一条约定，三德利公司原注册资本为1500万元，现由和盛公司增资至2600万元，增资后股权结构调整为和盛公司现金出资2000万元，占注册资本的76.924%；黄某某等人均保留原出资额100万元，占注册资本的3.846%；第五条约定，2018年4月底前，按照实际股权的10%进行红利分配，分配方式按原实际持股比例，股利计入增资后的公司财务成本，公司依法代扣个人所得税；第六条约定，2018年12月31日前，三德利公司原非法人股东根据个人意愿选择继续持股、退股或股转债。和盛公司、三德利公司分别在落款"甲方""乙方"处加盖公章，黄某某等人在"股东"处签字。2018年2月6日，三德利公司召开股东会，应到股东5人，实到股东5人。该次股东会形成决议如下：同意到场股东将其部分股权转让给公司股东以外的主体即和盛公司；决定将公司注册资本由1500万元增加至2600万元，此次增加额为1100万元；新股东和盛公司认缴新增资本的90.91%，即1000万元；新股东黄某某认缴新增资本的9.09%，即100万元。随后，三德利公司进行了相应的工商变更登记手续。2018年4月26日，黄某某与和盛公司签订《股权转让协议》1份，协议约定黄某某同意将其在三德利公司认缴的100万元出资，占公司注册资本3.85%的股权，以人民币100万元的价格转让给和盛公司。2018年5月17日，三德利公司进行了相应的工商变更登记手续。经专项审计，三德利公司于2007年8月1日至2018年1月31日期间的所有者权益合计-2698.73万元，负债和所有者权益总计5628.56万元。黄某某诉和盛公司股权转让纠纷一案（诉请和盛公司支付股权转让款100万元），经江苏省泰州市姜堰区人民法院于2018年6月12日立案受理，于2018年9月5日作出判决，判决：和盛公司支付黄某某股权转让款100万元及利息。

江苏省常州市金坛区人民法院作出（2018）苏0482民初4189号一审判决：驳回黄某某的诉讼请求。黄某某不服，提起上诉。江苏省常州市中级人民法院于2018年12月07日作出（2018）苏04民终3726号二审判决：驳回上诉，维持原判。

【案件争点】

1. 黄某某是否具有诉讼主体资格。

2. 黄某某主张的"分红"款之性质是盈余分配还是股权转让的补偿款。

3. 黄某某要求支付分红款159065.5元是否得到支持。

【裁判要旨】

1. 关于黄某某是否具有诉讼主体资格的问题。黄某某自2016年1月至2018年4月系三德利公司股东，在股权转让后，对转让前已经由股东会决议分配的利润，在不违反股权转让合同约定的情况下，应享有利润分配请求权，这是因为在公司作出有效决议后，股东的分配利润请求权就成为独立于股东权利的普通债权，不必然随着股权的转让而转移，故对于三德利公司、和盛公司辩称黄某某无诉讼主体资格的意见，不予采信。

2. 关于黄某某主张的"分红"款是盈余分配还是股权转让的补偿款问题。从合同解释的方法来看，主要包括文义解释、体系解释、目的解释、参酌交易惯例。其中文义解释应当优先考虑，毕竟合同双方旨在表达的意见，通常会以被理解和接受的语词中体现。涉案协议书中载明的是"按照实际股权的10%进行红利分配"，而非"股权转让的补偿款"。并且从款项支付主体来看，如系股权转让补偿款，则付款主体应系受让方和盛公司，但涉案协议书约定的红利分配主体却为三德利公司。黄某某在三德利公司入股金额1590655元，于2018年1月15日调整出资额为100万元，100万股金于2018年4月26日转让和盛公司，该转让纠纷已经相关法院立案处理；其余的590655元股金，三德利公司、和盛公司称已支付给黄某某，黄某某对此未提出异议。黄某某所在三德利公司股权已转让完毕，即使存在所谓股权转让补偿款，黄某某理应在此转让过程中主张。故黄某某主张的"分红"应是盈余分配。

3.关于黄某某主张的159065.5元分红付款条件是否成就的问题。从实现股利分配请求权的要件构成分析，公司分配股利必须符合《公司法》规定的实质要件和形式要件。实质要件：为了贯彻资本维持原则，不仅公司资本的减少要遵循严格的法定程序，而且不能用公司资本向股东分配股利，否则就意味着向股东返还出资，从而也就损害了资本维持原则。因此，股利分配的资金来源不能是公司的资本，而只能是公司的利润。形式要件：公司实际分配股利与否，除取决于是否有可供分配的利润外，还取决于公司的意思，通过公司意思表示机构（通常为股东会）作出是否分配的决议。而关于公司是否有利润，即判断是否具备利润分配实质要件，在证据审查上，必须有符合《公司法》规定的依法经过审查验证的财务报表和利润分配计划。为了贯彻资本充实的原则，巩固公司的财务基础，保护股东、债权人、交易关系人的利益，维护交易安全和社会经济秩序，确保社会公众利益，股东会审议批准公司的利润分配方案时，应当以经审查验证的财务会计报告作为依据。同时《公司法》第一百六十四条、第一百六十五条规定，公司应当依照相关规定制作财务会计报告，并依法经会计师事务所审计。而关于公司可否进行股利分配，除了审查是否有利润外，还应审查是否有可供分配的利润。《公司法》第一百六十七条规定，公司分配的利润须是在扣除税款、弥补了上年度亏损、提取法定公积金、提取任意公积金（按公司章程规定由股东会决议）等之后的利润，即符合《公司法》要求的可供分配的利润。《公司法》第一百六十六条还规定，股东会、股东大会或董事会违反规定的，在公司弥补亏损和提取法定公积金之前向股东分配利润的，股东必须将违反规定分配的利润退还公司。本案中，三德利公司各股东是在黄某某转让部分股权且退股之前，通过协议书的形式作出向股东分配公司剩余利润的决议，因此尽管黄某某现已不具有股东资格，但在股权转让前形成的公司股利分配决议，确立了公司与原股东黄某某之间的债权债务关系，故黄某某基于债权可主张权利，此系股东实现股利分配请求权的形式要件。但在公司无利润可供分配的情形下，根据《公司法》的相关规定，公司不得向股东分配股利，股东的股利分配请求权也只能处于期待的法律状态，此系股东实现股利分配请求权的实质要件。从三德利公司提供的审计报告来看，公司现处于亏损状态，无利润可供分配，故黄某某主张股利分配的实质要件并不成就。因此，黄某某诉请违约金、律师费、保函费、和盛公司承担连带责任的主张无事实依据，不予支持。

例案二：赵某某与金华新亚细亚进出口外包有限公司、张某某公司盈余分配纠纷案[①]

【法院】

浙江省金华市中级人民法院

【案号】

（2014）浙金商终字第1395号

【当事人】

原告：赵某某

被告：金华新亚细亚进出口外包有限公司

法定代表人：张某某

被告：张某某

【基本案情】

赵某某诉称：2009年8月14日，其与张某某共同出资50万元成立金华新亚细亚进出口外包有限公司（以下简称新亚细亚公司），赵某某出资20万元，占40%股份；张某某出资30万元，占60%股份。2012年5月12日，赵某某与张某某签订《转让股权协议书》，5月16日正式转让给张某某，张某某占股达100%。赵某某与张某某约定，赵某某享受转让前作为股东的应有的权益和义务，这也是《公司法》等法律法规之规定。股权转让后，赵某某发现新亚细亚公司2009年至2010年度出口退税892219.6元，应对该纯利润按投资股份比例关系进行分配，故诉至法院要求判令新亚细亚公司和张某某共同支付赵某某人民币356887.84元。

新亚细亚公司辩称：根据《公司法》的相关规定，只有股东才有权要求分红，而且还须在公司有利润可分的前提下。现在赵某某因已不是公司股东，其起诉不具有主体资格。公司在2009年至2012年期间，一直亏损，无利润可分，并且公司是否要分红应由股东会决定。根据《公司法》规定，公司的利润分配方案须有股东会决定，而非股东个人可自行决定的。股权转让以后的股东权利由新股东享有。股东是否有权主张转让之前的利润，这不仅要看公司在股权转让前是否有未分配利润，而且更要看股东会是否作出了分红决议。如果股东在转让股权之前，股东会已经确定分配股利，而实际还没有兑现的，原股东享有利润分配给付请求权。如果在股权转

[①] 通过Alpha案例库、中国裁判文书网查询检索，本案有一审判决书和二审判决书。

让之前并未经股东会决议分配利润，根据《公司法》规定，未经股东会讨论通过利润分配方案，则无论在股权转让前是否实际存在利润，原股东要求分配利润的要求都无法得到法院的支持。故赵某某因不具备起诉的主体条件，且公司一直亏损，无利润可分，更没有股东会通过的利润分配方案，请求驳回赵某某的诉讼请求。

张某某辩称：本案的诉状、委托书存在冒名签字冒名按手印的虚假情况，就签字等证据来看，实施诉讼的不是赵某某本人所为，而是他人冒充的。即便本案的起诉是赵某某本人意思，但其诉讼请求也不能成立。赵某某早已不是公司的股东，且公司一直亏损，没有利润可供分配，即便有利润，赵某某也没有资格请求分配，请求驳回赵某某的诉讼请求。

法院经审理查明：2009年8月14日，赵某某和张某某共同出资成立新亚细亚公司，注册资本为50万元，赵某某出资20万元，占40%的股份，张某某出资30万元，占60%的股份。2012年5月12日，赵某某与张某某签订《转让股权协议书》一份，约定：股东赵某某因需要资金周转和晚年生活，要求退股并转让股权给张某某，转让价为20万元整，张某某同意接受赵某某的40%股权，并分两次支付20万元转让款。协议还对办理股权登记、后续文书及印章交接、责任划分等其他事项作出了约定。同日，新亚细亚公司召开股东会，形成股东会决议一份，内容为：(1)赵某某按公司《章程》要求转让公司40%的股权，张某某同意接收赵某某的40%股权；(2)张某某同意赵某某40%股权的转让价为20万元；(3)张某某接收赵某某40%的股权后，占股100%。张某某依约向赵某某支付20万元股权转让款后，2012年5月21日，新亚细亚公司对投资人（股权）等进行了变更登记，由原来的赵某某占40%、张某某占60%变更为张某某占100%。现因赵某某认为其任公司股东期间公司未分配过利润，经协商无果，遂诉至法院，要求新亚细亚公司、张某某支付其担任股东期间的公司未分配利润356887.84元。另查明，在赵某某转让股权之前，新亚细亚公司的全体股东未召开股东会对利润如何分配形成决议。

浙江省金华市金东区人民法院于2014年7月14日作出（2014）金东孝商初字第117号一审判决：驳回赵某某的诉讼请求。赵某某不服，提起上诉。浙江省金华市中级人民法院于2014年9月18日作出（2014）浙金商终字第1395号二审判决：驳回上诉，维持原判。

【案件争点】

赵某某转让股权后，是否有权要求公司向其分配股权转让前的利润。

【裁判要旨】

　　股权是股东基于股东资格享有的从公司获取经济利益并参与公司经营管理的权利。根据《公司法》的规定，公司股东享有股利分配请求权、剩余财产分配请求权、新股认购优先权、退股权、股份转让权、股东名册变更请求权、股票交付请求权等自益权和参与公司重大决策和选择管理者等共益权。根据股权的概括转让原则，股权转让后，股东基于股东地位对公司所发生的全部权利（含自益权和共益权）均一并转让给受让方，也就是说，股权一旦转让，股东的权利与义务概由受让方继受。由于股利分配请求权是股东基于其股东资格和地位而固有的一项权利，与股东身份密切相连，股东转让股权后，其股东资格也随之丧失，附着于股东身份的股利分配请求权也随之丧失。基于此，股东在转让股权后不再享有股利分配请求权，不论是对转让前的公司盈利还是转让后的公司盈利其均无权要求分配。本案中，2012年5月12日，赵某某与张某某签订《股权转让协议书》，以20万元的价格将自己享有的新亚细亚公司40%的股权转让给张某某，其中在第1条、第2条、第3条，对退股与转让、股权变理登记、后续文书及印章交换，均已作出明确约定，该协议系赵某某与张某某就股权转让达成的整体协议。协议中，双方并未对公司之前的利润进行确定，也未赋予赵某某仍享有股权转让之前的利润分配权。该转让价格实质是双方对股份在受让时价值的共同确定，该股份价值包含了之前所产生的权益与负债。赵某某认为《股权转让协议书》第4条中"赵某某转让股权后，同样对投资后和转让股份前的公司经营行为承担相应的、相关的法律责任"的约定，是其享有利润分配请求权的依据。但该条规定的是"责任划分"问题，未涉及股东权利，而法律责任、法律权利、法律义务是3个完全不同的概念。该条是赵某某和张某某对股东在公司经营期间依法应承担的法律责任的进一步明确，并非对利润分配权的约定，赵某某以此主张利润分配权依据不足。在股权转让之前，新亚细亚公司的全体股东也未召开股东会对利润如何分配形成决议，赵某某所享有的股利分配请求权还仅仅是一种无法兑现的期待权。故赵某某在将股权转让之后，因其对公司所享有的一切权利义务已概括转让，股东身份也随之丧失，不再享有股利分配请求权，其无权再要求分配转让前的公司利润，其要求新亚细亚公司支付利润的请求无法律依据，不予支持。并且，公司盈余分配权纠纷发生在权利人股东（或权利承受人）和义务人公司之间，股东与其他人之间不存在盈余分配关系，故不存在盈余分配权纠纷。张某某为新亚细亚公司的股东，其与赵某某之间不存在利润分配关系，赵某某要求张某某支付利润的请求无法律依据，亦不予支持。

例案三：北京京华信托投资公司与北京顺美服装股份有限公司公司盈余分配纠纷案 [①]

【法院】

北京市第二中级人民法院

【案号】

（2016）京02民初198号

【当事人】

原告：北京京华信托投资公司

诉讼代表人：潘某某

被告：北京顺美服装股份有限公司

法定代表人：孟某某

【基本案情】

北京京华信托投资公司（以下简称京华信托公司）诉称：京华信托公司系北京顺美服装股份有限公司（以下简称顺美服装公司）原股东，曾持有顺美服装公司9%股权（540万元股份），根据顺美服装公司2008年度利润分配方案并按照京华信托公司持股比例计算，2009年顺美服装公司应向京华信托公司支付利润分配款557924.57元，但由于上述股权被法院冻结，京华信托公司一直未能获得分配。2015年2月，京华信托公司破产管理人（以下简称管理人）将京华信托公司持有的顺美服装公司9%股权通过北京金融资产交易所公开挂牌转让并实现成交，买受人为京城亚圣家具（北京）有限公司（以下简称亚圣家具公司），但前述应于2009年向京华信托公司支付的利润分配款不在转让范围。法院对上述股权解除冻结措施后，管理人代京华信托公司多次要求顺美服装公司支付利润分配款，但顺美服装公司拒不支付。为维护京华信托公司全体债权人合法权益，特诉至法院，请求法院依法判令顺美服装公司向京华信托公司支付2008年度利润分配款557924.57元；判令顺美服装公司依法承担本案诉讼费。

顺美服装公司辩称：京华信托公司不具备起诉资格。2001年8月14日，顺美服装公司收到法院协助执行通知书，要求顺美服装公司不得向京华信托公司支付股息、利润分配款。2016年3月3日，顺美服装公司收到解除上述冻结通知。因此，2001年8月14日至2016年3月3日期间，顺美服装公司无义务向京华信托公司支付股

---

① 通过Alpha案例库、中国裁判文书网查询检索，本案仅有一审判决书，没有二审判决书。

息、红利。此外，2015年2月，京华信托公司将其持有的顺美服装公司9%的股份挂牌交易给亚圣家具公司，京华信托公司已不再是顺美服装公司的股东，无权要求顺美服装公司支付股息、红利，并且在交易时已确认将包括本案标的在内的一切股东权利转让给亚圣家具公司。京华信托公司与亚圣家具公司股权转让价格确定的依据是截至2013年12月31日的评估价格。京华信托公司与亚圣家具公司签订的《股权转让协议》约定"亚圣家具公司承担京华信托公司在顺美服装公司的一切股东权利、责任"，表明京华信托公司与亚圣家具公司对未分配利润的认可。故请求驳回京华信托公司诉讼请求。

  法院经审理查明：2009年3月，顺美服装公司召开2009年度（第十三届）股东大会，出席会议的股东合计持有顺美服装公司99%的股权，其中，京华信托公司持有顺美服装公司9%的股权，北京京华信托投资公司清算组（以下简称清算组）代表京华信托公司出席了会议。该次股东大会通过包括《2008年度利润分配方案》在内的多项决议。其中，《2008年度利润分配方案》载明，2009年可供股东分配利润2065万元，顺美服装公司拟按照可分配利润的30%向股东分配股利，即向股东支付股利620万元。2011年3月23日，法院裁定受理清算组对京华信托公司的破产清算申请，并指定清算组为管理人。2014年12月29日至2015年1月26日，管理人在北京金融资产交易所以10540620元的价格公开挂牌转让京华信托公司持有的顺美服装公司9%的股权，按照产权交易规则确定亚圣家具公司为受让方。管理人与亚圣家具公司于2015年4月27日签订《顺美服装公司股权转让协议》，约定管理人将京华信托公司持有的顺美服装公司9%的股权以10540620元的价格转让给亚圣家具公司；股权转让后，亚圣家具公司承认原顺美服装公司的合同、章程及附加，愿意履行并承担京华信托公司在顺美服装公司的一切权利、义务及责任。亚圣家具公司依约向管理人支付了上述股权转让款10540620元。2015年12月30日，法院裁定解除冻结京华信托公司持有的顺美服装公司9%股权。2016年3月3日，法院通知顺美服装公司协助解除冻结京华信托公司持有的顺美服装公司9%股权（包括股息及红利）。经审计的顺美服装公司2014年度资产负债表显示，顺美服装公司2014年12月31日的其他流动负债为619916.19元，顺美服装公司称该负债为尚未实际支付的利润分配款，包括本案诉争的利润分配款557924.57元。庭审中，顺美服装公司陈述称，2009年度股东大会通过了《2008年度利润分配方案》后，其已向部分股东支付了利润分配款，因京华信托公司持有的顺美服装公司股权被法院冻结，未向京华信托公司支付利润分配款，亚圣家具公司受让股权后，向顺美服装公司书面致函主张上述利润分配款557924.57元，但截至目前，顺美服装公司既未向京华信托公司支付上述利润分配款，也未向亚圣家具公司支付上述利润分配款。

【案件争点】

京华信托公司是否有权主张顺美服装公司向其支付2008年度利润分配款557924.57元。

【裁判要旨】

《公司法》第九十八条规定："股份有限公司股东大会由全体股东组成。股东大会是公司的权力机构，依照本法行使职权。"第九十九条规定："本法第三十七条第一款关于有限责任公司股东会职权的规定，适用于股份有限公司股东大会。"而《公司法》第三十七条第一款第六项规定了有限责任公司股东会有权审议批准公司的利润分配方案，故依照上述法律规定，顺美服装公司股东大会是公司的权力机构，有权审议批准公司的利润分配方案，依法作出的股东大会决议，对公司及全体股东均具有约束力。本案根据查明的事实，顺美服装公司2009年召开的年度股东大会通过了《2008年度利润分配方案》，决定向股东支付股利620万元，且顺美服装公司已实际向部分股东支付了利润分配款。故顺美服装公司有义务按照公司2009年度股东大会决议的内容，向当时的股东支付股利。本案中，京华信托公司直至2015年才将其持有的顺美服装公司9%的股权转让，在顺美服装公司召开2009年度公司股东大会时，京华信托公司仍然是顺美服装公司的股东。在公司股东大会就2008年度利润分配问题已经作出决议的情况下，京华信托公司有权要求顺美服装公司按照股东大会决议的内容支付2008年度的利润分配款。而且经审计的顺美服装公司2014年度资产负债表中，该部分利润分配款计入"其他流动负债"科目，表明顺美服装公司已将该部分款项作为负债。故京华信托公司与顺美服装公司之间就顺美服装公司2008年度利润分配问题存在债权债务关系。《公司法》第一百六十六条第四款规定："公司弥补亏损和提取公积金后所余税后利润，有限责任公司依照本法第三十四条的规定分配；股份有限公司按照股东持有的股份比例分配，但股份有限公司章程规定不按持股比例分配的除外。"顺美服装公司《2008年度利润分配方案》确定向股东分配利润620万元，按照京华信托公司当时持有的顺美服装公司股权比例9%计算的利润分配款为558000元，京华信托公司主张的利润分配款557924.57元并未超过该金额，而顺美服装公司也未提供证据证明公司章程规定不按持股比例分配利润，故京华信托公司主张顺美服装公司向其支付2008年度利润分配款557924.57元，具有事实依据，且不违反法律规定，法院予以支持。顺美服装公司辩称，因京华信托公司已将股权转让给亚圣家具公司，顺美服装公司已无义务向京华信托公司支付2008年度利润分配款。对此，法院认为，京华信托公司对顺美服装公司享有的该笔债权，并不因为京华信托公司转让其持有的顺美服装公司股权而消灭。管理人与亚圣家具公司签订的《顺美服装公司股权转让协议》也并未明确约定京华信托公司将该笔债权转让给亚圣家具公司。《合同法》第八十条第一款[①]规定："债权人转让权利的，应当通知债务人。未经通知，该转让对债务人不发生效力。"本案中，顺美服装公司未提交证据证明京华信托公司曾通知顺美服装公司将该笔债权即2008年度利润分配款557924.57元转让给亚圣家具公司，京华信托公司也明确表示并未将该债权转让。综合以上情况，顺美服装公司以此理由对京华信托公司的债权请求权进行抗辩，缺乏事实依据和法律依据，法院不予采纳。综上，依照《合同法》第八十条第一款[②]，《公司法》第三十七条第一款第六项、第九十八条、第九十九条、第一百六十六条第四款之规定，判决：北京顺美服装股份有限公司判决生效之日起10日内向北京京华信托投资公司支付2008年度利润分配款557924.57元。判决后，双方均未上诉，一审判决已生效。

三、裁判规则提要

关于股东利润分配请求权，《公司法》第四条规定，公司股东依法享有资产收益、参与重大决策和选择管理者等权利，《公司法解释四》在第十三条至第十五条，依次从股东请求公司分配利润之诉的诉讼主体身份、胜诉前提条件以及例外情形三个层面确定了相应司法裁判规范，《公司法解释五》也在第四条，对股东会或股东大会在通过有关分配公司利润方案的有效决议后应当完成公司利润分配的期限提出了具体要求。根据上述条文可知，司法实践中审理公司利润分配纠纷案件的基本裁判原则为股东提交载明具体分配方案的股东（大）会有效决议，请求公司分配利润，公司拒绝分配利润且其关于无法执行决议的抗辩理由不成立的，法院应当判决公司按照决议载明的具体分配方案向股东分配利润；未形成前述有效决议的，股东仅在例外情形下有权请求法院判决强制分配利润。但在发生股权转让的情况下，现有法律、司法解释条文未对股权转让方抑或是股权受让方有权行使公司利润分配请求权、

[①][②] 对应《民法典》第五百四十六条第一款："债权人转让债权，未通知债务人的，该转让对债务人不发生效力。"

向公司主张分配股权转让前的利润作出明确规定，此时除应准确理解适用上述条文外，还应追本溯源，以股东利润分配请求权的性质为切入点展开深入探究。

关于股东利润分配请求权的性质，以公司是否作出分配公司利润的生效决议为划分依据，可将该权利分为抽象的股东利润分配请求权与具体的股东利润分配请求权两种。抽象的股东利润分配请求权是指，股东因其股东资格和地位而特定享有的要求公司分配利润的股东固有权权能。该权利是股东享有的固有权，与股东身份密切相连，公司章程或公司机关亦不得对其剥夺或限制，但由于公司经营的不确定性导致公司是否存在可分配利润以及是否分配利润均不确定，在公司作出利润分配决议之前，该权利仅作为一种期待权而存在，从属于股权。具体的股东利润分配请求权又称为利润分配给付请求权是指，当公司股东（大）会已通过有效决议确认公司利润真实存在并进行具体分配时，股东有权依据载明分配公司利润方案的股东（大）会有效决议直接请求公司向其进行公司利润的给付。根据《民法典》第一百一十八条对债权概念的界定，此时的股东利润分配请求权是独立的债权，已经独立于股东成员资格而单独存在。

从现有立法层面看，根据《公司法》第四条对股东享有的资产收益权的规定，股东作为公司的投资者，获取红利系股东投资的主要目的，其在将财产投入到公司后，即以其对公司的投资享有资产收益权，只要股东按照章程或股东协议的规定如期履行了出资义务，任何一个股东都有权向公司请求分配红利。此语境下股东所享有的系抽象的股东利润分配请求权，该权利作为股东的固有权之一，从属于股权存在。根据《公司法解释四》第十四条和第十五条的规定，排除法定例外情形，仅在公司股东（大）会已形成公司利润分配具体方案的有效决议时，股东才享有具体的利润分配给付请求权，亦即利润分配给付请求权，股东有权主张公司按照决议载明的具体分配方案向其分配利润，公司拒绝分配利润且其关于无法执行决议的抗辩理由不成立的，法院应当判决支持股东的上述诉求。

根据公司是否作出分配利润生效决议来区分，股东的利润分配请求权表现出权能属性的差异，在股权转让协议未专门针对转让前的公司利润分配请求权归属作出明确约定的情况下，如果公司股东（大）会未在股权转让前对公司利润如何分配形成有效决议，则由受让方享有利润分配请求权。理由如下：首先，从权利本身性质来看，此时股权转让方在转让前所享有的股东利润分配请求权为抽象的利润分配请求权，从属于股权，由于股权转让方在转让股权后不再具备股东身份，基于股东身份所享有的前述抽象的股东利润分配请求权亦随之丧失。其次，根据股权的法律特征及股权的概括转让原则,股份一旦转让,则属于转让方的权利义务概由受让方继受,股东利润分配请求权与其他股东权利一并转让给受让方,不得独立于股份或股权存在,亦不得分割由转让方继续享有,故由受让方对股权转让前的公司利润享有股东利润分配请求权。但若转让方能够提供证据证明其所主张的利润分配请求权业经股东(大)会有效决议通过抑或全体股东以书面形式表示一致同意,也就是能够证明其与公司就股权转让前的公司利润已形成债权债务关系,亦即股权转让方在转让之前所享有的利润分配请求权已转换为公司对股权转让方的债权,股权转让方即有权要求以上述利润分配方案为依据向公司主张分配利润,但股权转让款包含转让前其应得的股权利润的除外。

也就是说还应注意维持股权转让方与受让方之间的利益平衡,即便股权转让方提交载明转让前公司利润分配方案的生效决议,如果受让方能够证明在计算股权转让款时,双方已充分考虑到转让前已有的公司利润因素并体现在转让股权价值中的,股权转让方不再享有利润分配请求权。

具备合格的公司股东身份系实现股东利润分配请求权的形式条件,股权转让方虽在股权转让后不再具备股东资格,但当其能够提交公司股东会或股东大会关于股权转让前公司利润分配的有效决议时,可以认定其与公司存在债权债务关系,进而据此可认定其具有要求公司分配转让前公司利润的资格,此种情形亦满足实现股东利润分配请求权的形式要件。但应注意的是,公司有可用于分配的利润为实现股东利润分配请求权的实质要件,在公司无利润可供分配的情形下,公司不得向股东分配股利,此时转让方的股东利润分配请求权因不具备实质要件,只能处于期待的法律状态。故股权转让方向公司主张分配转让前利润时,除须举证证明公司已通过内部自治方式审议通过了转让前公司利润分配方案,以符合实现利润分配请求权的形式要件,还应当举证证明公司存在可分配的利润,以符合实现利润分配请求权的实质要件,当公司拒绝分配利润且其关于无法执行决议的抗辩理由不成立的,转让方主张公司按照决议载明的具体分配方案向其分配转让前利润的诉讼请求才得以被法院支持。

四、辅助信息

《公司法》

第三十四条 股东按照实缴的出资比例分取红利;公司新增资本时,股东有权优先按照实缴的出资比例认缴出资。但是,全体股东约定不按照出资比例分取红利或者不按照出资比例优先认缴出资的除外。

第三十七条 股东会行使下列职权:

(一)决定公司的经营方针和投资计划;

(二)选举和更换非由职工代表担任的董事、监事,决定有关董事、监事的报酬事项;

(三)审议批准董事会的报告;

(四)审议批准监事会或者监事的报告;

(五)审议批准公司的年度财务预算方案、决算方案;

(六)审议批准公司的利润分配方案和弥补亏损方案;

(七)对公司增加或者减少注册资本作出决议;

(八)对发行公司债券作出决议;

(九)对公司合并、分立、解散、清算或者变更公司形式作出决议;

(十)修改公司章程;

(十一)公司章程规定的其他职权。

对前款所列事项股东以书面形式一致表示同意的,可以不召开股东会会议,直接作出决定,并由全体股东在决定文件上签名、盖章。

第九十九条 本法第三十七条第一款关于有限责任公司股东会职权的规定,适用于股份有限公司股东大会。

《公司法解释四》

第十三条 股东请求公司分配利润案件,应当列公司为被告。

一审法庭辩论终结前,其他股东基于同一分配方案请求分配利润并申请参加诉讼的,应当列为共同原告。

第十四条 股东提交载明具体分配方案的股东会或者股东大会的有效决议,

请求公司分配利润，公司拒绝分配利润且其关于无法执行决议的抗辩理由不成立的，人民法院应当判决公司按照决议载明的具体分配方案向股东分配利润。

第十五条　股东未提交载明具体分配方案的股东会或者股东大会决议，请求公司分配利润的，人民法院应当驳回其诉讼请求，但违反法律规定滥用股东权利导致公司不分配利润，给其他股东造成损失的除外。

《公司法解释五》

第四条　分配利润的股东会或者股东大会决议作出后，公司应当在决议载明的时间内完成利润分配。决议没有载明时间的，以公司章程规定的为准。决议、章程中均未规定时间或者时间超过一年的，公司应当自决议作出之日起一年内完成利润分配。

决议中载明的利润分配完成时间超过公司章程规定时间的，股东可以依据民法典第八十五条、公司法第二十二条第二款规定请求人民法院撤销决议中关于该时间的规定。

《民法典》

第一百一十八条　民事主体依法享有债权。

债权是因合同、侵权行为、无因管理、不当得利以及法律的其他股东，权利人请求特定义务人为或者不为一定行为的权利。

公司股东权利行使与责任案件裁判规则第 15 条：

有限责任公司股东提出关于公司收购其股份请求的，以提出请求的股东对《公司法》第七十四条规定情形的股东会决议投反对票为前提，否则法院不予支持其请求。除非股东能够证明非因其自身过错导致其无法对相应决议投反对票

【规则描述】　　针对有限责任公司股东会特定决议有异议的股东，可以请求公司以合理价格收购其股份，享有该项请求权的主体是对股东会特定决议投反对票的股东，其他股东请求公司收购其股份，因不符合法定的身份条件，不应得到支持。该条规定旨在平衡资本多数决的"效率"与保护中小股东的"公平"之间的矛盾，从立法本意理解，"对股东会特定决议投反对票"应扩大解释为股东针对公司内部特定事项的意见，无法通过股东会决议体现为公司的意志，包括与代表多数资本的股东意见不一致，无法召开股东会或未形成股东会决议，非因自身原因导致未能出席股东会但对决议事项持反对意见。

一、类案检索大数据报告

截至 2020 年 3 月 31 日，以"决议""反对""请求公司收购股份纠纷"为关键词，通过 Alpha 案例库共检索到类案 358 件，经逐案阅看、分析，与本规则关联度较高的案件共有 131 件。因其中存在同一案件的一审、二审、再审裁判，严格意义上应将其认定为一起案件，同时还有不同股东因对同一家公司同一份股东（大）会决议有异议而提起的多起诉讼，实质上争议的焦点问题是相同的，故剔除前述情形后，实际共有 61 件案件，也即有 61 篇裁判文书。整体情况如下：

从类案地域分布看，涉案数最多的地域是江苏省，共 7 件；其次是上海市，共 6

件。（如图 3-1 所示）

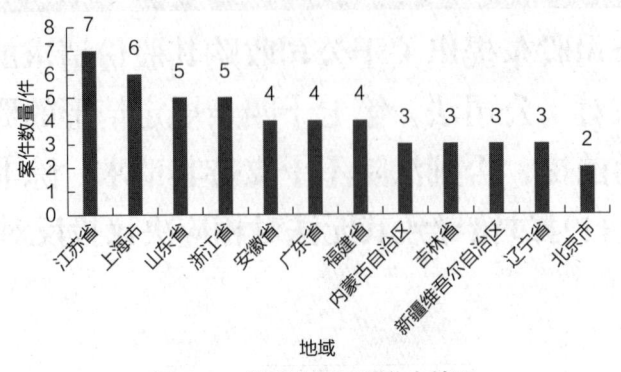

图 3-1 类案主要地域分布情况

从类案结案时间看，最多的年份是 2018 年，共有 14 件；其次为 2019 年，共有 12 件。（如图 3-2 所示）

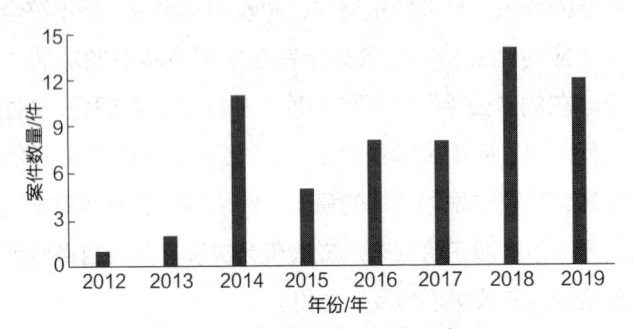

图 3-2 类案结案年度分布情况

从案件经历的审理程序看，只经过了一审程序的共计 35 件；经过一审、二审两审程序的共计 23 件，经过了一审、二审及再审程序的共计 3 件。（如图 3-3 所示）

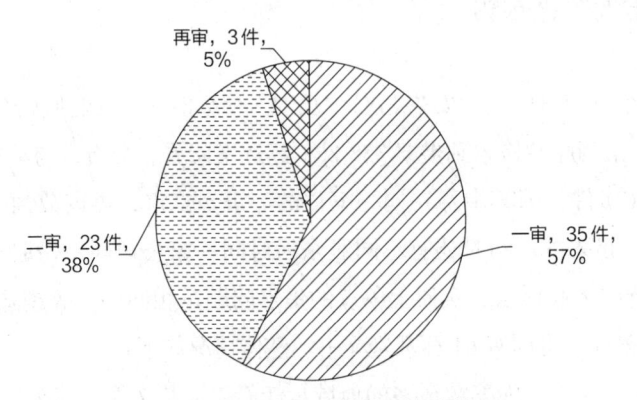

图 3-3 类案经过的审判程序情况

二、可供参考的例案

例案一：袁某某与长江置业（湖南）发展有限公司请求公司收购股份纠纷案[①]

【法院】

最高人民法院

【案号】

（2014）民申字第2154号

【当事人】

再审申请人（一审被告、二审上诉人）：长江置业（湖南）发展有限公司

法定代表人：沈某

被申请人（一审原告、二审上诉人）：袁某某

【基本案情】

再审申请人长江置业（湖南）发展有限公司（以下简称长江置业公司）因与被申请人袁某某请求公司收购股份纠纷一案，不服湖南省高级人民法院（2013）湘高法民二终字第91号民事判决，向最高人民法院申请再审。

长江置业公司申请再审称：(1) 长江置业公司提交《2009年第4次股东会议纪要》《2010年临时股东会决议》、公安机关出具的《说明》等6组新的证据，足以推翻原判决。(2) 原审判决认为袁某某有权要求长江置业公司回购股权，并依据《审计报告》确定股价，缺乏证据证明。(3) 袁某某提交的长江置业公司原财务人员杨某、刘某、严某某三人出具的《证明》系伪造，不应作为认定事实的依据。(4) 袁某某逾期提交的证据材料均未经质证，法院不应采信。(5) 长江置业公司的财务档案被法院采取保全措施，长江置业公司无法自行收集，书面申请人民法院调查收集，人民法院未调查收集错误。(6) 原审判决适用《公司法》第七十四条规定，认为袁某某有权行使股份回购请求权，适用法律错误。(7) 本案一审法官存在违法情形，应当回避而没有回避。(8) 沈某、钟某某作为公司财产共有权人，应当参加诉讼未参加诉讼。(9) 袁某某的诉讼请求为：请求判决长江置业公司根据《公司法》之规定收购袁某某20%股

[①] 通过Alpha案例库、中国裁判文书网查询检索，本案仅有再审裁定书，没有一审、二审判决书。

权，二审判决认为袁某某的请求符合《公司法》和《公司章程》的规定，超出袁某某的诉讼请求。长江置业公司依据《民事诉讼法》第二百条①第一项、第二项、第三项、第四项、第五项、第六项、第七项、第八项、第十一项之规定申请再审。

袁某某提交答辩意见称：长江置业公司的再审申请缺乏事实与法律依据，请求予以驳回。

【案件争点】

1. 袁某某是否有权请求长江置业公司回购股权。

2. 股权回购价格应如何确定。

3. 本案是否存在审判人员应当回避未予回避的情形。

4. 本案是否存在认定事实的主要证据未经质证的问题。

5. 本案是否存在原审法院应当调取证据而未予调取的情形。

6. 关于原审判决是否超出袁某某诉讼请求的问题。

7. 关于钟某某、沈某是否应当参加诉讼的问题。

【裁判要旨】

1. 关于袁某某是否有权请求长江置业公司回购股权的问题。2010年3月5日，长江置业公司形成股东会决议，明确由沈某、钟某某、袁某某三位股东共同主持工作，确认全部财务收支、经营活动和开支、对外经济行为必须通过申报并经全体股东共同联合批签才可执行，对重大资产转让要求以股东决议批准方式执行。但是，根据长江置业公司与袁某某的往来函件，在实行联合审批办公制度之后，长江置业公司对案涉二期资产进行了销售，该资产转让从定价到转让，均未取得股东袁某某的同意，也未通知其参加股东会。根据《公司法》第七十四条之规定，对股东会决议转让公司主要财产投反对票的股东有权请求公司以合理价格回购其股权。本案从形式上看，袁某某未参加股东会，未通过投反对票的方式表达对股东会决议的异议。但是，《公司法》第七十四条的立法精神在于保护异议股东的合法权益，之所以对投反对票作出规定，意在要求异议股东将反对意见向其他股东明示。本案中袁某某未被通知参加股东会，无从了解股东会决议，并针对股东会决议投反对票，况且，袁某某在2010年8月19日申请召开临时股东会时，明确表示反对二期资产转让，要求立即停止转让上述资产，长江置业公司驳回了袁某某的申请，并继续对二期资产进行转让，已经侵犯了袁某某的股东权益。因此，二审法院依照《公司法》第七十四

---

① 对应2021年12月24日修订的《民事诉讼法》第二百零七条，法条内容未作变动。

条之规定，认定袁某某有权请求长江置业公司以公平价格收购其股权，并无不当。

同时，长江置业公司《公司章程》中规定，股东权利受到公司侵犯，股东可书面请求公司限期停止侵权活动，并补偿因被侵权导致的经济损失。如公司经法院或公司登记机关证实：公司未在所要求的期限内终止侵权活动，被侵权的股东可根据自己的意愿退股，其所拥有的股份由其他股东协议摊派或按持股比例由其他股东认购。本案中，长江置业公司在没有通知袁某某参与股东会的情况下，于2010年5月31日作出股东会决议，取消了袁某某的一切经费开支，长江置业公司和其股东会没有保障袁某某作为股东应享有的决策权和知情权，侵犯了袁某某的股东权益，符合长江置业公司《公司章程》所约定的"股东权利受到公司侵犯"的情形。因此，袁某某有权根据《公司章程》的规定，请求公司以回购股权的方式让其退出公司。

从本案实际处理效果看，长江置业公司股东之间因利益纠纷产生多次诉讼，有限公司人合性已不复存在，通过让股东袁某某退出公司的方式，有利于尽快解决公司股东之间的矛盾和冲突，从而保障公司利益和各股东利益。如果长江置业公司有证据证明袁某某存在侵占公司资产的行为，可以另行主张。综上，袁某某请求长江置业公司收购其20%股权符合《公司法》和长江置业公司《公司章程》的规定。长江置业公司提交的《2009年第4次股东会议纪要》《2010年临时股东会决议》、长沙市公安局岳麓分局经济犯罪侦查大队出具的《说明》、湖南省高级人民法院（2014）民二终字第29号民事裁定书以及股东钟某某、沈某的往来函件等证据材料，均不能构成推翻二审判决的新证据。

2. 关于股权回购价格应如何确定的问题。长江置业公司在二审中提交了9组证据，拟证明《审计报告》中长江置业公司净资产的结论可据此调整，二审法院组织双方当事人对该九组证据进行了质证。经审查，上述证据所证明的款项均已纳入审计范围，不能达到长江置业公司所要证明的目的，不属于《审计报告》第五项"如出现新的证据或资料，由法院经过司法程序查证属实后，可据实调整审计结果"的情形。

3. 关于本案是否存在审判人员应当回避未予回避的情形。经向双方当事人核实，长江置业公司所称审判人员违规会见当事人，系一审法院审判人员组织双方当事人在长江置业公司调查取证时，长江置业公司工作人员利用监控设备录制的调查场景，并不存在审判人员私下会见一方当事人的情况。长江置业公司并无证据证明审判人员存在法律规定的其他回避情形，一审法院对其回避申请未予准许，并无不当。

4. 关于本案是否存在认定事实的主要证据未经质证的问题。一审审理期间，为查明案件事实，一审法院在举证期限届满后，要求袁某某在原有证据基础上，继续提供相关补充证据，以证明股权价值，根据《最高人民法院关于适用〈关于民事诉讼证据的若干规定〉中有关举证时限规定的通知》第一条之规定，举证期限届满后，针对某一特定事实或特定证据或者基于特定原因，人民法院可以根据案件的具体情况，酌情指定当事人提供证据或者反证的期限，该期限不受"不得少于三十日"的限制。一审法院对双方当事人提交的全部证据均组织了质证，长江置业公司对相关证据不予质证是对其诉讼权利的放弃，并不影响证据已经庭审质证的效力。

5. 关于本案是否存在原审法院应当调取证据而未予调取的情形。本案双方当事人向法院提交了多份证据材料，法院均予以接收并组织质证。为了案件审理，一审法院到长沙市房产信息中心调取了案涉项目的全部销售资料，与双方当事人、审计部门到长江置业公司调取了财务资料，并将上述证据甄别对比，纳入审计范围。长江置业公司在二审中申请法院调取已经保全的证据，缺乏依据，二审法院未予准许并无不当。

6. 关于原审判决是否超出袁某某诉讼请求的问题。袁某某诉请长江置业公司回购其持有的20%股权，一审法院亦作出由长江置业公司以合理价格回购上述股权的判决，并未超出诉讼请求。至于依据《公司法》的规定或《公司章程》约定系判决依据，并非诉讼请求。何况，袁某某在起诉书正文部分明确提出根据《公司法》第七十四条规定以及《公司章程》的约定提出诉请，并非仅依据《公司法》的规定提出诉讼请求。长江置业公司认为原审判决超出诉讼请求的主张，法院不予支持。

7. 关于钟某某、沈某是否应当参加诉讼的问题。本案系异议股东与公司协商不成，异议股东向公司提出退股请求的诉讼，原告被告明确。其他股东对于异议股东所持股权既无独立请求，也无法律上的利害关系，并非必须参加诉讼的当事人，原审法院未予追加并无不当。

至于长江置业公司称一审法院存在违规中止审理和延长审限的情形，缺乏证据证明，且不属《民事诉讼法》规定的再审申请事由。

综上所述，长江置业公司的再审申请应予驳回。

例案二：张某某与营口洪桥磁选机械有限公司请求公司收购股份纠纷案[①]

【法院】

辽宁省营口市中级人民法院

---

① 通过Alpha案例库、中国裁判文书网查询检索，本案仅有二审判决书，没有一审判决书。

【案号】

（2017）辽08民终1008号

【当事人】

原告：张某某

被告：营口洪桥磁选机械有限公司

法定代表人：杨某某

【基本案情】

张某某诉称：其为营口洪桥磁选机械有限公司（以下简称营口洪桥公司）股东。2015年4月10日，张某某向营口洪桥公司提出股权转让及回购股份申请，要求营口洪桥公司进行股份回购。4月12日，营口洪桥公司召开股东会决议，同意按照营口市西市区人民法院（2011）营西民二初字第103号判决标准回购张某某股份。故请求法院判决营口洪桥公司回购其股份。

营口洪桥公司辩称：同意张某某的请求，但是公司现在没有钱。

法院经审理查明：营口洪桥公司成立于2002年2月28日，现登记股东为赵某某（股份占8%）、赵春某（股份占8%）、张某某（股份占8%）、杨某某（股份占8%）、王某（股份占8%）、宋某某（股份占8%）、杨秀某（股份占26%）、董某某（股份占26%）。2015年4月10日，张某某向营口洪桥公司提出股权转让及回购股份申请，要求营口洪桥公司进行股份回购。4月12日，营口洪桥公司召开股东会决议，同意按照营口市西市区人民法院（2011）营西民二初字第103号判决标准回购张某某股权。2016年1月13日，张某某向法院提起诉讼要求营口洪桥公司回购股权。2014年5月30日，营口市西市区人民法院作出（2011）营西民二初字第103号民事判决书，判决营口洪桥公司按照资产额10466038.46元对案外人赵某某持有的股份8%、案外人宋某某持有的股份8%予以收购，即分别给付二人股权回购款837283元。该案中，张某某代理营口洪桥公司到庭参加诉讼，未对公司不分配利润提出任何异议。该判决认定如下事实："2010年，赵某某、宋某某与营口洪桥公司法定代表人董某某等产生矛盾，营口洪桥公司解除与二人的劳动关系，双方产生劳动争议诉讼。2010年9月6日，营口洪桥公司以处理公司善后为由到工商部门注册成立了营口洪桥磁选设备有限公司，新公司与营口洪桥公司经营范围基本相同，无厂房和生产设备，以'租用'营口洪桥公司厂房的形式利用营口洪桥公司的厂地、设备、人员进行生产经营，营口洪桥公司当时工商注册的股东（包括张某某）除二人外均是新公司的股东。新公司成立后，营口洪桥公司向其客户发出企业名称变更函，称营口洪桥公司从

2010年12月1日起更名为营口洪桥磁选设备有限公司并由该公司负责营口洪桥公司的合同。之后，其客户将营口洪桥公司的应收账款转入营口洪桥磁选设备有限公司账户。"营口洪桥公司对该判决上诉，营口市中级人民法院于2015年8月12日作出（2014）营民三终字第624号民事判决书，维持原判。上述判决已经进入执行阶段。

法院另查，现张某某以及其他四个案外人（赵春某、杨某、王某、董某某）均提出股权回购请求。

辽宁省营口市西市区人民法院作出一审判决：驳回张某某的诉讼请求。张某某不服，提起上诉。辽宁省营口市中级人民法院于2017年5月25日作出（2017）辽08民终1008号二审判决：驳回上诉，维持原判。

【案件争点】

张某某是否有权请求营口洪桥公司回购股份。

【裁判要旨】

《公司法》第七十四条规定："有下列情形之一的，对股东会该项决议投反对票的股东可以请求公司按照合理的价格收购其股权：（一）公司连续五年不向股东分配利润，而公司该五年连续盈利，并且符合本法规定的分配利润条件的；（二）公司合并、分立、转让主要财产的；（三）公司章程规定的营业期限届满或者章程规定的其他解散事由出现，股东会会议通过决议修改章程使公司存续的。自股东会会议决议通过之日起六十日内，股东与公司不能达成股权收购协议的，股东可以自股东会会议决议通过之日起九十日内向人民法院提起诉讼。"本案中，张某某没有证据证明曾经在股东会对公司不向股东分配利润一事投反对票，而且在其代理（2011）营西民二初字第103号案件中，代理营口洪桥公司出庭应诉，未对公司不分配利润提出任何异议，故不符合《公司法》第七十四条请求公司回购股权的条件。本案情况与（2011）营西民二初字第103号案件存在本质区别。该案中，赵某某、宋某某被营口洪桥公司解除劳动关系，营口洪桥公司利用其厂房设备人员成立名称、经营范围与其基本一致的新公司（营口洪桥磁选设备有限公司），而且对外向其客户公示原公司已更名成新公司，致使原公司名存实亡，营口洪桥公司通过这种方式将原公司的债权转至新公司，而营口洪桥公司股东中除了赵某某、宋某某均系新公司股东，故这种转让资产、设立新公司的行为严重损害了二人的股东利益，符合法律规定的股东请求公司收购其股权的前提条件。张某某系新公司股东，新公司的成立没有损害其股东利益。《公司法》规定的股权回购的前提即中小股东的股东利益受到损害，而本案中，张某某没有证据证明其股东利益受到损害，故不符合请求公司收购股权的前提。公司在其存续过程中,应当经常保持与其资本额相当的财产。资本是公司对外交往的一般担保和从事生产经营活动的物质基础,公司拥有足够的现实财产,可以在一定程度上减少债权人的交易风险,因此公司原则上不得收购自己的股份。本案中,营口洪桥公司有案件(2011)营西民二初字第103号在执行阶段,尚未执行完毕,现张某某以及其他四个案外人(赵春某、杨某、王某、董某某)均提出股权回购请求,势必使公司资产大幅度减少,违背了公司资本维持原则,而且也损害了在先债权人的利益。综上,张某某请求营口洪桥公司回购公司股权的诉讼请求,不应予以支持。

例案三：李某某与济南东方管道设备有限公司请求公司收购股份纠纷案

【法院】

山东省济南市章丘区人民法院

【案号】

(2012)章商初字第1801号

【当事人】

原告：李某某

被告：济南东方管道设备有限公司

法定代表人：李鸿某

【基本案情】

李某某诉称：2002年12月18日,原告与股东李鸿某、张某某、李玉某、刘某某5人共同出资成立济南东方管道设备有限公司(以下简称济南东方公司),其中李某某以货币出资26万元,持有公司4.33%的股权。2008年6月24日,公司增资至注册资本1500万元,李某某又以货币出资39万元,持有公司股权的比例不变。公司经过多年的良好经营,截至2011年5月31日,经审计,公司净资产已达50656956.94元,未分配利润高达3800多万。公司成立以来企业管理存在严重问题：董事会从不按公司章程召开股东会、财务账目不公开、利润不分配。李某某作为公司小股东,多次要求公司召开股东会分配利润,但均未得到实现。李某某根据《公司法》之规定与公司多次协商,要求公司回购李某某股权,但公司回避李某某的请求,拒不研究与答复,严重侵犯了李某某合法的股东权利,现李某某为维护自己的合法权益,特诉至法院,请求法院依法判令济南东方公司按照2165000元收购李某某持有的济南东方公司4.33%的股权；判令济南东方公司承担本案诉讼费用及其他费用。

济南东方公司辩称：李某某以所谓济南东方公司不召开股东会、财务账目不公开、利润不分配为由，主张请求公司收购股份之诉缺因少果；依照"谁主张谁举证"之法定原则，李某某没有证据支持其诉求；根据《公司法》关于资本确定、资本不变和资本维持的立法原则，对有限责任公司之股权回购作了明确的法律界定，非符合法定之要件而不可为，故请求驳回李某某的全部诉讼请求；本案的诉讼费用由李某某承担。

法院经审理查明：济南东方公司成立于2002年12月18日，注册资本1500万元。公司董事会由5名股东组成，分别是李某某持股4.33%，刘某某持股11.33%，李玉某持股11.33%，张某某持股11.33%，李鸿某持股61.67%。李鸿某担任公司董事长，为公司法定代表人。该公司自2008年至2012年度，连续5年盈利。其中，济南东方公司2011年的净资产为3933万元。

【案件争点】

李某某请求公司收购股份的条件是否成立。

【裁判要旨】

李某某称济南东方公司自2008年至2012年度连续5年盈利，且连续5年未向股东分配利润，济南东方公司所称的分配利润实际是给李某某的奖金，符合《公司法》第七十五条第一款第一项的规定，根据《山东省高级人民法院关于审理公司纠纷若干问题的意见（试行）》第八十一条（具有《公司法》第七十四条第一款第一项之情形，如果公司连续5年未召开股东会对分配利润进行决议的，持有公司不足十分之一表决权的股东可以请求公司按照合理的价格收购其股权）之规定，作为持股仅4.33%的李某某，可以请求济南东方公司收购其股份。针对该问题，济南东方公司认为，李某某的请求不符合《公司法》第七十四条之规定，济南东方公司连续5年盈利且连续5年向股东分配利润，但是济南东方公司未就《公司法》第七十四条第一款第一项内容召开过股东会，而李某某也未投反对票，不构成法律规定的异议股东。

由此，针对该争议焦点要解决的问题一：2008年至2012年度济南东方公司是否连续5年未向股东分配利润。济南东方公司主张2010年向股东分配过利润，股东张某某、李玉某作为证人出庭作证证实于2010年2月和2010年5月均分别收到济南东方公司分配利润款20万元和5万元。同时济南东方公司称在上述同一时间向李某某分配利润20万元和5万元，2012年12月16日向李某某定向分红10万元，该款项由济南东方公司董事长李鸿某代付。李某某称，确实收到了上述款项，但是该35

万元不是向股东的分红,而是作为奖金发放的。依据《公司法》第三十四条之规定,股东按照实缴的出资比例分取红利,但全体股东约定不按照出资比例分取红利的除外。本案中,李某某、济南东方公司所提供的公司章程第十六条规定"公司依法纳税和提取各项基金后的利润,按照股东各自的投资比例进行分配"。由此,由于济南东方公司在2010年2月、2010年5月向李某某、张某某、李玉某支付的25万元并非按照出资比例进行分配,故济南东方公司称上述款项系向股东的分红,法院不予采信。而济南东方公司于2012年12月16日作出的决议中明确记载"李某某同志身为公司股东,分管公司销售工作,为公司的发展作出了一定贡献,公司决定对其奖励壹拾万元"。法院认为,该10万元系济南东方公司支付给李某某的奖金,而非依据出资比例进行的分配利润。综上,济南东方公司在过去5年中曾向李某某3次分配利润的主张不成立,法院对济南东方公司所称2008年至2012年度曾向股东分配利润的辩解不予采信。

需要解决的问题二:李某某是否是提起股权回购请求之诉的权利主体。根据《山东省高级人民法院关于审理公司纠纷若干问题的意见(试行)》第八十一条的规定,具有《公司法》第七十四条第一款第一项之情形,如果公司连续5年未召开股东会对分配利润进行决议的,持有公司不足十分之一表决权的股东可以请求公司按照合理的价格收购其股权。《公司法》第七十四条第一款第一项规定"(一)公司连续五年不向股东分配利润,而公司该5年连续盈利,并且符合本法规定的分配利润条件的"。可见,有限责任公司中如果公司连续5年盈利、连续5年未分配利润,且连续5年未召开股东会对分配利润进行决议,持股比例不足十分之一的股东是可以请求公司按照合理价格收购其股权的。本案经审理查明,李某某持有济南东方公司4.33%的股权,不足十分之一,济南东方公司公司连续5年盈利、连续5年未分配利润,且连续5年未召开股东会对分配利润进行决议,所以李某某符合请求济南东方公司按照合理价格收购其股权的主体条件。法院认为,按照法律规定,公司连续5年不向股东分配利润,而公司该5年连续盈利,并且符合《公司法》规定的分配利润条件的,对股东会该项决议投反对票的股东可以请求公司按照合理的价格收购其股权。本案李某某仅占济南东方公司4.33%股权,在公司其他股东不提议召开临时股东会,济南东方公司又不按照法律规定及公司章程召开股东会的情况下,李某某作为持股比例不足十分之一的小股东无权提议召开临时股东会。但是,济南东方公司已表示不同意与李某某协商利润分配和股权收购问题,这使得济南东方公司是否曾经召开股东会已毫无实际意义。济南东方公司虽未实际召开股东会对《公司法》第七十四条第一款第一项内容进行决议，但已经满足"连续五年不分配利润"和"连续五年盈利"的收购条件，故法院认为李某某已经具备要求济南东方公司收购李某某股权的条件。另，李某某主张济南东方公司2011年净资产为50495056.94元，济南东方公司称2011年其公司净资产为3933万元，李某某在庭审时对此表示认可。故法院认为李某某的股权价值为1702989元（3933万元×4.33%）。据此，依据《公司法》第七十四条第一款第一项之规定，参照《山东省高级人民法院关于审理公司纠纷若干问题的意见（试行）》第八十一条之规定，判决：济南东方公司于本判决生效之日起10日内按照1702989元的价格收购李某某持有的济南东方公司4.33%的股权。

三、裁判规则提要

《公司法》第七十四条规定："有下列情形之一的，对股东会该项决议投反对票的股东可以请求公司按照合理的价格收购其股权：（一）公司连续五年不向股东分配利润，而公司该五年连续盈利，并且符合本法规定的分配利润条件的；（二）公司合并、分立、转让主要财产的；（三）公司章程规定的营业期限届满或者章程规定的其他解散事由出现，股东会会议通过决议修改公司章程使公司存续的。自股东会会议决议通过之日起六十日内，股东与公司不能达成股权收购协议的，股东可以自股东会决议通过之日起九十日内向人民法院提起诉讼。"该条围绕有限责任公司股东退股的法定情形、适用条件、前置程序、期限要求、价格确定等问题展开，是我国针对有限责任公司股东退股问题而作出的集中统一的制度安排。

（一）退股制度的由来

根据《公司法》第四十二条的规定，有限责任公司股东会进行决策的基本规则是股东按照出资比例行使表决权。有限责任公司内部奉行资本多数决原则，公司重大事务的决策，仅须公司简单多数或者三分之二以上表决权同意即可。此种逻辑模式下搭建的公司运作框架中，大股东和小股东之间的权利差异不可变，资本多数决原则可能使中小股东的利益期望受到损害。而有限责任公司股权退出渠道不畅，利益受到压制的股东很难寻找到有效的市场转让股份回收投资，进而处于进退两难的境地。《公司法》在长期的发展过程中，逐步完善对中小股东的利益保护机制，其中建立退股制度，赋予异议股东股份收购请求权，就是对这种利益平衡所作的制度安排。所谓异议股东股份收购请求权,是指当股东会作出对股东利益具有重大影响的决议时,对该决议提出异议的股东,享有请求公司以公平价格收买其所持股份,从而退出公司的权利。这种权利,可以保护中小股东用来抵御资本多数决的滥用,旨在给中小股东一个合理的退出机制。

(二)退股制度涉及的利益冲突之再平衡

如前文所述,退股制度可以合理地解决大股东与中小股东之间的利益平衡问题,但与此同时,退股制度也不能无限度地行使,因为退股的实质是股东撤回投资,必然牵涉债权人基于公司资本完整性而期望的利益安全,同时还可能给公司的正常运转带来一定损害。因此,为了平衡中小股东保护与债权人、公司利益保护的需求,需要对退股制度进行一定的限制,确保制度能够合理运行,不致造成其他甚至更大的利益损害。根据《公司法》第七十四条的规定,对有限责任公司股东退股制度的制约,主要体现在:(1)情形特定:只有针对3种特定的股东会决议有异议的,才有适用股东退股制度的可能,即公司连续5年不向股东分配利润,而公司该5年连续盈利,并且符合《公司法》规定的分配利润条件的;公司合并、分立、转让主要财产的;公司章程规定的营业期限届满或者章程规定的其他解散事由出现,股东会会议通过决议修改公司章程使公司存续的。(2)主体限定:必须是对上述决议内容投反对票的股东,才可以向公司提出收购股份的请求。(3)程序法定:股东要求公司收购其股份之前,必须与公司先行协商退股事宜,如果双方能够协议破解僵局,则司法不再介入公司内部问题,只有协商不成时,才会启动司法程序这最后一道关口。(4)期限固定:股东行使异议股东股份收购请求权,必须在特定的期限内,即特定决议通过之日起90日内,逾期将导致得不到法院支持的法律后果。(5)价格合理:要求公司收购股份的价格,必须是合理的。

(三)制度设计与公司实践的差异

从《公司法》第七十四条的制度设计来说,请求公司收购股份,前提必须是公司对特定事项作出了股东会决议,且行权股东在股东会会议上对上述决议内容投反对票。这种制度设计,源于对公司、股东理性、守法的假设,假定公司和股东对公司经营、事务的决策,都是遵照法定的议程,在程序中商讨问题、解决问题。但实践中,公司的运行往往并非这般理想,大股东对中小股东的欺压并不都是通过"资本多数决的暴力",有时也体现为拒不召开股东会、不通知中小股东参加股东会等

"赤裸裸"的方式。例如，针对公司盈余分配问题，不召开股东会会议讨论，也不进行分配，中小股东召集时拒不参加或者不同意分配，导致分配决议因达不到通过的表决权标准而无法形成。再比如，转让公司主要财产，召开股东会不通知中小股东，直接依靠其代表的多数资本表决通过，剥夺中小股东发表意见、进行决策的权利。这些情形下，对中小股东的损害甚于法定程序下依靠资本多数决通过与中小股东意见相左的决议。但如果一味机械地理解《公司法》第七十四条规定的主体条件，认为中小股东没有在股东会上对特定决议投反对票，无权要求公司收购股份，将导致《公司法》的制度安排与现实需求之间的缝隙被无限放大，现有《公司法》的框架设计成为"空中楼阁"，完全被架空。"举轻以明重"，应从《公司法》制度设计的本意出发，将这些极端的情形也纳入制度安排中，通过已有的制度解决程序之外的问题，允许在上述特定情形下，无法投出反对票的股东请求公司按照合理价格收购其股份，确保《公司法》的制度安排达到应有的目的，切实保护中小股东的利益。

四、辅助信息

《公司法》

第七十四条　有下列情形之一的，对股东会该项决议投反对票的股东可以请求公司按照合理的价格收购其股权：

（一）公司连续五年不向股东分配利润，而公司该五年连续盈利，并且符合本法规定的分配利润条件的；

（二）公司合并、分立、转让主要财产的；

（三）公司章程规定的营业期限届满或者章程规定的其他解散事由出现，股东会会议通过决议修改公司章程使公司存续的。

自股东会会议决议通过之日起六十日内，股东与公司不能达成股权收购协议的，股东可以自股东会决议通过之日起九十日内向人民法院提起诉讼。

公司股东权利行使与责任案件裁判规则第 16 条：

除《公司法》第七十四条规定情形外，有限责任公司股东主张公司依据章程或协议的约定回购其股权的，在该约定不存在法定无效事由的情况下，法院应予支持。实际履行将不符合《公司法》关于"股东不得抽逃出资"等强制性规定的除外。有限责任公司股东依据公司章程或其与公司签订的协议中关于回购股权的约定，主张公司回购股权的，如该约定的内容不存在法定无效事由，应当认定有效，人民法院应当审查回购条件是否成就，如约定的回购条件成就，还应进一步审查回购是否符合《公司法》关于"股东不得抽逃出资"的强制性规定，判决是否支持其诉讼请求

【规则描述】 《公司法》第七十四条规定了有限责任公司股东可以行使股权回购请求权的法定情形，但该条并未对公司与股东约定其他回购股权的情形予以禁止，因此股东通过有限责任公司回购股权退出公司，并不仅限于《公司法》第七十四条规定的情形。当公司章程约定公司回购条件，或公司与股东达成协议在特定情形下由公司回购股权时，在该约定不存在法定无效事由的情况下，应认定为有效。公司回购股权不得违反资本维持原则，不得损害债权人利益，公司应进行减资或将回购的股权转让。股权转让或者注销之前，该股东不得以公司收购其股权为由对抗公司债权人。

一、类案检索大数据报告

截至 2020 年 4 月 20 日，以"有限责任公司""约定""请求公司收购股份纠纷"

为关键词，通过 Alpha 案例库共检索到类案 148 件，经逐案阅看、分析，与本规则关联度较高的案件共有 42 件。因其中存在同一案件的一审、二审裁判，严格意义上应将其认定为一起案件，同时还有同一家公司的不同股东基于同样理由请求公司回购其股权而提起的多起诉讼，实质上争议的焦点问题是相同的。故剔除前述情形后，实际共有 29 件案件，也即有 29 篇裁判文书。整体情况如下：

从类案地域分布看，涉案数最多的地域是江苏省，共 4 件；其次是山东省和湖南省，各 3 件。（如图 4-1 所示）

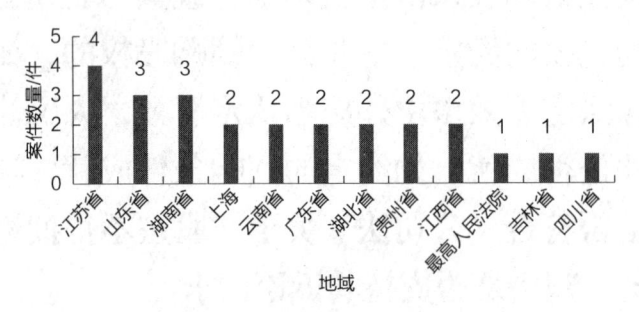

图 4-1　类案主要地域分布情况

从类案结案时间看，最多的年份是 2019 年，共有 11 件；其次为 2018 年，共有 6 件。（如图 4-2 所示）

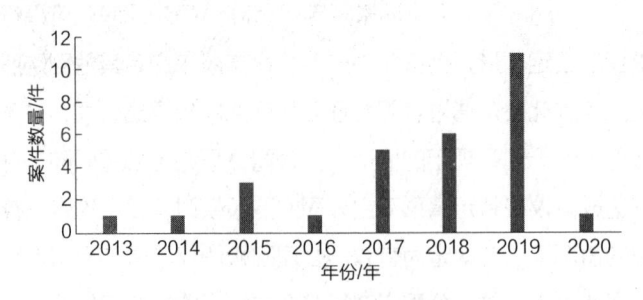

图 4-2　类案结案年度分布情况

从案件经历的审理程序看，只经过了一审程序的共计 20 件；经过一审、二审两审程序的共计 8 件，经过了一审、二审及再审程序的共计 1 件。（如图 4-3 所示）

再审，1件，3%

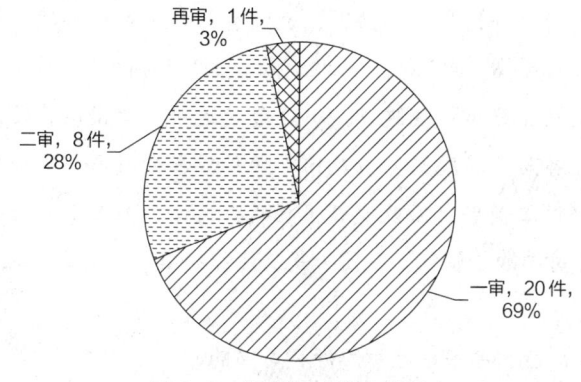

二审，8件，28%

一审，20件，69%

图 4-3 类案经过的审判程序

二、可供参考的例案

例案一：杨某某等与山东鸿源水产有限公司请求公司收购股份纠纷案[①]

【法院】

最高人民法院

【案号】

（2015）民申字第 2819 号

【当事人】

申请再审人（一审原告，二审上诉人）：杨某某、丛某某、江某某、丛龙某（本案其他一审原告共 13 人）

被申请人（一审原告，二审被上诉人）：山东鸿源水产有限公司

法定代表人：王某某

【基本案情】

再审申请人杨某某、丛某某、江某某、丛龙某因与再审被申请人山东鸿源水产有限公司（以下简称鸿源公司）请求公司收购股份纠纷一案，不服山东省高级人民法院（2015）鲁商终字第 17 号民事裁定书，向最高人民法院申请再审。

杨某某、丛某某、江某某、丛龙某申请再审称：（1）原裁定认定的基本事实缺乏证据证明。申请人从未以任何方式对股权作出任何形式的处分。当事人之间从未

---

① 通过 Alpha 案例库、中国裁判文书网查询检索，本案仅有再审裁定书，没有一审、二审判决书。

就股权回购事宜进行过任何形式的协商，也没有计算确定价格的过程，没有形成任何书面的甚至口头的协议，申请人更未收到所谓的"退股金"。被申请人所提交给法庭的全部主要证据均系伪造或变造。（2）原裁定适用法律错误。股东一旦履行公司章程约定的出资义务后，其股东身份及出资的性质在公司内部已经得到实质性的认定，不因其是否经过工商登记而改变。根据《公司法》第三十六条规定，即便申请人同意鸿源水产公司回购其股权，也因为违反法律的禁止性规定而无效。

【案件争点】

1. 再审申请人的股权是否已经被鸿源公司回购。

2. 鸿源公司对再审申请人的股权进行回购是否合法。

【裁判要旨】

1. 关于申请人的股权是否已经被鸿源公司回购的问题。2004年1月，申请人因企业改制，成为鸿源公司的股东。鸿源公司为了证明申请人已经退股，提供了由申请人本人签字的退股金领取凭条。申请人主张该退股金领取凭条属于变造，内容虚假，但未能提供直接证据包括司法鉴定结论等予以证明。鸿源公司还提供了申请人退股后公司关于减资的股东会决议、减资公告、工商变更登记记载事项等，鸿源公司提供的证据证明效力要大于申请人提供的证据证明效力，故申请人已经退股的事实应予以认定。

2. 关于鸿源公司对再审申请人的股权进行回购是否合法的问题。申请人于2004年1月成为鸿源公司股东时签署了"公司改制征求意见书"，该"公司改制征求意见书"约定"入股职工因调离本公司，被辞退、除名、自由离职、退休、死亡或公司与其解除劳动关系的，其股份通过计算价格后由公司回购"。有限责任公司可以与股东约定《公司法》第七十四条规定之外的其他回购情形。《公司法》第七十四条并未禁止有限责任公司与股东达成股权回购的约定。本案的"公司改制征求意见书"由申请人签字，属于真实的意思表示，内容上未违背《公司法》及相关法律的强行性规范，应属有效。故鸿源公司依据公司与申请人约定的"公司改制征求意见书"进行回购，并无不当。

综上，驳回杨某某、丛某某、江某某、丛龙某的再审申请。

例案二：李某某与烟台首钢矿业三维有限公司请求公司收购股份纠纷案①

【法院】

山东省烟台市中级人民法院

【案号】

（2019）鲁06民终1116号

【当事人】

上诉人（原审原告）：李某某

被上诉人（原审被告）：烟台首钢矿业三维有限公司

法定代表人：刘某某

【基本案情】

李某某诉烟台首钢矿业三维有限公司（以下简称首钢矿业公司）请求公司收购股份纠纷一案，不服山东省烟台经济技术开发区人民法院（2017）鲁0691民初1192号民事判决，向山东省烟台市中级人民法院提起上诉。

李某某提出上诉请求：撤销山东省烟台经济技术开发区人民法院作出的（2017）鲁0691民初1192号民事判决，依法改判首钢矿业公司给付李某某股权回购款294.56万元及利息损失（从2012年3月27日起计算至本金偿还之日止，按年利率24%计算）和承担本案全部诉讼费用。事实和理由：（1）一审判决书将立案案由股权转让纠纷改为请求公司收购股权纠纷于法无据，其真实目的是为错误的判决提供论据，适用法律错误。根据《烟台首钢三维股份有限公司员工持股管理办法》（以下简称《员工持股管理办法》）之规定："公司经营管理层实行岗位股，在其岗入其股，离其岗退其股，股随岗变。同时，公司员工股东按照出资数额，享受投资收益。"李某某现已退休，并离开领导岗位，根据上述规定离岗退股，由继任者入岗入股，此程序由公司完成，所以是退股权转股权，并非回购股权。《公司法》第七十一条第四款规定，公司章程对股权转让另有规定的，从其规定。本案中，《烟台首钢矿业三维有限公司章程》和《员工持股管理办法》针对员工持股的原则、范围、额度、方式管理及股权转让价格作了明确的约定，该约定不违反法律强制性规定。一审判决所适用的法条或是与本案无关，或是管理性规定，不是强制性法律规定，不能以此为依据宣告《烟台首钢矿业三维有限

---

① 通过Alpha案例库、中国裁判文书网查询检索，本案仅有二审判决书，没有一审判决书。

公司章程》和《员工持股管理办法》的约定无效。因此，一审适用法律错误。（2）一审判决违反法定程序，本案开庭3次，审限历时约15个月，一审适用的简易程序，违反民事诉讼法定程序。

首钢矿业公司答辩称：（1）按照公司章程的规定和《员工持股管理办法》的规定，李某某退股的权利符合这两个文件的规定。（2）我司目前注册资本金3500万元，有2100万元的长期投资，投资给河北丰宁三赢矿业有限公司，该公司处于破产的边缘，2100万元在原则上收不回来，导致我们22名退休员工的股份无法退回。我们同意李某某的诉讼请求，也符合我们公司章程的规定和《员工持股管理办法》的规定，但目前公司的状况无力支付股权回购款。

李某某向一审法院提出诉讼请求：判令首钢矿业公司给付李某某回购款2945600元、利息损失（自2012年3月27日起至本金清偿之日止按年利率24%计算），并承担本案诉讼费用。

一审法院经审理查明：李某某原为首钢矿业公司方法定代表人，于2012年3月退休。首钢矿业公司系北京首钢矿业投资有限责任公司出资开办，在李某某任职期间，首钢矿业公司改制，首钢矿业公司公司章程主要内容如下："第九条，列明股东姓名、认缴及实缴、出资方式和出资时间，法人股东为北京首钢矿业投资有限责任公司，自然人股东为包括李某某在内的48人。其中李某某认购出资额350万元，出资比例为10%，出资方式为现金净资产，于2008年12月17日缴100万元，2009年12月16日缴125万元，2010年12月16日缴125万元……第二十五条，公司员工持股为岗位股，依其在公司的职务或工作岗位认购一定数额的股权，当其职务或工作岗位发生变化时，其持股额度应相应调整，按照调整后的岗位对差额部分股权应追加认购或向其他股东进行转让。第二十六条，作为公司员工的自然人股东转让股权时，应依据《公司法》和本章程相关规定以及公司《员工持股管理办法》的相关规定进行办理。第二十七条，股东之间股权转让或受让的价格，为公司上一年度经审计后的财务报表中的净资产价值。但公司员工股东因其行为给公司造成损失的，其股权转让价格按照公司《员工持股管理办法》的相关规定执行。"2011年1月13日，首钢矿业公司形成公司章程修正案，对股东姓名、认缴及实缴、出资方式和出资时间进行修改，修改后的股东除北京首钢矿业投资有限责任公司出资1715万元外，自然人股东为包括李某某在内的49人。其中李某某出资额为239万元，实缴239万元，出资时间为2011年1月24日，出资方式为净资产、货币。首钢矿业公司给李某某发放了出资证明书。

李某某提供的《员工持股管理办法》(复印件) 第四条规定, 公司员工持股的基本原则: (1) 管理层应持股的原则。公司经营管理层人员实行岗位股, 在其岗入其股, 离其岗退其股, 股随岗变。持股额度和比例, 按岗位设置并确定。第十二条规定, 员工股具体的管理办法……(3) 员工按照国家法律规定办理退休时, 原则上不再持有公司的股权, 其持有的股权由公司回购, 特殊情况下, 退休员工可保留持有 30% 的股权, 但继续持有的时间不超过三年, 三年后由公司回购。第十三条规定, 公司董事、监事、总经理和其他由董事会聘任的高级管理人员离开公司时, 经离任审计确认不再对企业经营承担经济责任之日起一年后, 公司方可支付其股权转让款及相应利息。

李某某提供的资产负债表及利润分配表(复印件)载明, 2011 年度首钢矿业公司利润累计 10233304.59 元。首钢总公司首发 (2008) 218 号《关于下发改制企业新公司章程和员工持股规范性样本的通知》载明, 首钢总公司下属公司应制定《员工持股管理办法》, 在员工退休时, 原则上不再持有股权, 其持有的股权由公司回购, 该文件附后改制企业章程规范性样本和《员工持股管理办法》规范性样本。首钢矿业公司属于首钢总公司下属公司。

【案件争点】

1. 涉案公司章程和《员工持股管理办法》中关于股权回购的约定是否有效。
2. 首钢矿业公司是否应该回购李某某的股权。

【裁判要旨】

一审法院认为,《公司法》第三条规定, 公司是企业法人, 有独立的法人财产权, 公司以其全部财产对公司的债务承担责任, 有限责任公司的股东以其认缴的出资额为限对公司承担责任。第三十五条规定, 公司成立后, 股东不得抽逃出资。在公司有效存续期间, 股东基于其投资可以从公司获得财产的途径只能是依法从公司分配利润或者通过减资程序退出公司, 而公司回购股东股权必须基于法定情形并经法定程序。本案中, 首钢矿业公司的公司章程和《员工持股管理办法》关于股东按照国家规定办理退休时, 原则上不再持有公司的股权, 其持有的股权由公司回购之内容, 实际是让首钢矿业公司在不具备法定回购股权的情形以及不需要经过法定程序的情况下, 直接向股东支付对价, 使股东抛出股权脱离公司经营业绩、不承担公司经营风险而当然获得约定收益, 损害了公司、公司其他股东和公司债权人的权益, 与《公司法》的资本维持、法人独立财产原则相悖, 故该股权回购约定当属无效。李某某要求首钢矿业公司回购股权、支付股权回购价款及利息的诉讼请求, 依法不应得到支持。根据《民事诉讼法》第六十四条[①]之规定，判决驳回李某某的诉讼请求。

二审法院认为，本案中《烟台首钢矿业三维有限公司章程》和《员工持股管理办法》，系公司股东自愿签订或制定，针对员工持股的原则、范围、额度、方式管理及股权转让价格等作了明确的约定，其约定不违反法律法规强制性规定，应认定合法有效。首钢矿业公司在二审庭审中认为李某某的诉讼请求符合公司章程和《员工持股管理办法》的规定，明确表示同意其诉讼请求，且同意按照2011年度净资产数来确定股权回购款，二审法院予以确认。根据2011年度净资产数额计算的股权回购款高于首钢矿业公司所提供的离岗股东股权转让方案所记载的数额，李某某同意按照低者主张，二审法院予以支持。李某某在二审庭审中主张自2012年3月27日起至本金清偿之日止按照中国人民银行同期贷款利率来计算利息损失，符合法律规定，二审法院予以支持。

综上所述，李某某的上诉请求成立，二审法院予以支持。判决：一、撤销烟台市经济技术开发区人民法院（2017）鲁0691民初1192号民事判决；二、烟台首钢矿业公司于判决生效之日起10日内给付李某某股权回购款294.56万元及利息损失（自2012年3月27日起至本金清偿之日止按中国人民银行同期贷款利率计算）。

例案三：无锡市兴华包装材料厂与无锡华亭塑料薄膜有限公司请求公司收购股份纠纷案

【法院】

江苏省无锡市锡山区人民法院

【案号】

（2018）苏0205民初3702号

【当事人】

原告：无锡市兴华包装材料厂

投资人：倪某某

被告：无锡华亭塑料薄膜有限公司

法定代表人：林某某

[①] 对应2021年12月24日修订的《民事诉讼法》第六十七条，法条内容未作变动。

【基本案情】

无锡市兴华包装材料厂（以下简称兴华厂）提出诉讼请求：判令无锡华亭塑料薄膜有限公司（以下简称华亭公司）支付兴华厂转让款40万元。事实和理由：兴华厂原系华亭公司股东，后因故退出，华亭公司向其回购股权，但仅支付部分股权回购款，尚欠40万元未付。因多次催讨未果，遂提起诉讼。

华亭公司未出庭未答辩，亦未提供证据。

经法院审理查明，华亭公司由鸿盛国际有限公司（以下简称鸿盛公司）与兴华厂于2008年4月15日共同投资设立，公司注册资本1200万元，鸿盛公司出资960万元，兴华厂出资240万元。2016年9月6日，华亭公司股东由鸿盛公司及兴华厂经工商变更登记为鸿盛公司。2018年3月28日，华亭公司注册资本由1200万元变更登记为960万元。另查明，2016年12月8日，华亭公司向兴华厂出具一份欠款协议，载明：华亭公司欠兴华厂40万元。

审理中，兴华厂陈述：兴华厂原系华亭公司股东，2016年兴华厂与华亭公司达成合意，华亭公司回购兴华厂持有的华亭公司20%股份，并约定回购价格为240万元；之后，华亭公司仅支付200万元回购款，尚欠40万元未付，华亭公司遂出具欠条；华亭公司回购股份后，于2016年9月6日办理了股东变更登记，又于2018年3月28日办理了公司减资登记。

【案件争点】

华亭公司是否应向兴华厂支付股权回购余款。

【裁判要旨】

案涉股权回购事项属于公司和其股东之间以协议方式收购股权，双方系请求公司收购股份纠纷。法院认为，《公司法》并不禁止有限责任公司股东以合法形式、经合法程序收回股本退出公司。兴华厂与华亭公司合意约定由华亭公司收购兴华厂股份的行为，主观上并非以逃避债务为目的，客观上亦未造成债权人利益受损的事实，不属于抽逃出资的行为，应为有效。本案中，双方达成合意后，已办理相应的股东变更及公司减资手续，华亭公司理应及时支付约定的股权回购款。据此，对于兴华厂要求华亭公司支付40万元股权回购款的诉讼请求，法院予以支持。

三、裁判规则提要

在法院的审判实践中，有限责任公司股东请求公司按照章程规定或协议约定回购股权的案件，通常争议的焦点问题有两个：一是相关的股权回购约定是否有效，二是公司是否应该回购该股东的股权。

（一）有限责任公司章程或与股东签订的协议中，关于股权回购的约定是否有效

对于这一问题，当前的审判实践中存在不同的裁判结果：

第一种观点认为，对于公司回购股东的股权，《公司法》作出了严格的限制性规定，只有出现《公司法》第七十四条规定的三种法定事由，公司才能对股东所享有的股权进行合法回购。公司与股东约定回购股权及回购金额，并不属于《公司法》第七十四条规定的法定事由。双方擅自签订退股协议，会减少公司资本，破坏公司资产结构的稳定性，有可能损害债权人利益，扰乱市场经济的正常运行秩序，故对于公司与股东约定退股的行为应不予支持。[①]通过本次关键词检索出的148件案例中，持有这种裁判观点的案例共10件，其中2件为同一公司的不同股东就相同理由提起的诉讼，故剔除案情相同的案件后，实际上共有9件案件。上文列举的例案二，李某某与烟台首钢矿业三维有限公司请求公司收购股份纠纷中，一审判决亦持这种观点，但被二审法院改判。

第二种观点认为，《公司法》第七十四条规定了有限责任公司股东可以行使股权回购请求权的法定情形，但该条并未禁止公司与股东约定在其他情形下可以回购股权，因此股东通过公司回购股权退出公司，并不仅限于《公司法》第七十四条规定的情形。当公司章程约定公司回购条件，或公司与股东达成协议在特定情形下由公司回购股权的，在不存在法定无效事由的情况下，关于公司回购股权的约定应认定为有效。但公司回购股权不得违反资本维持原则，不得损害债权人利益，公司应进行减资或将回购的股权转让。股权转让或者注销之前，该股东不得以公司收购其股权为由对抗公司债权人。在本次检索中，持这种观点的案例，剔除同一案件的不同审级和案情相同的案件后，共计29件。同检索出9件案例的第一种观点相比，属于多数观点。

笔者支持第二种观点。首先，从合法性层面看，《公司法》第七十四条规定在第三章"有限责任公司的股权转让"之下，通过列举的方式规定了股东可以请求有限责任公司回购股权的三种情形，并非强制性规定。而在《公司法》第五章"股份有

---

① 贵州省高级人民法院（2017）黔民终668号，习水雄胜汽车维修服务有限公司与冷洪磊请求公司收购股份纠纷二审民事判决书。

限公司的股份发行和转让"下，第一百四十二条关于股份有限公司收购公司股份的规定为"公司不得收购本公司股份。但是，有下列情形之一的除外"，内容属于强制性规定。可以看出，《公司法》对于股份有限公司回购公司股份，是以禁止为原则、回购为例外；而对于有限责任公司回购公司股权，则并未明文禁止。由于有限责任公司较股份有限公司的封闭性强、股权流动性差，因此立法上给予有限责任公司股东更多自由协商的空间。根据"法无禁止即自由"的原则，并不应该否认当事人之间约定的股权回购安排。且《公司法解释二》第五条亦有规定，当事人协商同意由公司或者股东收购股份，或者以减资等方式使公司存续，且不违反法律、行政法规强制性规定的，人民法院应予支持。

其次，从合理性层面看，允许股东与有限责任公司通过协商回购股权，是尊重当事人意思自治的体现，有助于维护有限责任公司的人合性基础，提高公司内部治理效率。最高人民法院在沛县舜天房地产开发有限责任公司与叶某某股权转让纠纷申请再审案中认为："公司的成立本身就是股东意思表示一致的结果，公司存在的意义不在于将股东困于公司中不得脱身，而在于谋求股东利益最大化。在股东之间就公司的经营发生分歧，或者股东因其自身原因不能正常行使股东权利时，股东与公司达成协议由公司回购股东的股权，既符合有限责任公司封闭性和人合性特点，又可打破公司僵局、避免公司解散的最坏结局，使得公司、股东、公司债权人的利益得到平等保护。《公司法》允许公司与股东在公司解散诉讼案件中，协商由公司回购股东股份，以打破公司僵局，使公司保持存续而免遭解散，那么允许公司与股东在公司僵局形成之初、股东提请解散公司之前，即协商由公司回购股份以打破公司僵局、避免走向公司解散诉讼，符合《公司法》立法原意。"[①]

需要注意的是，公司回购股权应及时将该股权转让或办理减资手续，遵循资本维持原则，保护债权人利益。《公司法解释二》第五条第二款规定，经人民法院调解公司收购原告股份的，公司应当自调解书生效之日起6个月内将股份转让或者注销。2019年的《全国法院民商事审判工作会议纪要》第五条第二款认为："投资方请求目标公司回购股权的，人民法院应当依据《公司法》第35条关于'股东不得抽逃出资'或者第142条关于股份回购的强制性规定进行审查。经审查，目标公司未完成减资程序的，人民法院应当驳回其诉讼请求。"

---

① 最高人民法院（2009）民申字第453号，沛县舜天房地产开发有限公司与叶某某股权转让纠纷再审裁定书。

（二）公司是否应该回购该股东的股权

一是审查约定的回购条件是否成就。该问题属于事实认定范畴，应根据各方当事人的举证情况进行判断。《民事诉讼法解释》第九十条规定，当事人对自己提出的诉讼请求所依据的事实或者反驳对方诉讼请求所依据的事实，应当提供证据加以证明，但法律另有规定的除外。在作出判决前，当事人未能提供证据或者证据不足以证明其事实主张的，由负有举证证明责任的当事人承担不利的后果。上述规定体现了"谁主张谁举证"的原则，主张公司回购其股权的股东，应该举证证明双方存在关于回购条件的约定以及该条件如何已经成就，否则应承担不利后果。在南京源达投资中心（有限合伙）（以下简称源达投资）与视畅公司、张某某、王某某请求公司收购股份纠纷一案中，源达投资起诉要求王某某、张某某、视畅公司共同收购源达投资享有的视畅公司 5.4% 的股权，认为王某某、张某某、视畅公司在披露重大不利事件、进行投资款分配及投资款使用、开展尽职调查、保障股东知情权和决策权等多方面实质性违反《投资协议书》约定，损害源达投资合法权益，依据协议书的约定应履行回购义务。该案的争议焦点在于，视畅公司等三被告是否存在违约行为，是否符合投资协议书约定的股权回购的情形。法院经审理认为，源达投资主张的视畅公司等存在重大违约行为的理由均不成立，故对其诉请不予支持。[①]

二是审查实际履行是否符合《公司法》关于"股东不得抽逃出资"等强制性规定，是否损害债权人利益。如公司作为有限责任公司同股东签订回购协议，协议有效，后公司转变为股份有限公司，履行回购协议将违反关于股东不得抽逃出资和股份有限公司不得回购公司股份的强制性规定，因此不应予以支持。又如，在公司亏损严重、资不抵债，甚至濒临破产的情况下，履行回购协议将损害公司债权人利益，回购后公司很难完成减资程序，此时回购属于变相抽逃出资或提前个别清偿，应不予支持。

综上所述，除《公司法》第七十四条规定情形外，有限责任公司股东主张公司依据章程或协议的约定回购其股权的，在该约定不存在法定无效事由的情况下，法院应予支持。但实际履行将不符合《公司法》关于"股东不得抽逃出资"等强制性规定的除外。

---

① 上海市第一中级人民法院（2017）沪 01 民终 3042 号，南京源达投资中心（有限合伙）诉张某某等请求公司收购股份纠纷二审民事判决书。

四、辅助信息

《公司法》

第七十四条 有下列情形之一的，对股东会该项决议投反对票的股东可以请求公司按照合理的价格收购其股权：

（一）公司连续五年不向股东分配利润，而公司该五年连续盈利，并且符合本法规定的分配利润条件的；

（二）公司合并、分立、转让主要财产的；

（三）公司章程规定的营业期限届满或者章程规定的其他解散事由出现，股东会会议通过决议修改公司章程使公司存续的。

自股东会会议决议通过之日起六十日内，股东与公司不能达成股权收购协议的，股东可以自股东会决议通过之日起九十日内向人民法院提起诉讼。

第一百四十二条第一款 公司不得收购本公司股份。但是，有下列情形之一的除外：

（一）减少公司注册资本；

（二）与持有本公司股份的其他公司合并；

（三）将股份用于员工持股计划或者股权激励；

（四）股东因对股东大会作出的公司合并、分立决议持异议，要求公司收购其股份；

（五）将股份用于转换上市公司发行的可转换为股票的公司债券；

（六）上市公司为维护公司价值及股东权益所必需。

《公司法解释二》

第五条 人民法院审理解散公司诉讼案件，应当注重调解。当事人协商同意由公司或者股东收购股份，或者以减资等方式使公司存续，且不违反法律、行政法规强制性规定的，人民法院应予支持。当事人不能协商一致使公司存续的，人民法院应当及时判决。

经人民法院调解公司收购原告股份的，公司应当自调解书生效之日起六个月内将股份转让或者注销。股份转让或者注销之前，原告不得以公司收购其股份为由对抗公司债权人。

《全国法院民商事审判工作会议纪要》

第五条 投资方与目标公司订立的"对赌协议"在不存在法定无效事由的情况下，目标公司仅以存在股权回购或者金钱补偿约定为由，主张"对赌协议"无效的，人民法院不予支持，但投资方主张实际履行的，人民法院应当审查是否符合公司法关于"股东不得抽逃出资"及股份回购的强制性规定，判决是否支持其诉讼请求。

投资方请求目标公司回购股权的，人民法院应当依据《公司法》第35条关于"股东不得抽逃出资"或者第142条关于股份回购的强制性规定进行审查。经审查，目标公司未完成减资程序的，人民法院应当驳回其诉讼请求。

投资方请求目标公司承担金钱补偿义务的，人民法院应当依据《公司法》第35条关于"股东不得抽逃出资"和第166条关于利润分配的强制性规定进行审查。经审查，目标公司没有利润或者虽有利润但不足以补偿投资方的，人民法院应当驳回或者部分支持其诉讼请求。今后目标公司有利润时，投资方还可以依据该事实另行提起诉讼。

公司股东权利行使与责任案件裁判规则第 17 条：

公司应股东请求提起损害公司利益责任纠纷诉讼后撤回起诉，股东履行前置程序后有关主体拒绝再次提起诉讼的，股东可以自己的名义直接向人民法院提起诉讼。股东有证据证明公司在前一次诉讼中存在消极诉讼、未经股东同意随意放弃诉讼请求等情形的，股东未履行前置程序，基于相同事由以自己的名义直接提起股东代表诉讼的，人民法院应予受理

【规则描述】 公司特定机关或者人员同意股东的书面申请提起诉讼后又撤诉的，首先应当审查公司是否存在任意放弃诉权的情况，如果公司未经股东同意擅自撤回起诉，且未能对撤回起诉提供合理理由，则可以认定公司不存在再次提起诉讼的可能性。在这种情况下，股东可以不再履行前置程序直接提起诉讼。而对于股东同意公司撤回起诉的情况，撤回起诉可能存在合理理由，公司可能待条件成熟后再行起诉。对于存在公司再行起诉可能性的案件，股东应履行前置程序后方可提起股东代表起诉。

一、类案检索大数据报告

截至 2020 年 4 月 20 日，以"股东代表诉讼""前置程序""撤回起诉"为关键词，通过 Alpha 案例库及中国裁判文书网共检索到类案 62 件，经逐案阅看、分析，与本规则关联度较高的案件共有 19 件。因其中存在同一案件的一审、二审及再审裁判，严格意义上应将其认定为一起案件，同时还有同一股东因对不同侵权主体的不同侵权事项而提起的多起诉讼，实质上争议的焦点问题是相同的，故剔除前述情形后，实际共有 15 件案件。整体情况如下：

从类案地域分布看，涉案数最多的地域是江苏省，共 4 件；其次是上海市，共 3

件。(如图 5-1 所示)

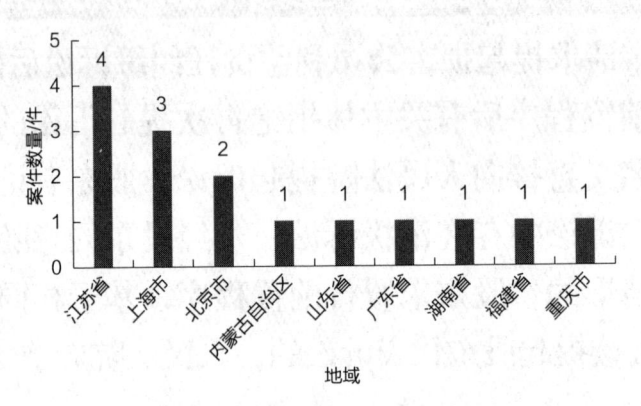

图 5-1 类案主要地域分布情况

从类案结案时间看，最多的年份是 2015 年，共有 5 件；其次为 2019 年，共有 4 件。(如图 5-2 所示)

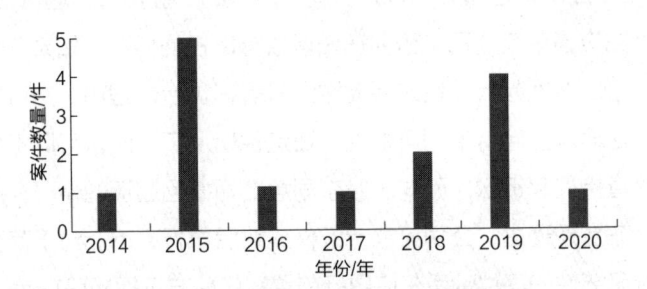

图 5-2 类案结案年度分布情况

从案件经历的审理程序看，只经过了一审程序的共计 6 件；经过一审、二审两审程序的共计 8 件，经过了一审、二审及再审程序的共计 1 件。(如图 5-3 所示)

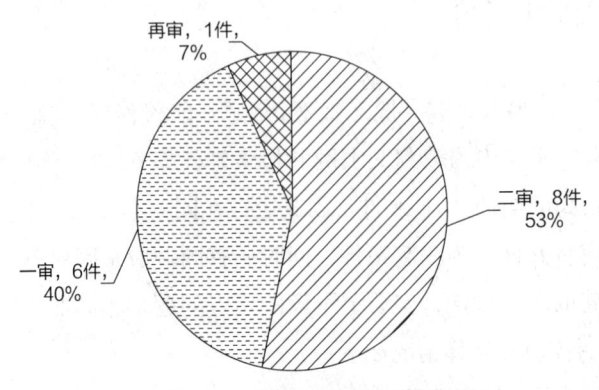

图 5-3 类案经过的审判程序

二、可供参考的例案

例案一：顾某某与张某某损害公司利益责任纠纷案

【法院】

上海市第二中级人民法院

【案号】

（2016）沪02民终2580号

【当事人】

上诉人（原审被告）：张某某

被上诉人（原审原告）：顾某某

原审第三人：上海兴禄卫技贸易有限公司

法定代表人：张某某

【基本案情】

顾某某诉称：顾某某因（2006）长民一（民）初字第1117号民事判决而享有第三人上海兴禄卫技贸易公司（以下简称兴禄公司）股东身份。第三人兴禄公司成立于1994年10月29日，于2003年初歇业，于2004年8月5日被吊销营业执照，目前公司处于歇业状态。第三人兴禄公司歇业后剩余财产如下：（1）上海市虹中路×××弄×××号1D房屋一套，第三人歇业后，张某某以第三人兴禄公司受托人身份，于2003年7月10日以60万元（人民币，下同）的价格出售，收得房款60万元；（2）第三人兴禄公司在武汉证券上海曹安路营业部开立账户进行股票交易，第三人歇业后，该账户仍在交易，并于2003年至2004年先后以支票方式提取款项135795.5元。张某某作为公司执行董事、法定代表人和控股股东，在公司歇业后仍在使用第三人兴禄公司的公章、执照擅自处分公司房产，直到2004年12月29日，张某某还办理了证券公司销户事宜，其擅自处分公司房产、股票财产并隐匿公司财产的行为，违反了法律法规和公司章程，导致公司财产的贬值和损失，故请求判令：（1）张某某向第三人兴禄公司返还财产735795.5元；（2）张某某向第三人兴禄公司赔偿利息损失（以735795.5元为基数，从2005年1月1日起算至判决生效之日止，按年利率6.4%计算）。

张某某辩称：第一，原告主体不适格，从第三人兴禄公司工商资料显示原告并非第三人股东；生效判决确定原告享有的是第三人兴禄公司50%股份的财产权，财产权和股东权并不相同，而且该判决生效后，原告并未向法院或相关机关申请变更成为第三人股东。第二，张某某诉请没有法律依据。第三人兴禄公司已经吊销营业执照，经上海市青浦区人民法院（以下简称青浦法院）裁定终结第三人兴禄公司清算，第三人税务登记和公司账号已经注销，原告要求张某某向第三人返还财产不符合法律规定。第三人实际股东也只有张某某一人，张某某向自己返还财产也没有意义。第三，张某某不存在侵占和挪用第三人财产。关于房款，虹中路房产实际交易价格为40万元，上家以现金方式向被告交付40万元，张某某已经将上述款项于2003年5月存入第三人账户；关于证券公司股票交易钱款，证券公司出具收款人为第三人的支票交予张某某，共计金额为186795.5元，其中51000元已转账进入第三人账户，另一部分被告背书给他人，用于支付第三人对外应付款项。综上，张某某不同意顾某某诉讼请求。

第三人兴禄公司述称：同意被告张某某的答辩意见。

法院经审理查明：兴禄公司于1994年9月5日成立，注册资本50万元，法定代表人为张某某，登记股东为张某某及案外人刘某某，刘某某出资186800元，张某某出资313200元。

2004年8月5日，上海市工商行政管理局作出沪工商案处字（2004）第××××××××××号行政处罚决定：因未按规定在年检截止日期前申报年检，兴禄公司被吊销营业执照。

2006年4月，张某某原配偶顾某某向上海市长宁区人民法院（以下简称长宁法院）起诉，请求法院判决两人离婚并分割夫妻财产。2007年11月30日长宁法院作出（2006）长民一（民）初字第1117号民事判决：一、准予顾某某与张某某离婚……六、现登记在张某某名下的兴禄公司的62.64%股份由顾某某、张某某各半享有……该判决生效后，顾某某并未申请强制执行，兴禄公司登记股东未发生变化。

2008年4月，顾某某诉至青浦法院，请求对兴禄公司进行清算。因各股东均无法提供兴禄公司的财务账册，致使公司无法进行清算，青浦法院于2009年9月14日作出（2008）青民二（商）初字第872号民事裁定：终结顾某某诉张某某、刘某某对兴禄公司的强制清算程序。

2012年12月31日，刘某某以损害公司利益为由向一审法院提起诉讼，案号为（2014）闸民二（商）初字第114号，诉请判令张某某向兴禄公司返还财产1186795.5元并偿付利息损失。在该案审理中，因张某某对刘某某股东身份持有异议，张某某另行起诉至青浦法院，请求判令确认刘某某不是兴禄公司股东。青浦法院遂作出（2014）青民二（商）初字第264号民事判决：确认刘某某不是兴禄公司股东。刘某某不服提起上诉，二审法院于2014年11月4日作出（2014）沪二中民四（商）终字第1218号终审判决：驳回上诉，维持原判。后刘某某向一审法院提出撤诉申请，一审法院于2015年2月9日作出（2014）闸民二（商）初字第114号民事裁定：准许刘某某撤回起诉。案件审理中，刘某某到庭作证，其确认顾某某曾书面要求其以兴禄公司监事身份向法院提起诉讼，要求张某某向兴禄公司返还侵占的资产。

上海市闸北区人民法院作出（2015）闸民二（商）初字第1436号判决，支持顾某某的部分诉讼请求，张某某不服一审判决，上诉于上海市第二中级人民法院，二审法院作出驳回上诉，维持原判的（2016）沪02民终2580号二审判决。

【案件争点】

顾某某是否有权提起本案诉讼。

【裁判要旨】

首先，根据（2006）长民一（民）初字第1117号、（2014）沪二中民四（商）终字第1218号两份生效民事判决，可确定顾某某和张某某是兴禄公司的股东，各持股50%。虽然顾某某未向法院申请强制执行变更工商登记，但此并不影响顾某某的股东权利。其次，根据前述查明事实，兴禄公司的监事刘某某依据顾某某的请求已于2012年12月以损害公司利益为由向法院提起诉讼，后刘某某撤回起诉。现顾某某作为兴禄公司的股东，以自己名义提起本案股东代表诉讼符合法律的规定。

例案二：黄某然、张某超与白某玉、袁某等损害公司利益责任纠纷案

【法院】

重庆市第五中级人民法院

【案号】

（2014）渝五中法民终字第05636号

【当事人】

上诉人（原审被告）：袁某

被上诉人（原审原告）：黄某然

被上诉人（原审原告）：张某超

被上诉人（原审被告）：白某玉

被上诉人（原审被告）：李某丽

被上诉人（原审被告）：郭某峰

被上诉人（原审被告）：万某萍

原审第三人：重庆市荣昌县长桥实业有限责任公司

法定代表人：郭某峰

【基本案情】

黄某然、张某超一审诉称：白某玉之夫罗某清（已于2009年11月16日病故）及袁某于1997年至2007年7月一直担任重庆市荣昌区长桥实业有限责任公司（以下简称长桥公司）董事长和总经理。李某丽从1997年至2007年担任长桥公司董事及财务科科长。在任职期间，罗某清、袁某及李某丽实施了偷税行为，该行为并未取得长桥公司董事会及全体股东会的授权或认可。由于罗某清、袁某及李某丽的偷税行为导致长桥公司作为单位犯罪被重庆市荣昌区人民法院以（2008）荣法刑初字第3号刑事判决书判决犯偷税罪，应缴纳罚金1139529.98元，该笔罚金及执行费现均已缴清。经荣昌区国家税务局查实：2003年3月至2006年5月期间，长桥公司共计偷税929179.81元。荣昌区国家税务局于2006年6月7日作出荣国税（2006）2号税务行政处罚决定书：对长桥公司处以所偷增值税税款929179.81元一倍的罚款即929179.81元并加收滞纳金。经荣昌区地方税务局查实：2001年1月1日至2005年12月31日，长桥公司偷税952323.05元。荣昌区地方税务局于2007年2月2日作出荣昌地税罚（2007）0002号税务行政处罚决定书：对长桥公司2002年至2005年所偷税款941930.63元处以80%的罚款即753544.5元，并根据荣昌地税（2007）003号税务处理决定书加收每日5‰的滞纳金。长桥公司已经缴清了国税、地税的全部罚款及滞纳金。长桥公司监事彭某刚（已于2011年病故）、李某跃曾应长桥公司部分股东的要求以公司监事的名义提起诉讼，要求罗某清、袁某赔偿长桥公司上述经济损失近340万元。该案一审后，罗某清等不服判决，提出上诉，在二审中，罗某清病故。二审判决后，罗某清的继承人白某玉等不服，向重庆市高级人民法院申请再审。2011年9月15日，重庆市高级人民法院将该案发回重庆市荣昌区人民法院重审。2012年9月20日，重庆市荣昌区人民法院判决：白某玉、袁某、李某丽等人共同赔偿经济损失3390135.23元，其中白某玉以继承罗某清的遗产为限承担赔偿责任。长桥公司有监事彭某刚、李某跃两人。彭某刚于2011年病故，故在重审后一审审理时，仅由长桥公司监事李某跃作为原告提起诉讼。重审一审判决后，袁某等人不服，上诉于重庆市第五中级人民法院，二审中李某跃未经长桥公司同意并征求要求起诉的股东的意见，擅自撤回一审起诉。黄某然、张某超认为原一审中李某跃系履行长桥公司监事的职责行为，其提起诉讼的全部后果均由原一审中的第三人长桥公司承担，李某跃撤回原一审的行为违反了《公司法》及长桥公司《章程》所规定的监事的法定职责，也明显损害了长桥公司的合法权益。由于长桥公司监事李某跃不履行法定职责，不能维护长桥公司及股东的合法权益。故黄某然、张某超诉至法院要求：（1）白某玉、袁某、李某丽、郭某峰、万某萍连带赔偿长桥公司因偷税造成的经济损失共计3390153.23元。白某玉、袁某、李某丽、郭某峰、万某萍互负连带赔偿责任，其中白某玉以继承罗贵清的遗产为限承担赔偿责任；（2）本案诉讼费用由白某玉、袁某、李某丽、郭某峰、万某萍承担。

白某玉、袁某一审答辩称：（1）损害长桥公司的诉讼，长桥公司监事原来已经进行处理，不应当再追究个人的责任。损害诉讼已经由监事处理，撤回了起诉，其他股东没有权利起诉，黄某然、张某超无权提起本诉讼。（2）白某玉、袁某、李某丽、郭某峰、万某萍不应该承担赔偿责任，原来在刑事判决中，税款用于公司的技改，受益人也是公司，作为个人，已经承担相应的责任，因此不应再承担赔偿责任。

郭某峰、万某萍一审答辩称：（1）郭某峰、万某萍不应作为共同被告参加诉讼。（2）郭某峰、万某萍并未参与实施偷税损害长桥公司利益，作为公司董事不存在违反《公司法》及公司章程所规定的忠实、勤勉义务。2001年3月21日的会议上虽然罗某清提出隐匿一部分收入好用于技改的想法，但郭某峰、万某萍对该行为均提出了异议。罗某清在会上未要求大家表决是否实施偷税行为，也未宣布公司以后按此方式实施偷税行为。故郭某峰、万某萍不应当承担赔偿责任。

李某丽一审未答辩。

法院经审理查明：长桥公司为有限责任公司，罗某清、袁某、李某丽、万某萍、郭某峰均为该公司董事；1997年至2007年罗某清任董事长；1997年至2000年袁某任副总经理、董事，2000年至2007年任总经理、董事；2001年至2005年期间，李某丽、郭某峰、万某萍任董事；罗某清于2009年11月16日死亡，第一顺序继承人为白某玉等，其他继承人已经书面说明放弃继承罗某清的遗产。黄某然系长桥公司董事长、张某超系长桥公司董事，均系长桥公司股东，其中黄某然在长桥公司出资比例为22.01%，张某超为2.136%。

2001年3月21日，罗某清召集袁某、李某丽、郭某峰、万某萍5名董事召开会议。在会议上，罗某清提出公司技改需要筹集资金，便授意被告李某丽采取每月少报销售数量、隐瞒销售收入的方式偷税。此后2001年至2005年，长桥公司实施了偷税行为。2006年6月7日，荣昌区国家税务局作出了行政处罚，对长桥公司罚款929179.81元。后长桥公司缴纳了罚款929179.81元，税款滞纳金248953.28元。2007年2月2日，荣昌区地方税务局作出行政处罚，对长桥公司罚款753544.5元。2006年5月25日，荣昌区地方税务局税务稽查税汇表载明，长桥公司欠应缴纳税款的滞纳金318927.66元。2008年3月14日，重庆市荣昌区人民法院作出（2008）荣法刑初字第3号判决书，判决长桥公司单位犯偷税罪，判处罚金282254.29元，并对负责人罗某清和其他责任人李某丽处以刑罚；已交罚款抵扣后，应当缴纳罚金1139529.98元。2008年9月25日，重庆市荣昌区人民法院发出执行通知，要求长桥公司缴纳罚金，并承担执行费13795元。2007年3月20日，李某丽在荣昌区公安局经侦大队办公室所作的询问笔录记载，李某丽陈述其与万某萍对长桥公司偷税一事表示反对，郭某峰也不愿意。2009年1月5日，长桥公司监事彭某刚、李某跃向原审法院提起诉讼，要求罗某清、袁某赔偿第三人经济损失近340万元。该案一审后，罗某清不服判决，提出上诉。2010年8月30日，法院作出二审判决。罗某清的继承人白某玉等不服，向重庆市高级人民法院申请再审。后重庆市高级人民法院将该案发回重庆市荣昌区人民法院重审。长桥公司监事彭某刚于重审前死亡，在重审一审审理时，由长桥公司监事李某跃作为原告提起诉讼。2012年9月20日，重庆市荣昌区人民法院作出重审一审判决，袁某等人不服，提起上诉，二审中李某跃于2012年12月5日撤回一审起诉。2013年11月11日，黄某然、张某超将本案诉至法院。

重庆市荣昌区人民法院于2014年6月20日作出（2013）荣法民初字第04672号民事判决，支持了黄某然、张某超的诉讼请求。袁某不服，提起上诉。重庆市第五中级人民法院作出（2014）渝五中法民终字第05636号二审判决：驳回上诉，维持原判。

【案件争点】

股东黄某然、张某超是否为本案适格原告。

【裁判要旨】

《公司法》第一百四十九条规定："董事、监事、高级管理人员执行公司职务时违反法律、行政法规或者公司章程的规定，给公司造成损失的，应当承担赔偿责任。"第一百五十一条规定："董事、高级管理人员有本法第一百四十九条规定的情形的，有限责任公司的股东、股份有限公司连续一百八十日以上单独或者合计持有公司百分之一以上股份的股东，可以书面请求监事会或者不设监事会的有限责任公司的监事向人民法院提起诉讼；监事有本法第一百四十九条规定的情形的，前述股东可以书面请求董事会或者不设董事会的有限责任公司的执行董事向人民法院提起诉讼。监事会、不设监事会的有限责任公司的监事，或者董事会、执行董事收到前款规定的股东书面请求后拒绝提起诉讼，或者自收到请求之日起三十日内未提起诉讼，或者情况紧急、不立即提起诉讼将会使公司利益受到难以弥补的损害的，前款规定的股东有权为了公司的利益以自己的名义直接向人民法院提起诉讼。他人侵犯公司合法权益，给公司造成损失的，本条第一款规定的股东可以依照前两款的规定向人民法院提起诉讼。"根据该规定，董事会、不设董事会的有限责任公司的执行董事、监事会、不设监事会的有限责任公司的监事是法定的公司机关，依法代表公司行使权利，有权提起相关诉讼，当发生董事、监事、高级管理人员违反法定义务，损害公司利益的情形时，股东应当依法先向上述有关公司机关提出请求，请有关公司机关向人民法院提起诉讼。如果有关公司机关拒绝履行职责或者怠于履行职责，则股东为维护公司利益可以向人民法院提起代表诉讼。本案中，长桥公司股东通过监事李某跃提起诉讼，但长桥公司监事李某跃在对公司董事提起诉讼后，未经长桥公司股东同意，擅自撤回起诉，应视为其怠于履行职责，拒绝提起诉讼。长桥公司股东黄某然、张某超有权为了维护公司的利益，向人民法院提起代表诉讼。因此，黄某然、张某超是本案适格原告。

例案三：金某君与北京裕发房地产开发有限公司与公司有关的纠纷案

【法院】

北京市平谷区人民法院

【案号】

（2013）平民初字第 4620 号

【当事人】

原告：金某君

被告：北京裕发房地产开发有限公司

法定代表人：田某财

第三人：北京金创卓越房地产经纪有限公司

法定代表人：付某平

【基本案情】

李某君诉称：金某君系北京金创卓越房地产经纪有限公司（以下简称金创卓越

公司）股东，持有公司30%股权，公司另一股东为田某财，持有公司70%股权。2008年5月28日、6月24日、7月17日，北京裕发房地产开发有限公司（以下简称裕发公司）先后从金创卓越公司借款200万元、100万元、130万元，总计430万元。后裕发公司于2008年7月20日还款80万元，于2009年5月31日还款40万元，余款310万元至今未还。2011年5月，金某君时任金创卓越公司法定代表人、执行董事、经理及股东，为金创卓越公司利益及自身利益，以金创卓越公司名义向北京市朝阳区人民法院提起诉讼，要求裕发公司返还借款310万元。该案审理过程中，金创卓越公司另一股东田某财，时任裕发公司法定代表人，并实际控制金创卓越公司，利用掌握金创卓越公司印章及金某君空白签字页之便，伪造了所谓2011年6月30日的股东会决议，依据该股东会决议于2011年8月2日办理工商变更登记，变更公司法定代表人、经理及监事，并让公司变更后的法定代表人付某平向北京市朝阳区人民法院申请撤诉。金创卓越公司怠于主张前述债权，致使该债权即将超过诉讼时效，金某君作为公司股东之一，有权依据《公司法》第一百五十一条规定，提起股东代表诉讼，代表公司主张权利。故金某君诉至法院，要求：（1）裕发公司返还金创卓越公司借款310万元；（2）诉讼费用由裕发公司负担。

在本案审理过程中，针对《公司法》第一百五十一条规定的股东代表诉讼前置程序，即书面请求公司监事会或者不设监事会的有限责任公司的监事，或者董事会或者不设董事会的有限责任公司的执行董事向人民法院提起诉讼，金某君称：（1）前述金某君于2011年5月以金创卓越公司名义提起的诉讼，已经履行了《公司法》第一百五十一条第一款规定的前置程序。金创卓越公司与裕发公司之间的借贷关系真实有效，裕发公司应如数返还借款。且金某君与田某财于2007年10月18日签订《股权分配协议书》，约定2007年10月18日前以金创卓越公司名义签订的经纪合同所产生的一切收益均归金某君所有，而2007年10月18日后，金创卓越公司未签订任何经纪合同，前述借款的实际来源都是2007年10月18日前的经纪合同收益。故时任金创卓越公司法定代表人、执行董事、经理及股东的金某君为公司利益及自身利益，以金创卓越公司名义起诉裕发公司，要求裕发公司返还借款。金某君的前述诉讼行为已经履行了《公司法》第一百五十一条规定的前置程序，穷尽了公司内部救济手段，其有权提起股东代表诉讼。（2）金某君不认可金创卓越公司2011年8月2日以后变更的法定代表人、执行董事、经理、监事的身份，且该项工商变更登记是否应当恢复至2011年8月2日以前的内容正在法院审理过程中，金某君不可能要求相关人员以金创卓越公司名义或个人名义起诉裕发公司。2011年5月，在金某君以金创卓越公司名义起诉裕发公司要求返还借款案件审理过程中，金创卓越公司另一股东田某财，时任裕发公司法定代表人，并实际控制金创卓越公司，利用掌握金创卓越公司印章及金某君空白签字页之便，伪造了所谓 2011 年 6 月 30 日的股东会决议，依据该股东会决议于 2011 年 8 月 2 日办理工商变更登记，变更公司法定代表人、经理及监事，并让公司变更后的法定代表人付某平向北京市朝阳区人民法院申请撤诉。在此情形下，金某君提起诉讼，要求确认 2011 年 6 月 30 日的股东会决议无效，并将工商登记内容恢复至 2011 年 8 月 2 日以前的内容。金某君不认可工商登记变更后的公司管理人员身份，不可能请求相关人员代表金创卓越公司起诉裕发公司。且相关人员利用其公司管理人员身份侵害金创卓越公司利益，否认金创卓越公司与裕发公司之间的借款关系，谎称金创卓越公司是裕发公司销售部，裕发公司不需要支付委托代理费。金创卓越公司委托代理人马某刚，既是工商登记的金创卓越公司监事，又是裕发公司办公室主任，其实际代表裕发公司而非金创卓越公司的利益，证明田某财目前控制了金创卓越公司。（3）前述金某君于 2011 年 5 月以金创卓越公司名义提起的诉讼，金某君撤诉后，金创卓越公司一直未再提起诉讼，如果金某君不提起股东代表诉讼，将超过诉讼时效，直接导致金创卓越公司利益受损，间接导致金某君利益受损，属于《公司法》第一百五十一条规定的"情况紧急、不立即提起诉讼将会使公司利益受到难以弥补的损害"的情形。综上，金某君既履行了《公司法》第一百五十一条规定的前置程序，也符合《公司法》第一百五十一条规定的除外情形，有权提起本案之股东代表诉讼。

在案件审理期间，金创卓越公司对金某君的诉讼主体资格提出异议，称金某君尚未履行《公司法》第一百五十一条规定的前置程序，不具有诉讼主体资格，无权提起股东代表诉讼。对金某君诉称的事实、理由及诉讼请求，金创卓越公司委托代理人马某刚作为金创卓越公司工商登记所载监事之一，明确表示金创卓越公司将进一步核实，如果确认存在，将与裕发公司协商解决，协商不成依法向人民法院提起诉讼。

【案件争点】

金某君是否履行了股东代表诉讼的前置程序。

【裁判要旨】

金某君在本案审理过程中明确表示在提起本案诉讼之前未要求金创卓越公司工商登记载明的监事或执行董事向人民法院提起诉讼。金某君诉称在 2011 年 5 月以金创卓越公司名义起诉裕发公司，要求返还借款，该诉讼行为是金创卓越公司向裕发公司主张权利，金某君当时具有金创卓越公司法定代表人、执行董事、经理及股东多重身份，在金创卓越公司予以否认的情况下，该诉讼行为不能当然认定为金创卓越公司股东要求公司监事或执行董事向人民法院提起的诉讼，故对金某君所持其于2011年5月以金创卓越公司名义起诉裕发公司，已经履行了《公司法》第一百五十一条规定的前置程序的主张，法院不予支持。金某君诉称其不认可金创卓越公司2011年8月2日以后变更的法定代表人、执行董事、经理及监事的身份，且该项工商变更登记是否应当恢复至2011年8月2日以前的内容正在法院审理过程中，故其不可能要求相关人员以金创卓越公司名义或个人名义起诉裕发公司，但金某君系工商变更登记前的公司执行董事，其在庭审中亦明确表示未要求工商变更登记前的公司监事向人民法院提起诉讼，故法院对其该项主张不予支持。金某君2011年5月以金创卓越公司名义起诉裕发公司，要求返还借款，后其于2011年12月7日向北京市朝阳区人民法院撤回起诉。2013年5月，金某君向法院提起本案之诉，其所持如果金某君不提起股东代表诉讼，将超过诉讼时效，直接导致金创卓越公司利益受损，间接导致金某君利益受损，属于《公司法》第一百五十一条规定的"情况紧急、不立即提起诉讼将会使公司利益受到难以弥补的损害"的情形的主张，亦与事实不符。

综上，金某君在提起本案诉讼之前未履行股东代表诉讼的前置程序，本案亦不属于《公司法》第一百五十一条规定的"情况紧急、不立即提起诉讼将会使公司利益受到难以弥补的损害"的情形。故现阶段，金某君作为金创卓越公司股东以原告身份代表金创卓越公司提起诉讼，不符合法律规定。依照《公司法》第一百五十一条、《民事诉讼法》第一百一十九条[①]第一项之规定，北京市平谷区人民法院作出（2013）平民初字第4620号裁定：驳回原告金某君的起诉。金某君不服前述裁定，提起上诉，北京市第三中级人民法院经审查，作出（2015）三中民终字第10859号民事裁定，驳回上诉，维持原裁定。

三、裁判规则提要

《民事诉讼法解释》第二百一十四条第一款规定："原告撤诉或者人民法院按撤诉处理后，原告以同一诉讼请求再次起诉的，人民法院应予受理。"依据前述规定，在公司提起诉讼后，撤回起诉，可以同一诉讼请求再次起诉，因此，公司特定机构

[①] 对应2021年12月24日修订的《民事诉讼法》第一百二十二条，法条内容未作变动。

提起诉讼后撤诉,并不影响诉权的行使。而对于提起诉讼的原告主体资格,应受《公司法》第一百五十一条关于股东代表诉讼前置条件的限制。

关于前置程序的必要性,本书其他章节已有论述,在此不再累述。对于公司特定机构代表公司起诉后又撤回起诉,股东能够提起股东代表诉讼的问题,所讨论的核心在于股东是否能够不履行前置程序而直接提起诉讼,所考量的内容可以《全国法院民商事审判工作会议纪要》对股东代表诉讼前置程序的意见为参考,即股东提起代表诉讼的前置程序之一是股东必须先书面请求公司有关机关向人民法院提起诉讼。一般情况下,股东没有履行该前置程序的,应当驳回起诉。但是,该项前置程序针对的是公司治理的一般情况,即在股东向公司有关机关提出书面申请之时,存在公司有关机关提起诉讼的可能性。如果查明的相关事实表明,根本不存在该种可能性,人民法院不应当以原告未履行前置程序为由驳回起诉。因此,在公司有关机关或者人员撤回起诉后,如果不存在公司有关机关或者人员再行提起诉讼的可能性,则股东可直接提起股东代表诉讼。

四、辅助信息

《公司法》

第一百五十一条 董事、高级管理人员有本法第一百四十九条规定的情形的,有限责任公司的股东、股份有限公司连续一百八十日以上单独或者合计持有公司百分之一以上股份的股东,可以书面请求监事会或者不设监事会的有限责任公司的监事向人民法院提起诉讼;监事有本法第一百四十九条规定的情形的,前述股东可以书面请求董事会或者不设董事会的有限责任公司的执行董事向人民法院提起诉讼。

监事会、不设监事会的有限责任公司的监事,或者董事会、执行董事收到前款规定的股东书面请求后拒绝提起诉讼,或者自收到请求之日起三十日内未提起诉讼,或者情况紧急、不立即提起诉讼将会使公司利益受到难以弥补的损害的,前款规定的股东有权为了公司的利益以自己的名义直接向人民法院提起诉讼。

他人侵犯公司合法权益,给公司造成损失的,本条第一款规定的股东可以依照前两款的规定向人民法院提起诉讼。

公司股东权利行使与责任案件裁判规则第 18 条：

公司内部人员没有担任法律或公司章程规定的高级管理人员职务，但实际行使了公司高级管理人员职权，公司有证据证明其利用职权开展关联交易给公司造成损失，主张其向公司承担赔偿责任的，人民法院应予支持

【规则描述】　关于《公司法》第二百一十六条第一款关于公司高级管理人员范围的理解，应当采取符合立法目的的扩大解释，将虽未被公司任命为经理、副经理、财务负责人或上市公司董事会秘书等法律或公司章程规定的高管职务，但在事实上行使了公司高级管理人员职权的公司内部人员也认定为公司高级管理人员。对于这部分人员违反相关法律法规的规定，利用关联关系损害公司利益，给公司造成损失的行为，人民法院应当依法判决其向公司承担赔偿责任。

一、类案检索大数据报告

截至 2020 年 5 月 2 日，分别以"为该公司高管""属于高级管理人员""为高级管理人员""属于该公司高管""系高级管理人员"为关键词，检索案由为"公司的控股股东、实际控制人、董事、监事、高级管理人员损害公司利益赔偿纠纷""公司关联交易损害责任纠纷""损害公司利益责任纠纷""侵权责任纠纷"的案件，通过 Alpha 案例库共检索到类案 236 件，剔除无关联案件和同一案件不同审级形成的多个文书，实际共查找到高度关联的 60 起案例裁判文书。整体情况如下：

从类案地域分布看，涉案数最多的地域是广东省，共 14 件；其次是北京市，共 11 件。（如图 6-1 所示）

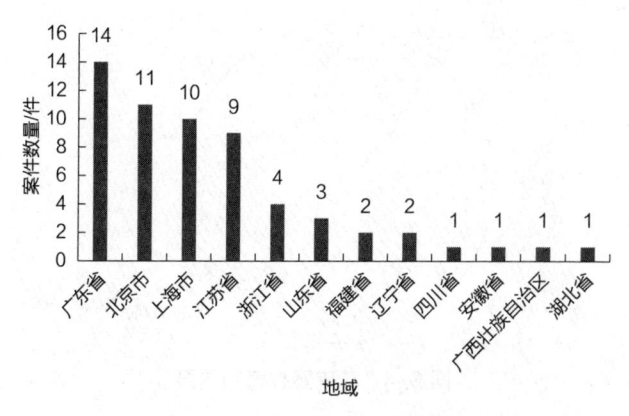

图 6-1 类案主要地域分布情况

从类案结案时间看，最多的年份是 2018 年，共有 17 件；其次为 2019 年，共有 10 件。（如图 6-2 所示）

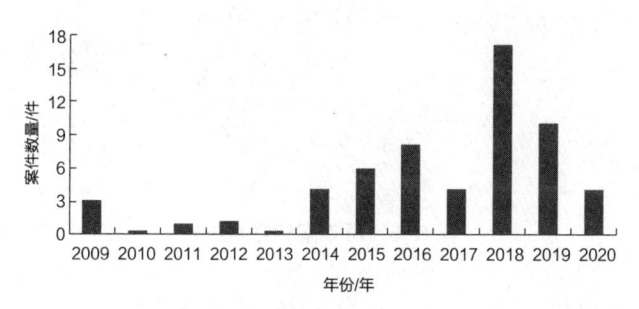

图 6-2 类案结案年度分布情况

从类案裁判结果看，22 件一审案件中驳回全部诉讼请求的有 16 件，占比近 45%；33 件二审案件中维持原判的 28 件，占比近 85%，5 件再审案件中维持原判的 3 件，改判的 2 件。（如图 6-3、6-4、6-5 所示）

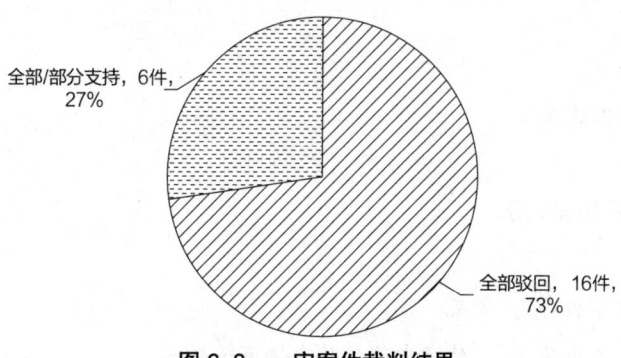

图 6-3 一审案件裁判结果

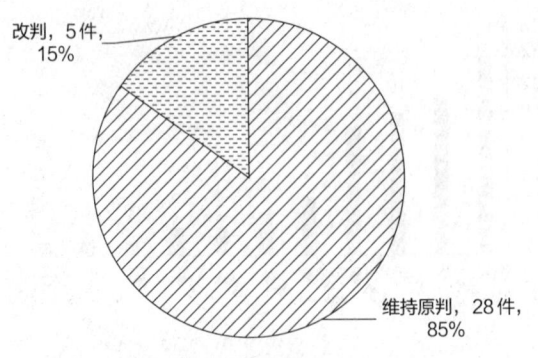

图 6-4　二审案件裁判结果

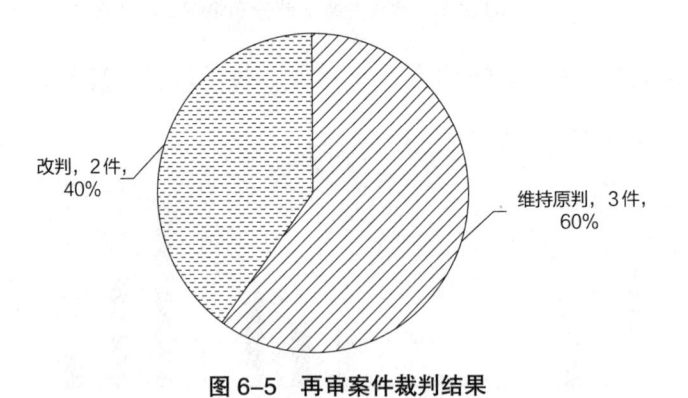

图 6-5　再审案件裁判结果

二、可供参考的例案

例案一：周某某与甘肃中集华骏车辆有限公司、高某某等侵权责任纠纷案

【法院】

甘肃省高级人民法院

【案号】

（2018）甘民终 590 号

【当事人】

上诉人（原审被告）：周某

被上诉人（原审原告）：甘肃中集华骏车辆有限公司

原审被告：高某某

原审被告：毛某某

【基本案情】

甘肃中集华骏车辆有限公司（以下简称甘肃中集华骏）向一审法院起诉请求：依法判决周某、高某某、毛某某共同赔偿甘肃中集华骏经济损失本金4352320元及利息1877038元，共计6229358元。

法院经审理查明：甘肃中集华骏成立于2006年6月6日。2007年7月30日，经甘肃中集华骏任命，周某担任该公司营销部经理，全面主持公司销售和采购供应工作。2009年7月31日之后，周某担任该公司分管销售的副总经理，2010年7月，周某从甘肃中集华骏调离至陕西中集华骏销售服务有限公司（以下简称陕西中集华骏）工作。

2008年2月29日至2009年7月31日期间，甘肃中集华骏与青海同海达汽车销售服务有限公司（以下简称青海同海达公司）签订了共计38份加工承揽合同。上述合同均在周某任供销部经理期间，在其职权内签订。青海同海达公司拖欠甘肃中集华骏车款未按时支付。2011年9月19日，甘肃中集华骏与青海同海达公司就拖欠车款达成协议，并由白银市中级人民法院作出（2011）白中民确字第1号民事调解书，确定青海同海达公司拖欠甘肃中集华骏车款5967970元。白银市中级人民法院在执行该民事调解书期间，发现青海同海达公司无营业场所、无银行存款、无车辆登记，其时任法定代表人申某下落不明，并于2016年4月9日作出（2012）白中执字第19-4号执行裁定书，裁定终结了对上述民事调解书的执行程序。

2013年2月28日，陕西中集华骏作出车辆销西北（2013）001号《关于对周某同志开除的通知》，载明："针对甘肃中集华骏'同海达事件'，甘肃中集华骏董事会于2013年1月21日作出如下决议：对甘肃中集原销售副总，现西北中心店总经理助理周某予以开除并追究法律责任。周某向陕西中集华骏的解除（终止）劳动合同申请表中注明解除劳动合同原因为：对前工作单位，因工作失误造成经济损失。"

2007年9月29日，由高某某与毛某某作为发起人以货币出资方式，在兰州市工商局设立登记了兰州同海达汽车销售服务有限公司（以下简称兰州同海达公司），注册资本200万元，法定代表人为高某。该200万元注册资金，2007年9月20日由水某转入完成注册，2007年9月21日全部转入水某个人账户，公司股东高某某、毛某某存在抽逃出资的违法行为。2007年11月20日，兰州同海达公司以业务需要为由，迁入西宁市工商行政管理局城北分局。迁入后的公司股东、注册资本与法定代表人均未变更，公司名称变更为青海同海达公司。2008年8月6日，青海同海达公司将其法定代表人变更为高某某的母亲卫某利。同年8月18日，高某某将其所持有的全部公司股份转让给其母亲卫某利。至此，青海同海达公司的股东变更为卫某利与毛某某。2009年7月31日，卫某利将其所持有的全部公司股份转让给了申某；毛某某将其所持有的全部公司股份转让给了苏某甲；至此，青海同海达公司的股东变更为申某与苏某甲，法定代表人变更为申某。

经审理查明，周某与高某某于2006年确立恋爱关系，2008年5月7日，在郑州市金水区民政局婚姻登记处登记结婚。

【案件争点】

1. 周某在甘肃中集华骏任职期间，甘肃中集华骏与青海同海达公司2008年2月29日至2009年7月31日签订的承揽合同是否属于关联交易。

2. 甘肃中集华骏的起诉是否超过诉讼时效。

【裁判结果】

甘肃省白银市中级人民法院于2018年04月28日作出（2017）甘04民初51号判决书，判决：一、周某赔偿甘肃中集华骏车辆有限公司经济损失4229358.00元，于本判决生效后10日内付清。如果未按本判决指定的期间履行给付金钱义务，加倍支付迟延履行期间的债务利息。二、驳回甘肃中集华骏车辆有限公司的其他诉讼请求。一审被告周某不服，提起上诉。甘肃省高级人民法院于2018年09月26日作出（2018）甘民终590号判决书，判决：驳回上诉，维持原判。

【裁判要旨】

甘肃省高级人民法院认为：第一，关于周某在甘肃中集华骏任职期间，甘肃中集华骏与青海同海达公司2008年2月29日至2009年7月31日签订的承揽合同是否属于关联交易的问题。《公司法》第二百一十六条第一款规定："高级管理人员，是指公司的经理、副经理、财务负责人，上市公司董事会秘书和公司章程规定的其他人员。"判断公司相关人员是否为高级管理人员，应从该人员是否担任《公司法》规定的职务，或者公司的章程是否将担任其他职务的人员规定为公司的高级管理人员进行分析。公司的高级管理人员应是执行公司出资人的决策，拥有执行权或一定程度的决策权，掌握着公司内部管理或外部业务的核心信息，并决定公司的决策及发展方向的特定人群。《甘肃中集华骏车辆有限公司章程》第二十八条规定："公司设总经理一人，副总经理若干人，正副总经理由董事会聘请。"第二十九条规定："总经理直接对董事会负责，执行董事会的各项决定，组织领导公司的日常生产、技术和经营管理工作。副总经理协助总经理工作，当总经理缺席或不能工作时，代理行使总经理的职责。"本案中，周某作为甘肃中集华骏营销部经理，全面负责销售工作，在此期间甘肃中集华骏并没有设立副总经理，周某对选择交易对象以及是否签订合同具有决策权，对以什么方式进行资金回收亦有决定权，周某实际上行使的是公司高级管理人员的职权。其妻子高某某和亲戚成立青海同海达公司及转让公司股权的行为，与周某任营销部经理及离任具有同步性，事实上就是为了和甘肃中集华骏进行交易，周某亦未如实向公司报告该事项，在和青海同海达公司交易之后周某利用其职权，不及时回收资金，唯独与青海同海达公司的交易给甘肃中集华骏造成了巨大的损失。且周某在青海同海达公司未向甘肃中集华骏支付货款的情况下，利用职权继续与青海同海达公司签订合同和供货，周某的行为客观上给甘肃中集华骏造成了经济损失，应当承担赔偿责任。一审法院认定周某在甘肃中集华骏任职期间，甘肃中集华骏与青海同海达公司2008年2月29日至2009年7月31日期间签订的承揽合同属于关联交易并无不当，周某的该上诉理由不能成立。至于周某提出一审法院确认加工承揽合同的数额为38份没有任何事实基础的上诉理由，周某本人在一审庭审中认可涉案的这38份合同全部是在其任供销部经理时签订，且全部是在其职责范围内签订，故周某的该上诉理由亦不能成立。

第二，关于甘肃中集华骏的起诉是否超过诉讼时效的问题。本案系甘肃中集华骏请求追究周某关联交易损害赔偿责任提起的诉讼，甘肃中集华骏是在与青海同海达公司的合同纠纷的诉讼过程中才发现周某存在关联交易的行为，该案于2016年4月9日裁定终结执行程序，周某并未提供证据证明甘肃中集华骏在此之前已知晓周某存在关联交易的行为，故周某提出甘肃中集华骏的起诉已超过诉讼时效的上诉理由不能成立，法院不予采信。

综上所述，周某的上诉理由不能成立，应予驳回；一审判决认定事实清楚，适用法律正确，应予维持。

例案二：上海科传信息技术有限公司诉刘某损害公司利益责任纠纷案

【法院】

上海市长宁区人民法院

【案号】

（2016）沪0105民初22166号

【当事人】

　　原告：上海科传信息技术有限公司

　　法定代表人：骆某

　　被告：刘某

【基本案情】

　　上海科传信息技术有限公司（以下简称科传公司）向一审法院起诉请求：（1）刘某赔偿科传公司从案外人上海A有限公司处获得的收入717129.89元，以及从案外人南京B有限公司处获得的44万元；（2）本案诉讼费用由刘某承担。

　　法院经审理查明：科传公司成立于2004年1月5日，其唯一出资者为广州市C有限公司。其公司章程中第十条载明："公司设经理一名，经理对执行董事负责行使下列职权……（六）……提请聘任或者解聘公司副经理、财务负责人。"第十六条载明："高级管理人员是指本公司的经理、副经理、财务负责人。"

　　2006年6月29日，科传公司申请将其法定代表人自庞某变更登记为刘某，并于2006年7月10日获得上海市工商行政管理局嘉定分局的备案。2008年1月10日，科传公司申请工商变更登记，免去刘某的执行董事职务，并将其法定代表人自刘某变更登记为案外人骆某。2008年4月23日，科传公司同刘某签订劳动合同。该合同第一条记载其有效期为3年，自2008年4月1日起至2011年3月31日止。第二条载明，刘某的工作任务为员工，刘某完成科传公司正常安排的生产（工作）任务。第五条载明，刘某的起点工资为2500元每月。2009年7月24日，科传公司任命刘某担任其华东区区长职务。2011年4月1日，科传公司同刘某签订劳动合同。该合同第一条记载其期限为自2011年4月1日起至2014年3月31日止。第二条载明，刘某的工作岗位为销售，刘某应服从科传公司根据其经营、工作需要、刘某工作能力及其表现而安排或者调动工作岗位。第三条载明，刘某每月的基本工资为8000元。

　　2013年8月20日，案外人广州市××股份有限公司同案外人上海A有限公司签署《软件委托开发框架协议》，刘某在广州市××股份有限公司署名处的"授权代表"处签名。

　　2013年10月30日至2014年4月28日期间，刘某为科传公司部分员工签署年度工作表现评核表。评核表的"需知"部分的记载，评核的过程为先由组长或者部门主管填写，后交予部门经理复核，完成后，以密函处理形式交予人力资源及行政部经理处理。评核表所记载的员工的部门包括了人力资源及行政部、财务部及法律部、系统专案部。刘某在评核表的"总体考绩评级"中"部门/区域负责人"一栏签字。

2014年3月18日，科传公司同刘某签订劳动合同。该合同第一条载明有效期为3年，自2014年4月1日起至2017年3月31日止。第二条载明刘某的工作任务为员工，刘某完成科传公司正常安排的生产（工作）任务。第五条载明，刘某的起点工资为8000元每月。

2014年4月16日，案外人上海D有限公司成立，其法定代表人为案外人蔡某，出资者中包括了刘某，其投资比例为45%。

2014年10月，刘某向科传公司报销移动通信费576元，中国××集团上海有限公司出具的发票联上的套餐及固定费为289元，其余均为套餐外的上网费、语音通信费以及短彩信费。2014年11月，刘某向科传公司报销联通通信费46.05元，中国E有限公司上海市分公司出具的发票联上的基本月租费为46元。2015年1月，刘某向科传公司报销移动通信费410元，中国××集团上海有限公司出具的发票联上的套餐及固定费为189元，其余均为套餐外的上网费、语音通信费以及短彩信费。

2015年1月29日，刘某签订工作目标，该工作目标将职位记载为"华东区区长"，部门为销售部，职员工作范畴部分记载为："负责兼任华东区区域主管，按过往区域最佳实践工作标准执行及监督有关项目的售前工作及项目管理、实施工作，以维护即确保公司利益及项目完成验收的有效性。"

2015年2月，刘某向科传公司报销移动通信费524元，中国××集团上海有限公司出具的发票联上的套餐及固定费为289元，其余均为套餐外的上网费、语音通信费以及短彩信费。同月，刘某向科传公司报销联通通信费191.23元，中国E有限公司上海市分公司出具的发票联上的基本月租费为46元，其余为手机上网费等费用。2015年3月，刘某向科传公司报销联通通信费305.4元，中国E有限公司上海市分公司出具的发票联上的基本月租费为46元，其余为手机上网费等费用。

刘某在2015年7月21日以及2015年7月22日对科传公司内部工作电子邮件中的署名部分记载为"Vice General Manager"。

2015年7月31日，刘某向科传公司提出离职申请。在该申请中，刘某声明："为此我提请辞去目前华东区区域经理职务并提出辞职申请。"

法院另查明，刘某手机的话费都是实报实销。

科传公司的股东为广州市C有限公司，而广州市C有限公司的股东为广州市××股份有限公司。广州市C有限公司、广州市××股份有限公司的法定代表人均为骆某。

科传公司的财务管理制度中的"报销"项目下，第2条"通讯费用"记载：副总经理的报销金额上限为每月1000元，高级经理、总监以及副总监的报销上限为每月500元，实报实销。项目实施时项目经理手机之通讯费用在出差期间可实报实销。

刘某名片上的抬头为"华东区域总经理"。

2017年4月1日，一审法院依据科传公司的申请至上海市公安局长宁分局经济侦查支队进行调查，调取公安机关对于刘某所作的笔录、公安机关对案外人上海A有限公司法定代表人朱某所作的笔录、公安机关对案外人蔡某所作笔录等。经查明，公安机关不同意一审法院复印笔录材料，且没有对于案外人蔡某的笔录。刘某在其询问笔录中陈述："进入上海A公司之后，我最开始从事的是销售员，2009年开始我升任公司的销售主管一直到我离职，我主要负责销售上海A公司及其母公司广州市B公司的商用收银POS及租金管理软件。"案外人陈某在其询问笔录中陈述："我是广州市B公司总经理……统筹广州市科传的业务工作。"案外人朱某在陈述称："我在2005年左右就知道广州市科传有刘某这个人，据我知道刘某是广州市科传在上海区域的销售……广州市科传外包给管邦的软件开发业务实际是刘某自己去外面找软件开发团队开发的。"对于公安机关询问的"广州市科传是否知道上海管邦是将软件开发任务交给刘某、蔡某等人实际进行的"问题时，朱某陈述："我认为广州市科传是知道的，其中广州市科传的高管陈某应该最清楚该事情的经过并对刘某予以默认与支持……"对于公安机关询问的"蔡某是谁"的问题时，朱某陈述："蔡某是资深的软件开发人员，此人与刘某也是认识的，且与广州市科传间没有任何劳动及雇佣关系。"

【案件争点】

1. 被告是否属于原告的高级管理人员。

2. 若属于高级管理人员，被告是否存在违反竞业禁止的行为。

【裁判结果】

上海市长宁区人民法院于2017年08月31日作出（2016）沪0105民初22166号民事判决书，判决：一、驳回科传公司的全部诉讼请求；二、案件受理费15214.17元，由科传公司负担。一审原告不服，提起上诉。上海市第一中级人民法院于2018年1月18日作出（2017）沪01民终13083号民事判决书，判决：驳回上诉，维持原判。

【裁判要旨】

上海市长宁区人民法院认为，关于第一个争议焦点，根据我国《公司法》规定，公司行使归入权的相对主体应当为公司的董事、监事、高级管理人员，而按照第二百一十六条第一项的规定，高级管理人员是指公司的经理、副经理、财务负责人，上市公司董事会秘书和公司章程规定的其他人员。而原告公司章程第十六条将高级管理人员规定为公司的经理、副经理、财务负责人。因此，被告必须为原告的经理、副经理、财务负责人才能构成原告行使归入权的主体。

现原告认为被告为其公司的副经理，对此，法院认为，根据我国《公司法》第四十九条第一款的规定，以及原告公司章程第九条、第十条的约定，原告公司的经理具有提请聘任或者解聘公司副经理的职权，并由执行董事决定聘任。因此，对于被告是否是原告副经理的认定，应当考察被告是否得到了原告公司内部的有效聘任，或者行使了相当于副经理的职权。对此，原告提供了被告的名片以及经过公证的电子邮件、任职通知、劳动合同等劳动关系中产生的相关材料、公安机关笔录等欲证明其聘任被告为副经理，但法院认为原告的证据不足以证明被告为原告的副经理，理由如下：

第一，根据原告公司章程第十六条，副经理的任命程序应当是由经理提名，由执行董事决定聘任。但原告经过法院释明仍然未能提供执行董事聘任被告为副经理的证明。而原告虽然为此提供了任职通知，但该通知的签发人为原告所称的经理陈某某，载明职务为"大中华区总经理"，而被告实际被任命的职务为"华东区区长"，并非"大中华区"，被告的离职申请中也认为自己的职务为"华东区区域经理"。根据原告提供的"科传大中华区架构图"，原告公司只是属于大中华区下属的销售区域中的一个区域，因此仅凭任职通知难以认定被告的"华东区区长"职务对应于副经理职务。

第二，根据原告提供的被告的劳动合同，该3份劳动合同中均未记载被告的职务为副经理，而是将被告的岗位定为销售或者员工。根据原告提供的"科传大中华区架构图"，原告公司只是属于大中华区下属的销售区域中的一个区域，其下属还分为华东区销售、华东区系统专案，以及人事、财务及行政部门，因此被告的"销售"岗位不足以认定被告的副经理职位。同时，原告提供的培训协议书中也没有反映被告的职位，故原告提供的上述证据均无法证明被告系原告的副经理。

原告提供的工作目标中将被告的部门记载为销售部，兼任华东区区域主管，可见被告的工作部门限于销售部。工作目标中要求被告按过往区域最佳实践工作标准执行监管有关项目的售前工作及项目管理、实施工作，但原告无证据证明该要求系公司对于副经理以上级别的人员的专属要求，故不能以此认定被告为高级管理人员。

原告提供的员工年度工作表现评核表中有被告的签字，且部门涉及系统专案部、人力资源及行政部、财务部及法律部，原告以此认为可以证明被告有权跨部门评审员工，因此属于高管级别。但根据该评核表的"须知"部分的记载，评核的过程为先由组长或者部门主管填写，后交予部门经理复核，完成后，以密函处理形式交予人力资源及行政部经理处理。被告签字的栏目为"总体考绩评级"中"部门/区域负责人"一栏，而尚有"最后考绩评级"需要由人力资源经理、大中华区总经理签字。因此结合"须知"部分的记载，被告的职位应当不超过部门经理。因此难以认定被告为《公司法》规定的高级管理人员。

第三，原告提供了被告的名片以及经过公证的电子邮件欲证明被告的副经理职务，但被告的名片只是被告用以宣传的工具，并不能真实反映被告在原告公司的职务，且名片上的抬头记载为"华东区域总经理"，同《公司法》中规定的"副经理"并不一致，且在原告的公司章程中也没有对于"华东区域总经理"的职位的定义，因此难以认定该抬头载明的职务对应于副经理职务。同理，原告提供的证据电子邮件中的Vice General Manager也没有得到相应的公司章程或者法律规定的确认，不能以此认定其对应于副经理职务。

公安机关的笔录中仅记载被告为原告的销售主管，主要负责销售原告及案外人广州市科传计算机科技股份有限公司的商用收银POS机及租金管理软件，并未自认为原告的副经理。而案外人朱某某在公安机关的笔录中将被告的职位陈述为是广州市科传计算机科技股份有限公司在上海区域的销售，也并非副经理。

原告认为被告曾经为原告的法定代表人，但根据查明的事实，原告已经于2008年1月10日免去了被告的法定代表人职务，故不能以此推断原告为被告的副经理。

对于《软件委托开发框架协议》，该合同的当事人并非原告，无法以此证明被告为原告的副经理。且签订合同本身仅能说明被告得到了广州市科传计算机科技股份有限公司的授权，同本案无关，并不能说明被告所具有的职位。

第四，原告另行提供报销凭证以及财务管理制度以说明被告的报销级别已经属于副总经理级别，但财务管理制度虽然在第二条第一款约定了副总经理的通讯费用报销上限金额为每月1000元，高级经理、总监以及副总监的报销上限为每月500元，但该条第三款及第四款规定，项目实施时项目经理手机至通讯费用在出差旅期间可实报实销，原告认可存在实报费用超过规定上限的情形。因此，虽然被告的报销凭证中有部分超过500元而进入副总经理级别的报销范围，但是该费用可以是由于出差而实报实销产生，因此不能以此作为被告职务的判断标准。

综上所述，原告提供的证据不能证明被告为原告的副经理，即不符合《公司法》规定的高级管理人员的范畴，故不能适用《公司法》第一百四十八条的规定。原告的相应诉请缺乏事实以及法律依据，法院不予支持。

例案三：朗易酩庄（北京）酒业有限公司与张某某损害公司利益责任纠纷案

【法院】

北京市第三中级人民法院

【案号】

（2016）京03民终10666号

【当事人】

上诉人（原审被告）：张某某

被上诉人（原审原告）：朗易酩庄（北京）酒业有限公司

法定代表人：蒋某某，总经理

【基本案情】

朗易酩庄（北京）酒业有限公司（以下简称朗易酩庄公司）向一审法院起诉请求：要求张某某向朗易酩庄公司归还利润所得15万元并承担该案诉讼费用。

法院经审理查明：2012年9月9日，蒋某某作为甲方与作为乙方的张某某签订《合作协议书》，约定甲乙双方合作开发葡萄酒销售，现甲乙双方就葡萄酒销售公司的成立、葡萄酒销售的分工及投资等达成如下框架协议，并共同遵守："葡萄酒销售公司注册资金100万元，甲方出资70万元，占70%股份，乙方出资30万元，占30%股份，公司名称朗易酩庄公司；甲方负责公司的组建和公司的注册登记等工作；甲方负责销售工作，担任公司法定代表人……乙方负责进酒工作，乙方所进葡萄酒应当适合中国市场的口味和适合中国市场的营销价格；乙方担任董事长职务，公司不向乙方支付工资；所有的酒进入朗易酩庄公司必须有张某某认证证明；乙方负责朗易酩庄公司所有人员的技术培训……"

朗易酩庄公司不设董事会，蒋某某是执行董事和经理，张某某是监事，但张某某并未实际履行监事职责，其负责的是朗易酩庄公司的业务板块。

2013年3月15日，朗易酩庄公司成立，企业类型为有限责任公司（自然人投资或控股），注册资本100万元，股东及其出资为蒋某某出资70万元，张某某出资30

万元。朗易酩庄公司工商登记的董事会成员、经理、监事任职证明显示，蒋某某为执行董事、经理，张某某为监事，公司经营范围除营业执照上的主要经营范围之外，还包括葡萄酒进口批发业务、葡萄酒零售业务以及葡萄酒代理进口业务。

2013年6月26日，朗易酩庄公司作为甲方与作为乙方的北京德生源智医药有限公司（以下简称德生源智公司）签订《产品经销合同》，约定甲方授权乙方为授权经销商；销售的产品种类以及价格参见本协议附件二《产品价格单》，本协议续签或修订时，产品种类和价格可根据甲乙双方协商情况调整；对本协议的补充、修改，均应以书面方式作出并作为本协议的附录并由甲乙双方盖章后生效。附件二产品价格单："1. 产品名称 Comtedetassin，中文名称唐莎伯爵干红葡萄酒；2. 产品等级波尔多法定产区命名葡萄酒（AOC）；3. 价格：双方约定以欧洲采购底价为基础，增加2.5元作为甲方服务费，其中，欧洲采购价为1.5欧元，中国完税价21.45元，结算汇率预计按8.3计算，实际结算以银行外汇单据为依据；4. 开票：甲方向乙方开具购货总额的增值税专用发票，由于开票基数不同产生的税率差由乙方承担，甲方服务费产生的税费由甲方承担；5. 订货量：10000箱×6瓶，1×6瓶纸箱包装；6. 总金额：23.95元×6万瓶=143.7万元；7. 付款：合同签订之日支付货款的80%，114.96万元，剩余货款在货物清完关1周内结清；8. 到货周期：合同签署且收到款项的90天到货；9. 备注：该产品首次订单完成后，可作为乙方的独家代理产品。"

2013年8月29日，北京酒易酩庄酒业有限公司（以下简称酒易酩庄公司）就葡萄酒进口进行海关申报，货物名称唐莎伯爵干红葡萄酒/COMTEDETASSIN，数量6万瓶，原产国法国，单价1.5欧元。2013年8月30日，德生源智公司在酒易酩庄公司收货确认单盖章，确定收到酒易酩庄公司唐莎伯爵干红葡萄酒2012，数量6万瓶，单价23.95元，总金额1437000元。

2014年朗易酩庄公司以损害公司利益责任纠纷为由向一审法院起诉张某某，要求张某某返还货款1437000元。在该案审理过程中，朗易酩庄公司提交落款日期为2013年11月20日，德生源智公司盖章、张某签字的证明，内容为：兹证明德生源智公司于2013年6月26日与朗易酩庄公司签订购销葡萄酒合同，购货款1473000元，由朗易酩庄公司股东张某某收取；张某某提供一份2014年9月22日由德生源智公司盖章、张某签字的情况说明，主要内容为：德生源智公司于2013年11月20日出具了一份证明，因德生源智公司不太了解具体情况，仓促出具的上述证明内容与实际情况有些出入，现特将实际情况说明如下：2013年6月26日，朗易酩庄公司与德生源智公司签订了进口6万瓶葡萄酒合同，购货款为1437000元。当时德生源智公司正处于业务转型期，如货物无法及时交付，会对德生源智公司的经营产生影响。合同签订很短时间后，德生源智公司与朗易酩庄公司均担心新成立的朗易酩庄公司可能会因为手续不齐而无法按时进口并交付货物，后经双方协商一致，同意终止该份合同，该合同没有实际履行，朗易酩庄公司没有向德生源智公司供货，德生源智公司也没有向朗易酩庄公司支付货款。随后，德生源智公司与张某某所在的酒易酩庄公司就购酒合同达成一致，由德生源智公司向酒易酩庄公司支付了货款1437000元。因酒易酩庄公司委托张某某进行收款，德生源智公司将货款汇入张某某账号。该1437000元货款与朗易酩庄公司无关，是支付给酒易酩庄公司的货款。2014年10月29日，该院依法作出（2014）朝民初字第17448号民事判决书，驳回朗易酩庄公司的诉讼请求。

另查，酒易酩庄公司成立于2010年11月23日，公司类型为有限责任公司（自然人独资），股东及法定代表人为张某某。

【案件争点】

1. 张某某是否属于朗易酩庄公司的高级管理人员。
2. 张某某是否违反了《公司法》规定的忠实义务。
3. 张某某是否应当向朗易酩庄公司返还利润。

【裁判结果】

北京市朝阳区人民法院于2016年6月30日作出（2015）朝民（商）初字第21878号民事判决书，判决：被告张某某于本判决生效之日起10日内给付原告朗易酩庄公司15万元。一审被告不服，提起上诉。北京市第三中级人民法院于2016年12月21日作出（2016）京03民终10666号民事判决书，判决：驳回上诉，维持原判。

【裁判要旨】

北京市第三中级人民法院认为：第一，关于张某某是否属于朗易酩庄公司的高级管理人员。张某某称其为朗易酩庄公司的监事，根据法律规定，高级管理人员与其监事的身份相违背，故其不属于朗易酩庄公司的高级管理人员。法院认为，《公司法》第二百一十六条第一项规定："高级管理人员，是指公司的经理、副经理、财务负责人，上市公司董事会秘书和公司章程规定的其他人员。"张某某是否属于朗易酩庄公司的高级管理人员，应当从以下两个方面认定：第一，虽然朗易酩庄公司的工商登记信息显示张某某为监事，但经庭审询问，张某某称其在朗易酩庄公司未实际履行监事职责，具体负责业务板块。故不能仅以工商登记的信息即认定其是否为高级管理人员。第二，关于张某某的具体岗位职责，蒋某某与张某某签订的《合作协议书》对此进行了约定，其中包括"乙方负责进酒工作，乙方所进葡萄酒应当适合中国市场的口味和适合中国市场的营销价格；乙方担任董事长职务，公司不向乙方支付工资；所有的酒进入朗易酩庄公司必须有张某某认证证明；乙方负责朗易酩庄公司所有人员的技术培训……"张某某认可朗易酩庄公司的经营范围包括葡萄酒进口业务，张某某作为朗易酩庄公司的两个股东之一，负责进口葡萄酒、培训公司所有人员等重要事项，实际上符合高级管理人员的职责。综上，从张某某的具体职务来看，张某某属于朗易酩庄公司的高级管理人员。一审法院认定正确，法院予以确认。

第二，关于张某某是否违反法律规定的忠实义务。《公司法》第一百四十七条规定："董事、监事、高级管理人员应当遵守法律、行政法规和公司章程，对公司负有忠实义务和勤勉义务。"第一百四十八条第一款第五项规定："董事、高级管理人员不得有下列行为：……（五）未经股东会或股东大会同意，利用职务便利为自己或者他人谋取属于公司的商业机会，自营或者为他人经营与所任职公司同类的业务。"本案中，根据查明的事实，张某某同时为酒易酩庄公司的股东且为酒易酩庄公司的法定代表人。在朗易酩庄公司与德生源智公司签订《产品经销合同》后，双方并未实际履行该合同，相反，张某某以酒易酩庄公司的名义向德生源智公司提供了进酒服务并收取了相关货款，其所进葡萄酒的时间、种类、产地、单价、数量、总价均与《产品经销合同》一致，致使其所在的朗易酩庄公司失去了该次商业机会。张某某作为负责进酒工作的高级管理人员，其行为违背了《公司法》规定的忠实义务，给朗易酩庄公司造成了损失。一审法院对此认定正确，法院予以确认。

第三，关于张某某是否应当向朗易酩庄公司返还利润。根据上述认定的事实，张某某作为朗易酩庄公司的高级管理人员，违背了法律规定的忠实义务，给朗易酩庄公司造成了利润损失。《公司法》第一百四十八条第二款规定："董事、高级管理人员违反前款规定所得的收入应当归公司所有。"因张某某认可按照《产品经销合同》附件二规定的标准计算利润，并称根据该标准计算的利润为15万元，但须扣除2.5%至5%的代理费。现张某某未能举证证明扣除代理费的相关依据，故张某某应当向朗易酩庄公司返还利润15万元。一审法院对此认定正确，法院予以确认。

综上所述，张某某的上诉请求不能成立，应予驳回；一审判决认定事实清楚，适用法律正确，应予维持。

三、裁判规则提要

公司控股股东、实际控制人、董事、监事、高级管理人员与其直接或者间接控制的企业之间的关系，以及可能导致公司利益转移的其他关系属于关联关系，但国家控股的企业之间不仅因为同受国家控股而具有关联关系。公司控股股东、实际控制人、董事、监事、高级管理人员利用关联关系与公司进行交易构成关联交易。关联交易中的各方更加便宜开展磋商、达成共识，具有节约交易成本、提高交易效率的优势。但由于关联关系的存在，本来应有双方或多方开展的交易可能完全系由一方实际操控，导致交易在竞争不充分的情况下实质蜕变为单向的利益输送，造成不公正的、损害公司利益的结果。在现实中，公司控股股东、实际控制人及内部人员通过开展不公允关联交易进行利益输送、"掏空公司"的现象也的确屡见不鲜，严重损害了公司、其他股东和债权人的合法权益。《民法典》和《公司法》保护公平有效的关联交易，也明确禁止公司的控股股东、实际控制人、董事、监事、高级管理人员利用其关联关系损害公司利益，否则相关主体应当承担赔偿责任。

在司法实践中，出现了一类事实行使高管职权的公司内部人员，利用职权控制公司与由其直接或者间接控制的企业之间开展交易，损害公司利益的案件。这部分人员未经公司任命高管职务，或者实际职权与公司任命情况、工商登记信息不符。如果严格适用《公司法》第二百一十六条第一款关于高级管理人员的规定，将高管范围限制于公司任命的经理、副经理、财务负责人，上市公司董事会秘书以及公司章程规定的高管职务，将使这部分人员可以免受公司法关联交易条款的约束。从营造法治化营商环境、保护公司及其中小投资者合法权益的理念出发，理应对《公司法》第二百一十六条的规定进行"穿透式"的正确理解，根据实际行使的职权内容将上述人员认定为高级管理人员。综合梳理上述案例，人民法院在处理高级管理人员的认定问题时应当注意以下几个方面。

1. 根据职权内容是否具备高管职权性质判断职务性质

判断公司相关人员是否为高级管理人员，首先应从该人员是否担任《公司法》规定的职务，或者公司的章程是否将担任其他职务的人员规定为公司的高级管理人员入手进行分析。对于符合条件的，可以直接依据《公司法》第二百一十六条的规定予以认定。对于无法证实曾担任上述职务的人员，应当考察其职权是否具有公司高管职权的性质，是否具有与公司经理、副经理、财务负责人，上市公司的董事会秘书以及公司章程规定的高管职务相当的职权内容，来判断其是否属于公司高管。

公司高管的职责在于直接执行与落实公司股东（大）会、董事会决策，对公司的日常开展主要经营业务、财务收支、人事安排等重要事项具有较高程度独立的决策权，掌握公司内部管理或外部业务的核心信息，对于公司决策及发展目标的确定具有较强的影响力，是公司日常经营的实际管理者。根据总结类案的司法实践经验，人民法院应该主要考察以下几方面内容：第一，相关人员的具体履职情况。例如，对外，在职权范围内拥有交易对象和交易条件的选择权和决定权，或者可以独立代表公司签订合同；对内，有效的公司决议文件记载其作为公司高管出席会议、发言、签字，或者在公司内部层递审批事项有最终审核权，常表现为在签批顺序的末端作为高管签字等。存在上述情况的可以认定相关人员实际行使高管职权的情形，应当认定为公司高管。第二，当事人之间的成文约定。公司或公司的股东、实际控制人与相关人员签订的"劳动合同""合作协议"等文书中，如果就该部分人员的职责范围有明确约定，且约定的职责包括对公司整体经营、主要业务、财务或人事情况进行管理的，应当结合当事人职权实际履行情况判断其属于公司高管。对于仅以该约定与公司任命情况、工商登记内容不符为由否认具有高管身份的，不应支持其主张。第三，当事人的报酬情况。公司高管往往可以获得显著高于公司职工薪资水平的工资、报酬等薪酬待遇。因此，在相关类案判例中，有法院通过参考相关人员在公司领取报酬的高低，来认定其职务是否属于公司高管。对于当事人薪资水平与公司经理、副经理、财务负责人等高管水平基本相当且有其他证据印证的，可以初步认定当事人属于公司高管身份，但应允许当事人提出反证证明其高水平薪资并非因职务获得。

2. 关于人员职务的证明责任应当由公司或股东负担

公司高管利用关联关系损害公司利益引发的公司关联交易损害责任纠纷、侵权责任纠纷等案件，系公司作为原告或者股东依照《公司法》第一百五十一条的规定提起以自己的名义股东代表诉讼，要求作为被告的公司高管就不公允关联交易给公司造成的损失承担赔偿责任。在这种情况下，公司或股东作为原告，主张未由公司经法定程序任命为法定或公司章程规定的公司高管的人员属于公司高管的，应当承担证明责任，提出相关证据证明被告实际行使公司高管职权的事实。例如，由被告签字生效的公司主营业务合同，人员聘用、解聘手续，公司决议或者关于职责安排的协议等。不能够提供证据证明被告属于公司高管或实际行使高管职权的，作为原告的公司或股东理应承担不利的诉讼结果，法院应当依法认定相关被告不属于公司高管。对于起诉多位公司内部人员的，应当分别认定是否担任公司高管；对于在案证据能够证明担任高管职务的,应当依法认定;对于不能证明的,相关人员不应承担《公司法》第二十一条规定的赔偿责任,应当驳回原告就该被告提出的诉讼请求。

需要注意的是,公司高管的职权范围应当直接与公司整体利益相关联,因此若仅能证明被告属于负责某项业务的部门管理人员,或者较低的审批权限,即便其享有一定管理权限,亦不属于公司法意义上的高级管理人员范畴。

四、辅助信息

《民法典》

第八十四条　营利法人的控股出资人、实际控制人、董事、监事、高级管理人员不得利用关联关系损害法人的利益;利用关联关系造成法人损失的,应当承担赔偿责任。

《公司法》

第二十一条　公司的控股股东、实际控制人、董事、监事、高级管理人员不得利用其关联关系损害公司利益。

违反前款规定,给公司造成损失的,应当承担赔偿责任。

第一百四十七条　董事、监事、高级管理人员应当遵守法律、行政法规和公司章程,对公司负有忠实义务和勤勉义务。

董事、监事、高级管理人员不得利用职权收受贿赂或者其他非法收入,不得侵占公司的财产。

第一百五十一条　董事、高级管理人员有本法第一百四十九条规定的情形的,有限责任公司的股东、股份有限公司连续一百八十日以上单独或者合计持有公司百分之一以上股份的股东,可以书面请求监事会或者不设监事会的有限责任公司的监事向人民法院提起诉讼;监事有本法第一百四十九条规定的情形的,前述股东可以书面请求董事会或者不设董事会的有限责任公司的执行董事向人民法院提起诉讼。

监事会、不设监事会的有限责任公司的监事,或者董事会、执行董事收到前款规定的股东书面请求后拒绝提起诉讼,或者自收到请求之日起三十日内未提起诉讼,或者情况紧急、不立即提起诉讼将会使公司利益受到难以弥补的损害的，前款规定的股东有权为了公司的利益以自己的名义直接向人民法院提起诉讼。

他人侵犯公司合法权益，给公司造成损失的，本条第一款规定的股东可以依照前两款的规定向人民法院提起诉讼。

第二百一十六条　本法下列用语的含义：

（一）高级管理人员，是指公司的经理、副经理、财务负责人，上市公司董事会秘书和公司章程规定的其他人员。

……

（四）关联关系，是指公司控股股东、实际控制人、董事、监事、高级管理人员与其直接或者间接控制的企业之间的关系，以及可能导致公司利益转移的其他关系。但是，国家控股的企业之间不仅因为同受国家控股而具有关联关系。

《公司法解释四》

第二十三条　监事会或者不设监事会的有限责任公司的监事依据公司法第一百五十一条第一款规定对董事、高级管理人员提起诉讼的，应当列公司为原告，依法由监事会主席或者不设监事会的有限责任公司的监事代表公司进行诉讼。

董事会或者不设董事会的有限责任公司的执行董事依据公司法第一百五十一条第一款规定对监事提起诉讼的，或者依据公司法第一百五十一条第三款规定对他人提起诉讼的，应当列公司为原告，依法由董事长或者执行董事代表公司进行诉讼。

第二十四条　符合公司法第一百五十一条第一款规定条件的股东，依据公司法第一百五十一条第二款、第三款规定，直接对董事、监事、高级管理人员或者他人提起诉讼的，应当列公司为第三人参加诉讼。

一审法庭辩论终结前，符合公司法第一百五十一条第一款规定条件的其他股东，以相同的诉讼请求申请参加诉讼的，应当列为共同原告。

《公司法解释五》

第一条　关联交易损害公司利益，原告公司依据民法典第八十四条、公司法第二十一条规定请求控股股东、实际控制人、董事、监事、高级管理人员赔偿所造成的损失，被告仅以该交易已经履行了信息披露、经股东会或者股东大会同意等法律、行政法规或者公司章程规定的程序为由抗辩的，人民法院不予支持。

公司没有提起诉讼的，符合公司法第一百五十一条第一款规定条件的股东，可以依据公司法第一百五十一条第二款、第三款规定向人民法院提起诉讼。

第二条 关联交易合同存在无效、可撤销或者对公司不发生效力的情形，公司没有起诉合同相对方的，符合公司法第一百五十一条第一款规定条件的股东，可以依据公司法第一百五十一条第二款、第三款规定向人民法院提起诉讼。

公司股东权利行使与责任案件裁判规则第 19 条：

有限责任公司股东举证证明导致债务人公司应当进行清算的情形出现之前，债务人公司作为被执行人的案件已终结本次执行程序，并以此主张其"怠于履行义务"的消极不作为与债权人"债权无法受偿"之间没有因果关系，不应对公司债务承担连带清偿责任的，人民法院应予支持

【规则描述】 《公司法解释二》第十八条第二款规定："有限责任公司的股东、股份有限公司的董事和控股股东因怠于履行义务，导致公司主要财产、账册、重要文件等灭失，无法进行清算，债权人主张其对公司债务承担连带责任的，人民法院应依法予以支持。"该条款规定的有限责任公司清算义务人的连带清偿责任属于侵权责任，从责任构成要件的角度说，股东等清算义务人承担责任的前提是其不作为与债权人的债权利益受到损失之间具有因果关系。债权人的债权经过人民法院的强制执行程序，没有发现债务人公司有可供执行的财产线索，人民法院终结本次执行程序，债权人的债权未能受偿或者未能足额受偿，此时可以认定债权人的债权利益遭受损失。而在此之后债务人公司出现应当进行清算的情形，此时债务人公司清算义务人的清算义务方才产生，即便清算义务人怠于履行义务，该"原因行为"在后，债权人利益受损的"结果"在前，无法认定清算义务人"怠于履行义务"与债权人"债权无法受偿"之间存在因果关系。

一、类案检索大数据报告

在"股东损害公司债权人利益责任纠纷""清算责任纠纷"两个案由下，将"法

院认为"部分的关键字设定为"终结本次执行程序""清算""因果关系",设置裁判时间截至 2020 年 3 月 31 日,通过 Alpha 案例库检索,共检索到类案 228 件,经逐案阅看、分析,与本规则关联度较高的案件共有 126 件。因其中存在同一案件的一审、二审、再审裁判,严格意义上应将其认定为一起案件,同时还有不同股东因对同一家公司同一份股东会决议有异议而提起的多起诉讼,实质上争议的焦点问题是相同的,故剔除前述情形后,实际共有 83 件案件,也即有 83 篇裁判文书。整体情况如下:

从裁判结果看,支持因果关系抗辩的案件有 43 件,占比 51.81%;不支持因果关系抗辩的案件有 40 件,占比 48.19%。(如图 7-1 所示)

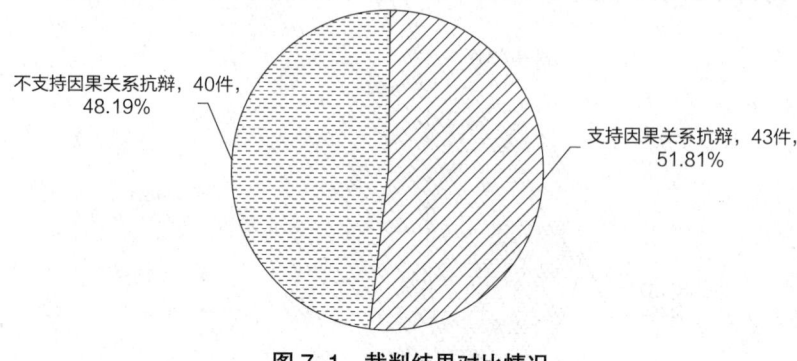

图 7-1 裁判结果对比情况

从类案地域分布看,涉案数最多的地域是北京市,共 22 件;其次是广东省,共 16 件。(如图 7-2 所示)

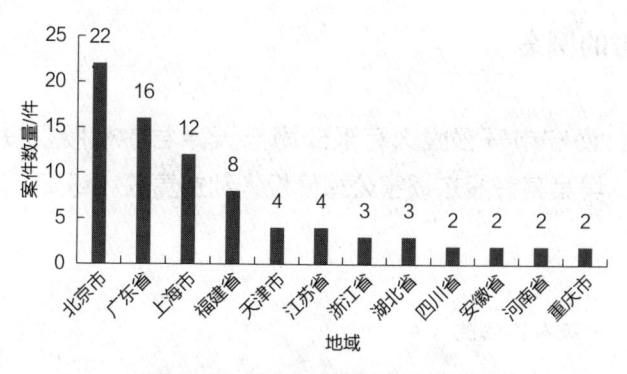

图 7-2 类案主要地域分布情况

从类案结案时间看,最多的年份是 2019 年,共有 35 件;其次为 2018 年,共有 18 件。(如图 7-3 所示)

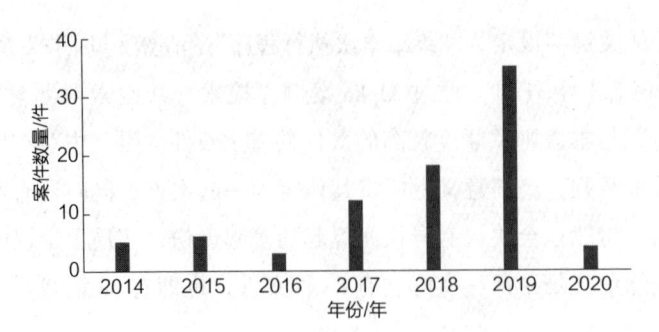

图 7-3　类案结案年度分布情况

从案件经历的审理程序看，只经过了一审程序的共计 43 件；经过一审、二审两审程序的共计 37 件，经过了一审、二审及再审程序的共计 3 件。（如图 7-4 所示）

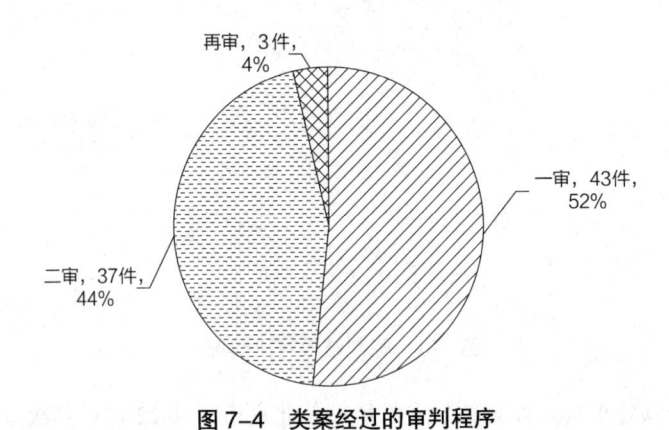

图 7-4　类案经过的审判程序

二、可供参考的例案

> **例案一：海宁市轩派服饰有限公司与天津君睿祺股权投资合伙企业（有限合伙）、吴某某等股东损害公司债权人利益责任纠纷案**

【法院】

　　北京市第二中级人民法院

【案号】

　　（2019）京 02 民终 12444 号

【当事人】

上诉人（原审原告）：海宁市轩派服饰有限公司

法定代表人：蔡某某

被上诉人（原审被告）：吴某某

被上诉人（原审被告）：周某某

被上诉人（原审被告）：戴某某

被上诉人（原审被告）：方某某

被上诉人（原审被告）：袁某某

被上诉人（原审被告）：袁某

被上诉人（原审被告）：薛某

被上诉人（原审被告）：刘某

被上诉人（原审被告）：江某

被上诉人（原审被告）：邱某某

被上诉人（原审被告）：天津君睿祺股权投资合伙企业（有限合伙）

执行事务合伙人：北京博道投资顾问中心（有限合伙）委派代表朱某某

【基本案情】

海宁市轩派服饰有限公司（以下简称轩派公司）诉称：生效判决确认债务人北京科曼维斯凯服饰有限公司（以下简称科曼公司）应当偿付轩派公司货款1372880元、利息32914.8元、原审诉讼费8578元，共计1414372.8元。判决生效后，轩派公司依法向法院申请执行，后法院作出裁定，以未发现被执行人科曼公司有可供执行的财产及财产线索，目前并不具备继续执行条件为由，裁定终结本次执行程序。2016年12月15日，科曼公司经北京市工商行政管理局开发区分局决定被吊销营业执照，本案吴某某、周某某、戴某某、方某某、袁某某、袁某、薛某、刘某、江某、邱某某、天津君睿祺股权投资合伙企业（有限合伙）（以下简称君睿祺合伙企业）及苏州麦星股权投资有限公司（以下简称麦星公司）为该公司清算义务人。但被告在科曼公司被强制解散后，拒不履行清算义务，造成债务人人去楼空，下落不明，恶意逃避债务，致使轩派公司在经申请强制执行后不能获得清偿。故依据相关法律规定，提起本案诉讼，请求判令：（1）判令吴某某、周某某、戴某某、方某某、袁某、薛某、刘某、江某、邱某某、君睿祺合伙企业对（2014）大民（商）初字第8984号民事判决书中应由科曼公司给付的货款1321458元承担连带清偿责任；（2）判决吴某某、周某某、戴某某、方某某、袁某某、袁某、薛某、刘某、江某、邱某某、君睿祺合伙企业对（2014）大民（商）初字第8984号民事判决书确定的迟延履行债务期间的利息承担连带清偿责任；（3）诉讼费由吴某某、周某某、戴某某、方某某、袁某、薛某、刘某、江某、邱某某、君睿祺合伙企业承担。

吴某某辩称：吴某某无须对轩派公司承担清偿责任，其没有怠于履行清算义务的主观故意，且未给轩派公司造成损害。（1）吴某某作为科曼公司的小股东，未参与经营，并未对轩派公司的债权造成损害。（2）清算义务人的范围不应该包括全部股东。（3）吴某某未参与科曼公司的管理，也未在科曼公司任职，科曼公司被吊销执照后，吴某某根本无法及时得知。但吴某某在得知后，于2018年2月9日已经向北京市第一中级人民法院申请强制清算，后撤销了申请。另，让吴某某作为清算义务人承担连带责任有违公司法人独立和股东有限责任的法律。（4）轩派公司尚无证据证明损失的情况。科曼公司被吊销营业执照的时间为2016年10月8日，早在2015年4月19日法院已作出终结执行程序的裁定，裁定书明确载明科曼公司已经停止经营、多处资产被查封、无财产可以执行。科曼公司在被吊销营业执照前，资产已经被法院查封，客观上吴某某根本不可能导致被查封的资产贬值、流失、毁损或灭失，轩派公司没有提交证据证明吴某某导致其损失的范围是什么，具体应在什么范围内承担赔偿责任。（5）吴某某并未参与公司的经营管理，客观上无法在法定期限内申请清算，自然不存在主观上的过错，也未侵犯轩派公司的利益。科曼公司的财产被法院查封冻结后，吴某某根本不可能给轩派公司造成损失。从执行裁定书可以看出，已经对科曼公司的资产进行了清理，既然科曼公司的财产已经被法院查封、冻结，并不在科曼公司及股东的控制下，所以科曼公司是否清算与轩派公司的债权能够得到清偿之间并不存在法律上的因果关系。

君睿祺合伙企业、邱某某、江某、薛某、戴某某辩称：（1）科曼公司因经营不善失去偿债能力，在被吊销营业执照之前主要财产已经由法院经执行程序分配完毕。本案被告并未导致主要财产灭失，不符合《公司法解释二》第十八条第一款因果关系的构成要件，不承担赔偿责任。（2）被告不参与公司实际经营，不掌握公司账册、交易文件，并非怠于履行义务，而是履行不能，不应承担连带清偿责任。在被告承担清算义务前，科曼公司的主要财产、账册、重要文件等已经因法院强制执行而下落不明，几被告未导致公司账册、重要文件灭失，不符合《公司法解释二》第十八条第二款的构成要件，不承担连带责任。（3）公司法人人格独立，股东以其认缴的出资额为限对公司承担有限责任，几被告均实缴出资到位，不再对公司债务承担责任。（4）君睿祺合伙企业作为财务投资者，要求其负清算义务与鼓励投资的政策相悖，也不符合公平原则。（5）科曼公司清算义务人不应为小股东，而应是作为公司执行董事、控股股东、法定代表人的大股东袁某。小股东并无启动清算程序的能力，不应承担清算责任。科曼公司的小股东们曾选派吴某某、邱某某自2017年开始先后到北京市大兴区人民法院、北京市第一中级人民法院申请强制清算科曼公司，后因无法提供科曼公司的账册、重要文件等材料启动清算程序，被迫无奈撤回强制清算申请。

周某某、方某某、袁某某、袁某、刘某未到庭，未发表辩论意见，亦未提交任何证据。

法院经审理查明：科曼公司系成立于2004年4月21日的有限责任公司（自然人投资或控股），注册资本1800万元。2012年8月份的公司章程记载的股东为袁某（出资1044万元）、戴某某（出资84.6万元）、周某某（出资28.8万元）、邱某某（出资28.8万元）、刘某（出资28.8万元），薛某（出资28.8万元）、方某某（出资28.8万元），吴某某（出资28.8万元），袁某某（出资84.6万元），江某（出资54万元），君睿祺合伙企业（出资240万元），苏州麦星股权投资企业（有限合伙）（出资120万元）。法定代表人为袁某。

2014年8月27日，北京市大兴区人民法院作出（2014）大民（商）初字第8984号民事判决书，判决科曼公司向轩派公司支付货款1372880元并支付利息损失（以1372880元为基数，参照中国人民银行同期贷款基准利率标准，自2014年7月14日起计算至判决生效之日止）。

前述判决书生效后，科曼公司未履行付款义务。轩派公司于2014年12月26日向北京市大兴区人民法院申请强制执行。2015年4月19日，北京市大兴区人民法院作出（2015）大执字第494号执行裁定书，查明科曼公司已停止生产经营，名下无可供执行的银行存款，查封科曼公司名下9辆车，因查找不到实际下落，无法处理，轮候查封科曼公司房产一套。因未发现科曼公司可供执行的财产及财产线索，裁定终结此次执行程序。

因多起案件中科曼公司未按生效判决履行义务，当事人申请了强制执行。其中，（2015）大执字第299号北京宝木天润展览展示有限公司申请强制执行一案，北京市大兴区人民法院作出的执行裁定书载明在该案件执行过程中，扣划了科曼公司存款654800元，查封了科曼公司位于北京市北京经济技术开发区景园北街×号17-1幢1~3层的房屋，正对房产进行评估拍卖，尚有3620528元及利息未执行，北京宝木天润展览展示有限公司同意终结此次执行程序，等待房产处理结果。（2016）京0115

执 175 号刘某某申请强制执行一案，北京市大兴区人民法院于 2016 年 2 月 20 日作出执行裁定书，载明科曼公司名下无车辆、银行账户无存款、其名下房屋已被拍卖完毕，申请执行人刘某某申请执行的 12000 元尚未清偿，因被执行人确无财产可供执行，裁定终结此次执行程序。

2016 年 10 月 8 日，北京市工商行政管理局开发区分局作出京工商经开分处字〔2016〕第 957 号行政处罚决定书，因科曼公司开业后自行停业连续 6 个月以上，吊销其营业执照。

北京市大兴区人民法院作出一审判决，驳回轩派公司的诉讼请求。轩派公司不服一审判决，向北京市第二中级人民法院提起上诉。北京市第二中级人民法院于 2019 年 12 月 16 日作出二审判决：驳回上诉，维持原判。

【案件争点】

科曼公司的股东吴某某、周某某、戴某某、方某某、袁某某、袁某、薛某、刘某、江某、邱某某、君睿祺合伙企业应否对科曼公司的债务承担连带清偿责任。

【裁判要旨】

根据《民事诉讼法》的规定，当事人有答辩并对对方当事人提交的证据进行质证的权利。本案周某某、方某某、袁某某、袁某、刘某经一审法院合法传唤，无正当理由拒不出庭应诉，视为其放弃了在一审庭审中答辩和质证等诉讼权利。《公司法解释二》第十八条第二款规定："有限责任公司的股东、股份有限公司的董事和控股股东因怠于履行义务，导致公司主要财产、账册、重要文件等灭失，无法进行清算，债权人主张其对公司债务承担连带清偿责任的，人民法院应依法予以支持。"该条规定的是清算义务人怠于履行清算义务应承担的对公司债权人的侵权责任。其适用的法理基础是法人人格否定理论和侵害债权理论。因此，清算义务人承担上述清算赔偿责任应符合以下构成要件：（1）清算义务人有违反法律规定，怠于履行清算义务的行为，亦即清算义务人主观上存在不作为的过错；（2）清算义务人的行为造成了债权人的直接损失；（3）清算义务人怠于履行清算义务的行为与债权人的损失之间具有法律上的因果关系。本案中，科曼公司于 2016 年 10 月 8 日被吊销营业执照，而早在此之前，科曼公司作为债务人已被多次申请强制执行，其公司的财产已被北京市大兴区人民法院依法冻结、查封和拍卖。且北京市大兴区人民法院于 2016 年 2 月 20 日作出的（2016）京 0115 执 175 号执行裁定书载明"科曼公司名下无车辆、银行账户无存款、其名下房屋已被拍卖完毕，申请执行人刘某某申请执行的 12000 元尚未清偿，因被执行人确无财产可供执行"。故在科曼公司被吊销营业执照时，该公司事实上已无偿债资产,且轩派公司没有提交证据证明科曼公司在执行程序中尚有其他主要财产未予执行,据此,目前证据不足以证明科曼公司主要财产、账册、文件灭失与股东怠于履行清算义务之间存在因果关系,吴某某、周某某、戴某某、方某某、袁某某、袁某、薛某、刘某、江某、邱某某、君睿祺合伙企业未履行清算义务的行为与轩派公司涉案债权未得到清偿也无直接因果关系。综上,对轩派公司要求各吴某某、周某某、戴某某、方某某、袁某某、袁某、薛某、刘某、江某、邱某某、君睿祺合伙企业承担连带责任的诉讼请求,依据不足,法院不予支持。

例案二:上海静明文化传媒有限公司与柏亚某、柏晓某、上海蓝遁旅行社有限公司股东损害公司债权人利益责任纠纷案

【法院】

上海市第一中级人民法院

【案号】

(2019)沪01民终10778号

【当事人】

原告:上海静明文化传媒有限公司

法定代表人:吴某

被告:柏亚某

被告:柏晓某

第三人:上海蓝遁旅行社有限公司

法定代表人:柏亚某

【基本案情】

上海静明文化传媒有限公司(以下简称静明公司)诉称:2013年8月23日,上海市长宁区人民法院就静明公司、吴某诉柏亚某、柏晓某、上海蓝遁旅行社有限公司(以下简称蓝遁公司)其他与公司有关的纠纷一案作出案号为(2012)长民二(商)重字第1号民事判决书,判令由蓝遁公司归还静明公司568715.44元及案件受理费等。判决生效后,因蓝遁公司未能履行判决主文的内容,静明公司向上海市长宁区人民法院申请强制执行。2016年10月18日,上海市长宁区人民法院出具民事裁定书,因蓝遁公司无可供执行的财产,故本次执行程序终结。柏亚某、柏晓某系蓝遁公司的股东。依据上海申洲大通会计师事务所有限公司司法鉴定中心作出的编

号为申州大通司法鉴定中心〔2013〕鉴字第007号司法鉴定意见书，存在客户付款至个人账户而未能及时转入公司账户的情形。根据柏亚某的银行卡明细及蓝遁公司账户明细，静明公司发现从蓝遁公司处支取备用金，当日即存入柏亚某账户内的情形。以上情形已经能够初步证明柏亚某、柏晓某的股东财产与蓝遁公司财产存在严重混同。蓝遁公司自2016年10月18日起处于吊销状态，柏亚某、柏晓某至今未对蓝遁公司进行清算，且根据〔2013〕鉴字第007号司法鉴定意见书蓝遁公司账簿不全，根本无法进行清算。鉴于此，静明公司认为，由于柏亚某、柏晓某作为股东致使公司账目混乱，其个人财产与公司财产混同，又怠于履行清算义务且账簿不全无法清算，被告的行为损害了静明公司的利益。故静明公司诉至法院，请求：（1）判令柏亚某、柏晓某对（2012）长民二（商）重字第1号民事判决书中蓝遁公司应向静明公司偿还的债务568715.44元承担连带责任；（2）判令诉讼费用由柏亚某、柏晓某负担。

柏亚某和蓝遁公司辩称：不同意静明公司所有诉请。对于公司人格否认的问题，在（2012）长民二（商）重字第1号案件的重审中已经就此进行审理，且没有支持静明公司的主张，静明公司应就此问题提起再审，不应在本案中重新进行审理。对于公司吊销后股东没有及时清算的问题，不能仅以股东没有去申请清算就认为被告怠于履行股东义务，而是自从前案双方发生纠纷后，账册就遗失了，重审案件中查明蓝遁公司部分账册由静明公司实际控制，故被告无法开展清算。司法解释指向的是股东怠于履行自己的义务，本案中是因为被告无法履行，且原因在于静明公司。且不是怠于履行清算义务就需要承担连带责任，本案中账册灭失不是发生在吊销后，而是在静明公司与蓝遁公司发生纠纷时就发生了。对于财产灭失的问题，蓝遁公司是为了静明公司、蓝遁公司之间合作专门收购的，实际的运营时间也发生在双方合作的三四个月期间，到2011年年初开始因为静明公司退出就停业了。（2012）长民二（商）重字第1号重审判决是2013年下半年作出的，当中经历了2年的官司，当时蓝遁公司的财产就已经没有了，而吊销发生在2016年，之间没有因果关系。

法院经审理查明：2005年5月24日，蓝遁公司成立，公司注册资本为50万元，住所地为上海市长宁区武夷路××号××室，共有股东两名，即本案两被告。其中，被告柏亚某占蓝遁公司90%的股权系蓝遁公司，执行董事和法定代表人，被告柏晓某占有10%的股权。

2012年6月1日，法院受理静明公司、吴某与蓝遁公司、柏亚某、柏晓某其他与公司有关的纠纷重审一案。案件审理过程中，法院委托上海申洲大通会计师事务所有限公司进行了审计。上海申洲大通会计师事务所有限公司经审计后，发现蓝遁公司存在财务制度不健全，账簿登记不及时，财务记录的信息无法确认完整性。在现金管理方面：现金余额出现负数，经查存在现金收款未及时入账的现象，账目记载不全，以及客户付款至个人银行账户而未能及时转入公司账户并作会计处理的现象。在往来款项方面：由于存在现金收款未及时作账务处理的现象，故应收账款的账面余额数字不准确。在收入的记录及成本的结转中，会计记录反映的成本结转的支持性附件不充分；甚至无附件，也无内部审批流程单。故上海申洲大通会计师事务所有限公司只能依据现有的资料进行。2013年5月25日，上海申洲大通会计师事务所有限公司作出司法鉴定意见书，认为截至2011年2月28日，静明公司投入蓝遁公司的80万元资金全部使用完毕。法院经审理后，于2013年8月23日作出（2012）长民二（商）重字第1号民事判决，判令蓝遁公司应于判决生效之日起十日内归还原告静明公司568715.44元。

上述民事判决发生法律效力后，静明公司向法院申请执行。执行过程中，法院未查实到被执行人有可供执行的财产，无车辆、无有价证券、公司银行账户仅有小额钱款，实际经营地已关门歇业。被执行人法人柏亚某已离职。故于2016年10月18日裁定终结本次执行程序。

2016年10月18日，上海市长宁区市场监督管理局经查蓝遁公司成立后无正当理由超过6个月未开业，或者开业后自行停业连续6个月以上。根据《公司法》第二百一十一条第一款"公司成立后无正当理由超过六个月未开业的，或者开业后自行停业连续六个月以上的，可以由公司登记机关吊销营业执照"的规定，作出吊销营业执照的行政处罚，并告知蓝遁公司的债权债务依法由有限责任公司的股东、股份有限公司的董事或者股东大会确定的人员组成清算组负责清算。蓝遁公司的股东应及时办理注销登记。

案件审理过程中，柏亚某出具情况说明书确认2017年7月28日其从蓝遁公司原股东张某1、张某2处受让蓝遁公司。张某1同时向其移交了蓝遁公司2007年至2009年的记账凭证、会计报表，2006至2008年的审计报告，2010年6月和7月的记账凭证均在其处。

上海市长宁区人民法院作出一审判决：柏亚某、柏晓某对（2012）长民二（商）重字第1号民事判决书中蓝遁公司应向静明公司偿还的债务568715.44元承担连带责任。柏亚某、柏晓某不服，提起上诉。上海市第一中级人民法院于2019年9月30日作出（2019）沪01民终10778号二审判决：一、撤销上海市长宁区人民法院（2018）沪0105民初23625号民事判决；二、驳回静明公司全部诉讼请求。

【案件争点】

柏亚某、柏晓某应否对蓝遁公司的债务承担连带清偿责任。

【裁判要旨】

申州大通司法鉴定中心〔2013〕鉴字第007号司法鉴定意见书显示蓝遁公司存在财务制度不健全、账簿登记不及时，财务记录的信息无法确认完整性。但上述财务制度中存在的瑕疵并不足以证明柏亚某、柏晓某与蓝遁公司的公司财产存在严重混同的程度，更不足以据此否认蓝遁公司的公司人格。故静明公司关于柏亚某、柏晓某财产与蓝遁公司混同而应当对蓝遁公司在生效判决确定的债务承担连带责任的主张，证据不足，法院不予采纳。静明公司基于《公司法解释二》第十八条第二款规定主张柏亚某、柏晓某应当对蓝遁公司债务承担连带清偿责任。对此，法院分述如下：首先，根据《公司法解释二》第十八条第二款规定，债权人主张公司股东对公司债务承担连带清偿责任的条件是，股东因怠于履行义务，导致公司主要财产、账册、重要文件等灭失，无法进行清算。即应当存在股东怠于履行义务的情况，并且此种怠于履行义务与公司主要财产、账册、重要文件等灭失、无法进行清算之间存在因果关系。本案中，柏亚某、柏晓某作为蓝遁公司股东，在蓝遁公司于2016年10月18日被吊销营业执照后，未依法及时启动清算程序，显属怠于履行义务的情形。但一方面，申州大通司法鉴定中心〔2013〕鉴字第007号司法鉴定意见书显示，蓝遁公司存在财务制度不健全、账簿登记不及时、财务记录的信息无法确认完整性的情况。这说明蓝遁公司在司法鉴定时，财务账册就不完整。另一方面，静明公司自述其曾持有蓝遁公司相关账本记录7本，但交予审计后其未留存原件。上述情况也说明蓝遁公司的财务账册在公司被吊销营业执照前已不完整。故而，静明公司提供的证据不足以证明，在2016年10月18日蓝遁公司被吊销营业执照之后，因柏亚某、柏晓某怠于履行清算义务导致蓝遁公司主要账册出现灭失。同时，法院注意到，静明公司曾向法院申请强制执行蓝遁公司财产，因无可供执行的财产，法院于2016年10月18日裁定终结本次执行程序。上述情况发生于蓝遁公司被吊销营业执照之前。静明公司称柏亚某、柏晓某怠于履行清算义务导致蓝遁公司主要财产灭失，缺乏事实依据，法院难以支持。因此，静明公司未举证证明柏亚某、柏晓某怠于履行义务导致蓝遁公司主要财产、账册、重要文件等灭失，应承担举证不能的后果。现有证据无法证明柏亚某、柏晓某怠于履行清算义务与蓝遁公司主要财产、账册、重要文件等灭失之间存在因果联系。

例案三：厦门卓信成投资有限责任公司与东京物产株式会社、天津国际大厦有限公司股东损害公司债权人利益责任纠纷案

【法院】

　　天津市高级人民法院

【案号】

　　（2017）津民终325号

【当事人】

　　原告：厦门卓信成投资有限责任公司

　　法定代表人：吴某某

　　被告：东京物产株式会社

　　法定代表人：朱某某

　　被告：天津国际大厦有限公司

　　法定代表人：杨某某

【基本案情】

　　厦门卓信成投资有限责任公司（以下简称卓信成公司）诉称：2001年8月6日，天津市第一中级人民法院对中国银行天津和平支行（以下简称中国银行）诉天津食为天食品发展有限公司（以下简称食为天公司）借款合同纠纷作出民事判决，判决食为天公司给付中国银行借款本金2520万元及相应利息。后经强制执行，食为天公司尚欠中国银行债权10760625.76元及相应利息。此后，中国银行将该笔债权转让给中国东方资产管理公司天津办事处（以下简称东方资产公司），东方资产公司将该笔债权转让给东信联合资产管理有限公司（以下简称东信资产公司），东信资产公司将该笔债权转让给卓信成公司，均依法以报纸公告方式向食为天公司通知了债权转让的事实。2016年4月，经调取食为天公司工商档案发现，食为天公司系中外合作企业，经营餐饮业，经营期限为10年。同年5月23日，食为天公司取得企业法人营业执照，登记为有限责任公司。自2002年之后，食为天公司一直未参加年检。2008年1月28日，天津市工商行政管理局吊销了食为天公司的企业法人营业执照。至今，食为天公司仍未清算。东京物产株式会社（以下简称东京物产会社）和天津国际大厦有限公司（以下简称国际大厦公司）作为食为天公司的股东，在食为天公司被吊销营业执照后未及时成立清算组，且长达8年的时间怠于清算，导致食为天公司主要财产、账册、重要文件等灭失，无法进行清算，致使卓信成公司受让的合法债权

无法实现。现根据《公司法解释二》第十八条第二款的规定起诉，请求判令：（1）东京物产会社、国际大厦公司对其投资企业食为天公司所负债务金额22697603.13元（民事裁定书确定金钱债务10760625.76元，至2011年12月13日迟延履行期间的债务利息11936977.37元）向卓信成公司承担连带清偿责任；（2）本案诉讼费用由东京物产会社、国际大厦公司承担。

东京物产会社和国际大厦公司辩称：第一，卓信成公司受让涉案债权时，未直接通知食为天公司；卓信成公司和东信资产公司均非法律和司法解释规定的可以通过报纸公告形式告知债权转让事宜的主体。因此，卓信成公司未合法取得对食为天公司的债权，不是本案适格原告。第二，涉诉债权已经进入法院强制执行程序，卓信成公司未变更申请执行人，未合法取得涉案债权。第三，根据东信公司和卓信成公司签订的债权转让协议，东信公司未将涉案债权中的利息转让给卓信成公司。同时，依据相关法律规定，卓信成公司并非国家批准的金融机构，不能取得金融债权的利息。第四，食为天公司的主要财产已经被法院强制执行，并未灭失；公司每年办理查账和审计手续，相关材料均在工商行政机关备案；而且食为天公司自2002年便不再经营。综上，不存在因股东怠于清算而导致公司财产和主要文件灭失的情形，更未因此导致公司不能清算。第五，根据债权转让协议和报纸公告，卓信成公司受让的债权依据是合同，由于卓信成公司长期未催收债权，本次起诉已经超过债权本身的诉讼时效期间。第六，卓信成公司起诉食为天公司的股东，要求因怠于履行清算义务而承担清偿责任，该责任实质上属于侵权责任。食为天公司的营业执照上明确注明经营时间截至2002年5月，而且食为天公司也于2008年被吊销营业执照。卓信成公司作为金融不良资产的受让人，在受让前应当核查债权的情况，应当知道食为天公司的股东怠于清算的事实。卓信成公司于2016年起诉，已经超过了诉讼时效期间。综上，请求驳回卓信成公司的诉讼请求。

法院经审理查明：食为天公司于1992年5月23日注册成立，系有限责任公司性质的中外合作企业，股东分别为东京物产会社和国际大厦公司。公司注册资本278万美元全部由东京物产会社投资，国际大厦公司提供国际大厦37层场地及地下一层共计470平方米供合作公司使用。两股东合作经营食为天公司的合作合同、食为天公司的公司章程注明的公司经营期限均为10年。工商行政管理部门出具的食为天公司市场主体基本信息表载明的食为天公司的营业期限为1992年5月23日至2002年5月22日。1996年2月，食为天公司设立分支机构天津食为天食品发展有限公司丽晶酒店。根据在案证据，食为天公司至迟于2002年8月不再经营，丽晶酒店至迟于2002

年4月不再经营。

经国际大厦公司申请,法院向工商行政部门调取了食为天公司1994年至2000年度(1996年度除外)的审计资料,显示:(1)1995年4月10日,经天津会计师事务所审计,截至1994年12月31日,食为天公司的资产总计(负债及所有者权益总计)为28919098.15元,流动负债合计为24893157.31元,年度利润总额为362806.04元;(2)1996年4月20日,经天津会计师事务所审计,截至1995年12月31日,食为天公司的资产总计(负债及所有者权益总计)为26561117.90元,流动负债合计为18021169.90元,年度利润总额为-2628309.76元;(3)1998年3月16日,经天津利成会计师事务所审计,截至1997年12月31日,食为天公司的资产总计(负债及所有者权益总计)为23315026.22元,负债合计为18681312.10元,年度利润总额为-1626065.70元;(4)1999年3月31日,经天津津源会计师事务所审计,截至1998年12月31日,食为天公司资产总计(负债及所有者权益总计)为37920218.88元,负债合计为29908550.09元,年度利润总额为-6557205.33元,未分配利润为-13091748.97元;(5)2000年4月14日,经天津津源会计师事务所有限公司审计,截至1999年12月31日,食为天公司资产总计(负债及所有者权益总计)为49661179.76元,负债合计为48857956.39元,年度利润总额为-7208445.42元,未分配利润为-20300194.39元;(6)2001年4月2日,经岳华会计师事务所有限责任公司审计,截至2000年12月31日,食为天公司资产总计(负债及所有者权益总计)为40177156.38元,负债合计为44770315.25元,年度利润总额为-5396382.24元,未分配利润为-25696576.63元。另外,卓信成公司提交食为天公司的资产负债表1份,显示截至2001年12月31日,食为天公司资产总计(负债及所有者权益总计)为27373609.29元,未分配利润为-39555916.49元;东京物产会社和国际大厦公司认为,该资产负债表只有部分内容,没有公司或相关部门印章,无法确定来源,对其真实性不予认可,但其中的资产数据和未分配利润数据基本真实。

1993年3月,食为天公司与中国银行签订贷款合同,中国银行向食为天公司提供2550万元的流动资金贷款,食为天公司以其所有的坐落于天津市和平区保定道8号、面积3268.35平方米、账面价值为4145万元的丽晶酒店房产作为抵押财产,并办理了抵押登记手续。合同签订后,中国银行依约发放了贷款。合同到期后,食为天公司未能完全履行还款义务。中国银行遂起诉。2001年8月6日,法院作出(2001)一中经初字第290号民事判决,判决食为天公司偿还借款本金2520万元,自2000年12月21日至判决生效日的逾期利息,并以丽晶酒店承担抵押担保责任。判决后，食为天公司未能履行判决义务，中国银行申请法院强制执行，法院执行案号为（2001）一中执字第1022号。2001年12月26日，经法院委托，天津市岳华有限责任房地产评估事务所评估，丽晶酒店上述抵押房产在2001年11月30日的市场价格为2245万元。2002年4月29日，经法院委托，经天津市价格认证中心鉴定，丽晶酒店附属设施、沙发、桌椅、空调、床、各种柜子等物品价值123368元，按照变现折扣率30%计算，鉴定价值为86358元。经多次拍卖流拍，2001年8月1日，法院裁定将丽晶酒店的抵押房产和酒店内附属设施分别以16164000元和69086.4元抵偿中国银行的部分债务。经法院对食为天公司的银行存款及抵押财产进行强制执行，截至2002年9月16日，食为天公司尚欠中国银行10760625.76元及相应利息，法院裁定终结本次执行程序。

2002年，国际大厦公司和食为天公司因房屋租赁合同发生纠纷。2002年8月15日，经国际大厦公司申请，天津市公证处对国际大厦37层及26层的物品进行了保全证据公证。现场情况显示食为天餐厅已经上锁，餐厅内存在大量腐烂食品。天津市公证处对存放的桌椅、厨灶具、屏风、挂件、餐具等160项物品进行登记。经天津市和平区人民法院委托，天津市和平区价格认证中心进行价格鉴定，相关物品的总价值为325000元。2003年3月24日，天津市和平区人民法院作出（2002）和民初字第1502号民事判决，判决食为天公司将国际大厦37层腾空交还国际大厦公司，支付租金等费用145126元，并承担相应诉讼费用。食为天公司上述桌椅、厨灶具、屏风、挂件、餐具等160项物品拍卖款项182485元，由天津市和平区人民法院交付国际大厦公司。

2004年9月7日，中国银行与东方资产公司签订债权转让协议。债权转让协议注明的本金数额为8957771.60元，截至2003年12月31日和2004年8月17日的利息数额均为5251588.67元。双方于2005年4月1日在《天津日报》办理了债权转让通知暨债务催收联合公告，公告注明了借款合同号、债务人名称、本金数额三项事项。2009年7月13日，东方资产公司与东信资产公司签订债权转让协议。债权转让协议注明转让债权的内容为东方资产公司对食为天公司享有的上述债权的"截至2003年12月31日的债权"，债权转让清单注明的本金和利息数额分别为8957771.60元和5251588.67元。双方于2009年8月23日办理了债权转让暨催收公告，公告注明了借款合同号、债务人名称、本金数额三项事项。2011年12月13日，东信资产公司与卓信成公司签订资产转让协议。资产转让协议注明的本金数额为8957771.6元，利息、罚息依照合同约定或法律规定依法计算。2011年12月30日，东方资产公司作为受托方，东信资产公司作为转让方，卓信成公司作为受让方，联合在天津日报办理债权转让暨催收公告，公告注明了借款合同号、债务人名称、本金数额三项事项。

2008年1月28日，天津市工商局作出津工商外处字（2008）第1494号行政处罚决定，以食为天公司未在规定的期限内参加年检为由，决定吊销食为天公司的企业法人营业执照，并要求食为天公司自收到处罚决定书之日起15日内将其公章及合同专用章交到天津市工商局；食为天公司应当立即组织清算，并在清算结束之日起30日内由清算组织办理注销登记。

法院收到卓信成公司诉状的日期为2016年6月27日。

天津市第一中级人民法院作出一审判决：驳回卓信成公司的诉讼请求。卓信成公司不服，提起上诉。天津市高级人民法院于2017年8月25作出（2017）津民终325号判决：驳回上诉，维持原判。

【案件争点】

1. 卓信成公司受让涉案债权的数额。
2. 东京物产会社与天津国际大厦应否对食为天公司的债务承担连带清偿责任。
3. 卓信成公司提起本案诉讼是否超过诉讼时效。

【裁判要旨】

法院认为，因东京物产会社系在日本国注册的企业，本案为涉外民事案件。本案为食为天公司的债权人卓信成公司对食为天公司的股东东京物产会社及天津国际大厦提起的公司股东损害公司债权人利益之诉，食为天公司系在我国登记注册的企业，根据《涉外民事关系法律适用法》第十四条第一款"法人及其分支机构的民事权利能力、民事行为能力、组织机构、股东权利义务等事项，适用登记地法律"之规定，本案应适用中华人民共和国法律。

根据一审法院生效民事判决的认定，中国银行对食为天公司享有债权。经一审法院强制执行，中国银行仍有部分债权未受清偿。卓信成公司通过签订债权转让协议，受让了涉案债权，债权转让程序合法，卓信成公司为合法的债权受让人。本案的争议焦点为：（1）卓信成公司受让涉案债权的数额；（2）东京物产与天津国际大厦应否对食为天公司的债务承担连带清偿责任；（3）卓信成公司提起本案诉讼是否超过诉讼时效。

关于卓信成公司受让涉案债权的数额问题。中国银行与东方资产公司在债权转让协议中约定本金数额为8957771.6元，截至2003年12月31日和2004年8月

17日的利息数额均为5251588.67元；在之后的两次债权转让过程中，转让方与受让方均确认债权本金数额为8957771.6元。一审法院据此认定涉案债权本金数额为8957771.6元以及截至2003年12月31日和2004年8月17日的利息数额均为5251588.67元正确，法院予以确认。根据《最高人民法院审理涉及金融不良债权转让案件工作座谈会纪要》、最高人民法院（2009）民二他字第21号答复及（2013）执他字第4号函，非金融资产管理公司的机构受让金融不良债权的，受让日之前的利息按照相关法律规定计算，受让日之后不再计付利息。故卓信成公司有权依据涉案债权转让协议主张债权本金及相应利息。一审法院关于卓信成公司并非经批准的金融机构，无权收取金融债权产生的利息之认定不当，法院予以纠正。卓信成公司并非一审法院相关执行案件的申请执行人，其依据该院在执行过程中作出的民事裁定书载明的数额，主张债权及债务人迟延履行期间的债务利息，缺乏依据，法院不予支持。

关于东京物产会社与天津国际大厦应否对食为天公司的债务承担连带清偿责任问题。根据《公司法解释二》第十八条第二款的规定，有限责任公司的股东因怠于履行义务，导致公司主要财产、账册、重要文件等灭失，无法进行清算，债权人主张其对公司债务承担连带清偿责任的，人民法院应依法予以支持。债权人依据上述规定主张权利时，不仅应证明公司股东怠于履行清算义务导致清算程序不能正常进行，同时还应证明其债权无法通过清算程序得到足额清偿。本案中，食为天公司在经营期间出现经营亏损；涉案债权的原债权人中国银行申请一审法院强制执行过程中，该院将食为天公司的抵押房产丽晶酒店及酒店内附属设施抵偿中国银行的部分债务，同时对食为天公司的其他财产进行强制执行，在无其他财产可供执行的情况下，该院于2002年9月16日裁定终结本次对食为天公司的执行程序。根据上述事实，法院可以推定食为天公司的财产于2002年即已被执行完毕。因此，即使东京物产会社与天津国际大厦在食为天公司经营期限届满后或营业执照被吊销后怠于履行清算义务，亦不能导致食为天公司的财产出现减损情况，进而影响食为天公司债权人债权的受偿。据此，法院认定，东京物产会社与天津国际大厦怠于履行股东清算义务之行为与卓信成公司的债权未足额受偿之间不存在因果关系，卓信成公司关于东京物产会社与天津国际大厦对食为天公司的债务承担连带清偿责任的主张，不能成立。

关于卓信成公司提起本案诉讼是否超过诉讼时效问题。卓信成公司以食为天公司的股东不履行清算义务为由提起本案诉讼，要求其对食为天公司的债务承担连带清偿责任,属于行使请求权,依照《最高人民法院关于审理民事案件适用诉讼时效制度若干规定》,除非法律有特别规定,当事人可以对债权请求权提出诉讼时效抗辩。卓信成公司要求股东承担连带清偿责任不属于法律特别规定不适用诉讼时效的情形,故应依照《民法通则》[①]的相关规定适用诉讼时效。根据《民法通则》第一百三十五条、第一百三十七条[②]的规定,向人民法院请求保护民事权利的诉讼时效期间为二年,从知道或者应当知道权利被侵害时起计算。食为天公司于 2002 年 5 月 22 日经营期限届满,2008 年 1 月 28 日被吊销营业执照,此时,食为天公司已经出现法定解散事由。根据《公司法》第一百八十条、第一百八十三条的规定,食为天公司的股东应当在解散事由出现之日起 15 日内成立清算组,开始清算。虽然涉案债权几经转让,但相关债权人理应关注食为天公司的偿债能力及经营状态,而且食为天公司的经营期限及其被吊销营业执照的信息均为公示信息,相关债权人在受让债权时,对于上述情况以及食为天公司未进行清算的状态均属明知,卓信成公司关于受让涉案债权后在寻找食为天公司财产线索的过程中,知道东京物产与天津国际大厦怠于履行清算义务,使其权利受到损害的主张缺乏依据,不能成立。根据《公司法解释二》的规定,债权人可以就公司股东怠于履行清算义务之行为要求股东承担相应财产责任。食为天公司的营业执照被吊销、其股东未履行清算义务的行为,均可能导致食为天公司债权人的权利受到侵害,食为天公司的相关债权人应在法定期限内行使权利以维护自身利益。上述司法解释于 2008 年 5 月 19 日实施[③]后,食为天公司的债权人请求食为天公司的股东承担相应财产责任的请求权即已存在,且债权人提出相应请求权亦不存在客观障碍,但卓信成公司直至 2016 年 7 月 27 日提起本案诉讼,已经超过诉讼时效。

---

① 已失效。
② 《民法通则》第一百三十五条、第一百三十七条关于诉讼时效的规定对应《民法典》第一百八十八条:"向人民法院请求保护民事权利的诉讼时效期间为三年。法律另有规定的,依照其规定。诉讼时效期间自权利人知道或者应当知道权利受到损害以及义务人之日起计算。法律另有规定的,依照其规定。但是,自权利受到损害之日起超过二十年的,人民法院不予保护,有特殊情况的,人民法院可以根据权利人的申请决定延长。"
③ 2020 年 12 月 29 日已修正。

三、裁判规则提要

《公司法》第二十条规定："公司股东应当遵守法律、行政法规和公司章程，依法行使股东权利，不得滥用股东权利损害公司或者其他股东的利益；不得滥用公司法人独立地位和股东有限责任损害公司债权人的利益。公司股东滥用股东权利给公司或者其他股东造成损失的，应当依法承担赔偿责任。公司股东滥用公司法人独立地位和股东有限责任，逃避债务，严重损害公司债权人利益的，应当对公司债务承担连带责任。"《公司法解释二》第十八条第二款规定："有限责任公司的股东、股份有限公司的董事和控股股东因怠于履行义务，导致公司主要财产、账册、重要文件等灭失，无法进行清算，债权人主张其对公司债务承担连带清偿责任的，人民法院应依法予以支持。"公司作为独立的民事主体，应对自己的行为独立承担责任，而不应由股东对债权人承担责任，债权人通常只能向公司主张债权，而不能直接要求公司股东对公司行为承担责任，这是公司独立人格的本质所在，这种股东对公司债务承担有限责任的制度，是现代公司制度的基石，但是在特定情形下，如果股东滥用公司法人独立地位和股东有限责任，严重损害公司债权人利益，为平衡调整债权人、公司、股东的利益，我国现行公司法律规范引入了"揭开公司面纱"制度，使股东直接对公司债务承担责任，《公司法》第二十条的规定就是该制度的直接法律依据。此外，针对公司清算程序中公司、清算义务人、债权人直接的权利义务，《公司法解释二》第十八条第二款参照上述《公司法》第二十条的法理，确立了清算义务人在怠于履行义务，导致公司主要财产、账册、重要文件等灭失，无法进行清算时应当对公司债务承担连带清偿责任的规则。

（一）清算义务人清偿责任的由来及构成要件

我国《公司法》规定了清算人在清算过程中的法律责任，但没有规定清算义务人不履行义务时所应当承担的法律责任。清算义务人应当积极组织公司清算，这是一种作为行为，如果义务人不作为，首先应承担清算责任，即在限定的期限内组织清算组对公司进行清算的责任，并以清算后的公司财产偿还公司债务。法院也可以判决清算义务人承担清算责任，但清算责任属于行为责任而非财产责任，清算义务人应履行的是在一定期限内组织清算的责任，最终是以公司清算后的财产对外承担责任，而非以清算义务人的自身财产对公司债务承担责任。在《公司法解释二》出台之前，判决清算义务人承担清算责任成为清算义务人不履行清算义务的主要甚至是唯一责任形式。由此导致的问题就是这种判决在执行时面临的困难。因此，《公司法解释二》结合《公司法》第二十条的立法原理，规定了特定情形下清算义务人的赔偿责任和清偿责任，通过将清算义务人不履行清算义务时所应当承担的清算责任向财产责任转化的方式，达到督促清算义务人依法清算和规范法人退出行为的目的，同时实现对公司解散清算中债权人利益的保护。

《公司法解释二》第十八条第二款规定的清算清偿责任，本质上是公司人格否认制度在公司解散清算环节的具体应用，而这种公司人格否认制度背后的原理仍然是侵权责任，因此，《公司法解释二》第十八条第二款规定的清算清偿责任在本质上也是一种侵权责任，必须符合侵权责任的构成要件，包括主体要件、行为要件、结果要件、因果关系要件，具体分析如下：（1）主体要件。《公司法》第一百八十三条将公司的清算义务人界定为有限责任公司的股东；股份有限公司的董事和股东大会。《公司法解释二》第十八条进一步明确为有限责任公司股东和股份有限公司的董事、控股股东。虽然《民法典》将法人的清算义务人规定为"法人的董事、理事等执行机构或者决策机构的成员为清算义务人。法律、行政法规另有规定的，依照其规定"，但是在《公司法》尚未修改之前，清算清偿责任的主体仍应按照《公司法》和《公司法解释二》的规定作出认定。（2）行为要件。清算义务人承担清算清偿责任的行为要件主要是指义务人不作为，没有履行法律规定的妥善保管公司财产、账册、主要文件以及依法及时组织清算的义务。（3）结果要件。结果要件指侵权责任中的损害事实，具体到清算清偿责任而言，损害事实体现为公司主要财产、账册、重要文件等灭失，债权人的债权不能清偿，债权人利益受到损害。（4）因果关系要件。清算义务人的不作为与债权人利益受到损害之间，必须存在因果关系，也就是说，清算义务人的不作为，与债权不能受偿这个客观结果直接存在着逻辑上的因果关系，这是清算清偿责任作为侵权责任的应有之义。

（二）终结本次执行程序的证明意义

2015年施行的《民事诉讼法解释》首次以司法解释的形式确立了终结本次执行程序制度，该解释第五百一十九条[①]规定："经过财产调查未发现可供执行的财产，在申请执行人签字确认或者执行法院组成合议庭审查核实并经院长批准后，可以裁

[①] 对应2022年4月1日修订的《民事诉讼法解释》第五百一十七条，法条内容未作变动。

定终结本次执行程序。依照前款规定终结执行后，申请执行人发现被执行人有可供执行财产的，可以再次申请执行。再次申请不受申请执行时效期间的限制。"同年施行的《执行案件立结案意见》对于"终结本次执行程序"的适用情形与"人民法院穷尽财产调查措施"的认定标准作了详细规定，是贯彻落实《民诉法解释》"终结本次执行程序"条文的配套规范性文件。关于"终结本次执行程序"，《执行案件立结案意见》第十六条第一款规定"有下列情形之一的，可以以'终结本次执行程序'方式结案：（一）被执行人确无财产可供执行，申请执行人书面同意人民法院终结本次执行程序的；（二）因被执行人无财产而中止执行满两年，经查证被执行人确无财产可供执行的；（三）申请执行人明确表示提供不出被执行人的财产或财产线索，并在人民法院穷尽财产调查措施之后，对人民法院认定被执行人无财产可供执行书面表示认可的；（四）被执行人的财产无法拍卖变卖，或者动产经两次拍卖、不动产或其他财产权经三次拍卖仍然流拍，申请执行人拒绝接受或者依法不能交付其抵债，经人民法院穷尽财产调查措施，被执行人确无其他财产可供执行的；（五）经人民法院穷尽财产调查措施，被执行人确无财产可供执行或虽有财产但不宜强制执行，当事人达成分期履行和解协议，且未履行完毕的；（六）被执行人确无财产可供执行，申请执行人属于特困群体，执行法院已经给予其适当救助的。"关于"人民法院穷尽财产调查措施"，《执行案件立结案意见》第十六条亦作了规定："……'人民法院穷尽财产调查措施'，是指至少完成下列调查事项：（一）被执行人是法人或其他组织的，应当向银行业金融机构查询银行存款，向有关房地产管理部门查询房地产登记，向法人登记机关查询股权，向有关车管部门查询车辆等情况；（二）被执行人是自然人的，应当向被执行人所在单位及居住地周边群众调查了解被执行人的财产状况或财产线索，包括被执行人的经济收入来源、被执行人到期债权等。如果根据财产线索判断被执行人有较高收入，应当按照对法人或其他组织的调查途径进行调查；（三）通过最高人民法院的全国法院网络执行查控系统和执行法院所属高级人民法院的'点对点'网络执行查控系统能够完成的调查事项；（四）法律、司法解释规定必须完成的调查事项……"

通过上述规定可以看出，现行规定对于"终结本次执行程序"的要求非常高，适用条件非常严格，既有代表公权力的人民法院采取各种调查措施查找财产，也有"积极性"最高的申请执行人提供财产线索，在这样的情况下，如果仍然未能发现被执行人有可供执行的财产线索，执行案件未能实际执结，基于上述事实，从证据证明的角度,已足够认定债权不能受偿。对此,《担保法解释》^①第一百三十一条的规定可资借鉴,该条规定:"本解释所称'不能清偿'指对债务人的存款、现金、有价债券、成品、半成品、原材料、交通工具等可以执行的动产和其他方便执行的财产执行完毕后,债务仍未能得到清偿的状态。"该条是判断债务人是否已经达到"不能清偿"状态的法律标准。

(三)清算清偿责任"因果关系"再剖析

清算清偿责任中的因果关系认定,在司法实践中往往被忽视。《公司法解释二》第十八条第二款的适用,需要遵循因果关系推定和举证责任倒置两个原则来确定,即公司出现非破产原因的解散事由时,原则上推定只要公司依法进行清算,债权人在清算程序中理应得到全额的清偿,但是由于清算义务人怠于履行义务,没有及时启动清算程序清偿债务,债权人在经强制执行债务人财产不能获得清偿时,应当首先推定为由于清算义务人未及时启动清算程序,导致债权不能受偿。

从逻辑的角度说,清算义务人的不作为与债权不能受偿、债权人利益受到损害两个客观事实、状态之间应当能够推演出因果关系,这种逻辑上的因果关系最直接的表现就是在发生时间上的先后,原因行为在先,结果出现在后,也就是说,清算义务人不依法履行清算义务在先,债权不能受偿在后。如果在清算义务人的清算义务产生之前,已经出现了债权不能受偿的事实,那么,即便清算义务人不履行清算义务,也不应苛责清算义务人承担连带清偿责任。就本规则而言,在公司应当清算的情形出现以前,如果债务公司已经出现了经强制执行不能而终结本次执行程序的情况,就可以认定债权不能受偿在先,清算义务人不履行清算义务在后,结果出现在先,原因发生在后,两者之间的因果关系无法有效建立,此时债权人无权要求清算义务人承担连带清偿责任。

四、辅助信息

《公司法》

第二十条 公司股东应当遵守法律、行政法规和公司章程,依法行使股东权利,不得滥用股东权利损害公司或者其他股东的利益;不得滥用公司法人独

---

① 已失效。

立地位和股东有限责任损害公司债权人的利益。

公司股东滥用股东权利给公司或者其他股东造成损失的，应当依法承担赔偿责任。

公司股东滥用公司法人独立地位和股东有限责任，逃避债务，严重损害公司债权人利益的，应当对公司债务承担连带责任。

《民法典》

第八十三条 营利法人的出资人不得滥用出资人权利损害法人或者其他出资人的利益；滥用出资人权利造成法人或者其他出资人损失的，应当依法承担民事责任。

营利法人的出资人不得滥用法人独立地位和出资人有限责任损害法人债权人的利益；滥用法人独立地位和出资人有限责任，逃避债务，严重损害法人债权人的利益的，应当对法人债务承担连带责任。

《公司法解释五》

第十八条 有限责任公司的股东、股份有限公司的董事和控股股东未在法定期限内成立清算组开始清算，导致公司财产贬值、流失、毁损或者灭失，债权人主张其在造成损失范围内对公司债务承担赔偿责任的，人民法院应依法予以支持。

有限责任公司的股东、股份有限公司的董事和控股股东因怠于履行义务，导致公司主要财产、账册、重要文件等灭失，无法进行清算，债权人主张其对公司债务承担连带清偿责任的，人民法院应依法予以支持。

上述情形系实际控制人原因造成，债权人主张实际控制人对公司债务承担相应民事责任的，人民法院应依法予以支持。

公司股东权利行使与责任案件裁判规则第 20 条：

《公司法解释二》第十八条第二款规定的清算清偿责任需要具备的行为要件是指，清算义务人应当或者能够履行妥善保管义务、及时组织清算义务，但未履行或未妥善、及时履行上述义务。有限责任公司股东举证证明其针对保管义务和及时组织清算义务已经积极采取了措施，或者保管不善出现的后果以及未能开展清算的结果系由于其他原因造成，其对此没有过错，在此情况下，有限责任公司主张其不应当对公司债务承担连带清偿责任的，人民法院依法予以支持

【规则描述】　《公司法解释二》第十八条第二款规定的"怠于履行义务"中的"怠于履行"是指没有启动清算程序成立清算组，或者在清算组组成后没有履行清理公司主要财产以及管理好公司账册、重要文件等义务。这里的"怠于"，是一种消极的不作为行为，过错形态既包括故意，也包括过失。故意是指有限责任公司的股东在法定清算事由出现后，在能够履行义务的情况下，有意不履行启动清算程序、成立清算组进行清算、清理公司主要财产以及管理好公司主要账册、重要文件等义务；在其他股东请求其履行清算义务的情况下，拒绝履行。过失是指公司在法定清算事由出现的情况下，股东基于法律知识的欠缺，不知道要履行清算义务，启动清算程序，成立清算组、清理公司主要财产及管理好公司账册、重要文件等义务。因此，在审理这类案件的过程中，股东举证证明其已经履行清算义务采取了一定的积极行为，如请求控股股东或者其他股东对公司进行清算，但后者没有启动。又如，股东作为清算组成员，请求清算组其他成员清理公司主要财产及管理好公司账册、重要文件，但清算组其他成员没有积极作为。再如，公司清算事由出现之前，公司的账册、重要文件已经因自然灾害或者被司法机关收缴等原因而导致这些材料灭失或者股东对这些材料失去控制等。

一、类案检索大数据报告

在"股东损害公司债权人利益责任纠纷""清算责任纠纷"两个案由下,将"法院认为"部分的关键字设定为"履行了义务""履行了清算义务""不构成怠于""不存在怠于""未怠于履行",设置裁判时间截至 2020 年 3 月 31 日,通过 Alpha 案例库检索,共检索到类案 66 件,经逐案阅看、分析,与本规则关联度较高的案件共有 26 件。因其中存在同一案件的一审、二审、再审裁判,严格意义上应将其认定为一起案件,同时还有不同股东因对同一家公司同一份股东会决议有异议而提起的多起诉讼,实质上争议的焦点问题是相同的,故剔除前述情形后,实际共有 18 件案件,也即有 18 篇裁判文书。整体情况如下:

从类案地域分布看,这类案件主要集中在江苏省、浙江省、北京市和广东省,涉案数量分别为 5 件、5 件、4 件、4 件。(如图 8-1 所示)

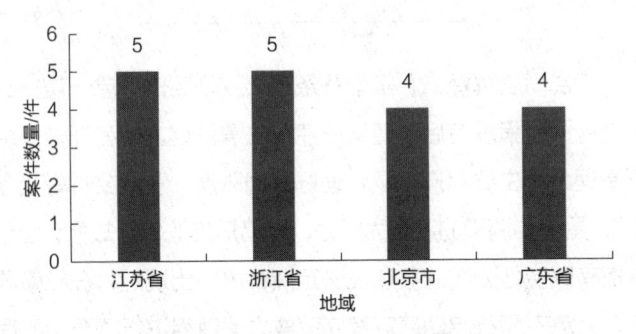

图 8-1　类案主要地域分布情况

从类案结案时间看,最多的年份是 2019 年,共有 6 件;其次为 2017 年,共有 4 件。(如图 8-2 所示)

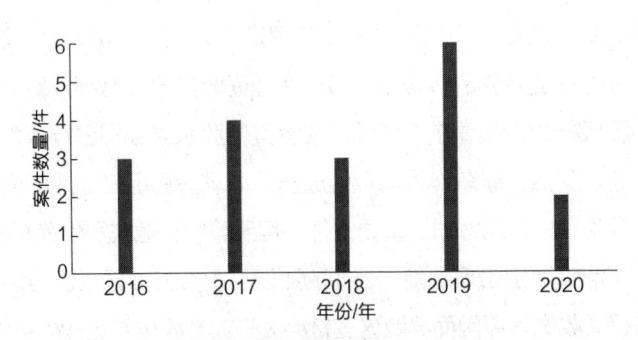

图 8-2　类案结案年度分布情况

从案件经历的审理程序看，只经过了一审程序的共计 5 件；经过一审、二审两审程序的共计 12 件，经过了一审、二审及再审程序的共计 1 件。（如图 8-3 所示）

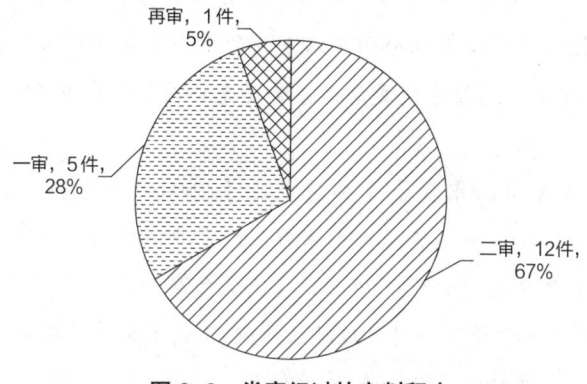

图 8-3 类案经过的审判程序

二、可供参考的例案

例案一：深圳勃格变压器有限公司与山东省金曼克电气集团股份有限公司、深圳市金曼克电气有限公司股东损害公司债权人利益责任纠纷案

【法院】

广东省深圳市中级人民法院

【案号】

（2017）粤 03 民终 14490 号

【当事人】

上诉人（原审被告）：山东省金曼克电气集团股份有限公司

法定代表人：吕某

被上诉人（原审原告）：深圳勃格变压器有限公司

法定代表人：钟某

原审当事人：深圳市金曼克电气有限公司

诉讼代表人：龚某

【基本案情】

工商登记信息显示，深圳市金曼克电气有限公司（以下简称深圳金曼克公司）

成立于1992年1月2日，注册资本为人民币200万元，原投资人为山东省金乡变压器厂和济宁市齐鲁机械公司，股权比例分别为75%和25%，法定代表人为韩某，注册登记经营期限至2012年1月2日，最后年检日期为2010年度。1994年2月18日山东省金曼克电气集团股份有限公司（以下简称山东金曼克公司）成立后，1996年9月2日，深圳金曼克公司股东变更为山东金曼克公司与济宁市齐鲁机械公司，股权比例不变。

商业登记资料显示山东金曼克公司成立于1994年2月18日，1998年6月30日，赵某某任董事、注册地在英属维尔京群岛的太平洋资源企业有限公司（以下简称太平洋公司）与金乡县国有资产经营公司、金乡县合力电气有限公司（以下简称合力公司）签订《山东金曼克公司股权转让协议》，约定太平洋公司以总价8500万元受让两公司持有的山东金曼克公司51%的股份。同年12月17日，上述交易经中华人民共和国对外贸易部批准。后因为太平洋公司未足额支付股权转让款，2005年至2010年期间，山东金曼克公司股东之间关于山东金曼克公司股东实际股权比例、表决权及董事会股东会决议效力问题，发生多起诉讼及仲裁案件。其中，2008年7月10日，山东省高级人民法院作出（2008）鲁民四终第29号民事判决，终审确认太平洋公司只支付了30%的股权转让款，只享有山东金曼克公司30%的表决权。2010年1月11日，山东省高级人民法院作出（2008）鲁民四终第30号民事判决，终审判决确认山东金曼克公司2006年临时股东大会关于2004年前利润分配及资本公积金转增注册资本的决议有效。

深圳勃格变压器有限公司（以下简称勃格公司）成立于1993年12月9日，投资总额4000万元，注册资本金2000万元；企业类别为中国内地与香港特别行政区合资，内地投资方为广东核电实业开发有限公司、山东省金乡变压器厂，香港特别行政区投资方为香港彩福国际有限公司、香港天联实业有限公司。后勃格公司股权几经变更。其中，1996年3月15日变更为山东省金乡变压器厂（49%）与龙策实业有限公司（英文注册名称：CHINASTRATEGYINC.）（51%）；1998年8月18日，勃格公司工商登记的投资人变更为广东核电实业开发有限公司、山东金曼克公司、龙策实业有限公司。1999年6月10日，山东金曼克公司、金乡县国有资产经营公司、合力公司签订《勃格公司股权转让协议》，山东金曼克公司将其占勃格公司23.805%的股权以26185500元转让给金乡县国有资产经营公司，将其占勃格公司21.195%的股权以23314500元转让给合力公司。伴随着勃格公司股权的变更，公司董事及董事长也频繁变更。其中董事长成立时为张某某，1995年1月20日变更为钟某某，1996

年6月4日变更为韩某，2006年1月20日变更为CHAIMEENFOH，2006年4月20日变更为林某某。2007年7月10日，勃格公司企业类型由合资经营公司（港资）变更为有限责任公司，法定代表人由林某某变更为钟某。董事会成员由李某某、林某某、赵某某、赵汉某、安某某、高某某、杨某某、CHAIMEENFOH、张某某变更为钟某、赵汉某、石某某、CHAIMEENFOH、CHIUHONSANG。这期间，2006年2月23日，金乡县国有资产经营公司曾经向勃格公司送达一份委派书，要求变更原董事赵某某为韩某；合力公司向勃格公司送达委派书，要求变更原董事李某某、杨某某为周某某、李某某，因勃格公司未依委派书要求在工商登记部门办理变更备案手续，2007年12月28日，深圳市福田区人民法院受理金乡县国有资产经营公司、合力公司起诉勃格公司董事会决议效力纠纷及其他与公司有关的纠纷一案，经审理作出（2008）深福法民二初字第440号案件，判决勃格公司按照金乡县国有资产经营公司、合力公司向勃格公司送达的委派书的要求为金乡县国有资产经营公司、合力公司向工商登记部门申请办理董事变更的备案登记手续；该判决书并认定金乡县国有资产经营公司、合力公司关于2006年4月3日及2007年6月29日变更董事长、法定代表人的董事会决议无效的诉请无法律依据，不能成立。判决后，金乡县国有资产经营公司、合力公司、勃格公司均不服，向法院提起上诉，法院审理后于2008年10月28日作出（2008）深中法民二终字第1439号民事判决书，判决驳回上诉，维持原判。金乡县国有资产经营公司、合力公司依据上述生效判决，向深圳市福田区人民法院申请强制执行，将勃格公司董事赵某某变更为韩某，董事李某、杨某某变更为周某某、李某某。2009年9月27日，勃格公司在深圳市市场监督管理局备案董事为：钟某（董事长）、CHIUHONSANG（董事）、安某某（董事）、赵汉某（董事）、CHAIMEENFOH（董事）、石某某（董事）、李某某（董事）、周某某（董事）、韩某（董事）。2010年，因股东之间纠纷，公司发生僵局，合力公司提起公司解散诉讼，该案经法院终审，2015年4月16日，深圳市中级人民法院作出（2013）深中法涉外终字第63号判决，判令勃格公司解散。无证据证明该判决得到了执行，勃格公司一审提交了《深圳勃格变压器有限公司2016年第一次董事会决议》（2016年1月29日）和《深圳勃格变压器有限公司2016年第二次董事会决议》（2016年5月30日）。

在上述勃格公司及深圳金曼克公司经营期间，因为股东存在关联关系，勃格公司、深圳金曼克公司具有业务协作，分别负责干式变压器的生产和销售，其中，2005年6月8日，勃格公司、深圳金曼克公司曾经签订了一份《工矿产品购销合同》，约定深圳金曼克公司向勃格公司购买各种型号的干式变压器48台，合同总金额为5263000元。2006年3月，勃格公司向原审法院提起诉讼，请求深圳金曼克公司支付货款5263000元，诉讼中，原审法院委托宝龙会计师事务所对双方进行财务审计，结论为：截至2006年3月31日，深圳金曼克公司拖欠勃格公司货款和其他往来款合计23152588.08元。原审法院（2006）深福法民二初字第1024号和深圳市中级人民法院（2009）深中法民二终字第694号生效判决确认了该审计结果，扣除已付货款98470元，判令深圳金曼克公司向勃格公司支付货款5164530元。该案经强制执行，深圳金曼克公司已经履行。此后，勃格公司又根据上述审计结果向原审法院提起诉讼，请求深圳金曼克公司支付其余货款和往来款余额17889588元。其中，勃格公司诉称："勃格公司与深圳金曼克公司之间系具有合作关系的关联企业，分别负责干式变压器的生产和销售。两公司原在同一地址办公，双方工作人员也曾一度相互流动，财务账目不严密。后原告股东内部产生纠纷，双方终止购销往来。"原审法院于2013年4月16日作出（2011）深福法民二初字第5307号民事判决书，判令支持勃格公司的诉讼请求。逾期未付，则依法加倍支付逾期履行期间利息。该判决书于2013年6月15日生效后，勃格公司遂申请强制执行，执行案号为（2013）深福法执字第6196号。因未发现被执行人有可供执行的财产，原审法院于2013年10月裁定终结本次执行。

勃格公司主张深圳金曼克公司注册经营期限已于2012年1月2日届满，依法应当进行清算。其股东之一的济宁市齐鲁机械公司也已被依法吊销营业执照，而山东金曼克公司作为深圳金曼克公司的控股股东，至今未依法对深圳金曼克公司进行清算，且深圳金曼克公司已经人去楼空，客观上已无法进行清算，遂以山东金曼克公司怠于履行法定义务，已经导致深圳金曼克公司资产、财务账册等全部流失为由，向原审法院提起本案诉讼，请求判令：（1）山东金曼克公司对深圳金曼克公司在（2011）深福法民二初字第5307号民事判决书项下的全部债务承担连带清偿责任。上述债务包括欠付债务本金17889588元、迟延履行双倍利息2376085.08元（以17889588元为本金，自2013年6月25日起至2014年6月25日止，利率按中国人民银行同期最高贷款利率两倍计）以及深圳金曼克公司应承担的案件受理费129138元。山东金曼克公司应当连带偿还的上述债务本金及利息、加倍利息、受理费等暂计至2014年6月25日止，共计为20394811.08元。（2）由山东金曼克公司承担本案全部诉讼费用（包括但不限于案件受理费、保全费、鉴定费、调查费以及诉讼过程中支出的其他合理费用）。

深圳市中级人民法院另查明，一份同时加盖深圳金曼克公司与勃格公司公章的《公函》显示，2006年3月9日，深圳金曼克公司通知用户，为了便于合同用户管理，决定由勃格公司直接与用户签订工矿产品购销合同，直接建立用户服务档案。为此请各用户将已发货未付款的合同，将货款付至勃格公司账户，由勃格公司负责售后服务，并附勃格公司账户号码。原审法院在（2011）深福法民二初字第5307号判决中查明，后勃格公司凭该函向深圳华力特电气股份有限公司直接收取货款564400元，向深圳市源安实业有限公司收取货款98470元（该笔货款在该案中予以了减扣）。2006年7月，深圳金曼克公司以勃格公司伙同深圳金曼克公司前总经理张某某、财务经理姚某伪造工矿产品购销合同、付款承诺函及前述公函为由，向原审法院提起诉讼，请求撤销上述3份文件［（2006）深福法民二初字第2654号］，案经二审、再审，最终驳回了深圳金曼克公司的诉讼请求。2008年勃格公司以深圳华力特电气股份有限公司为被告诉至深圳市南山区人民法院［（2008）深南法民二初字第1514号］，请求深圳华力特电气股份有限公司支付扣除前述已付货款564400元外的货款2153000元，案件经法院终审，2012年6月1日法院作出（2010）深中法民二终字第1051号民事判决，认为勃格公司业务员在山东省金乡县公安机关询问笔录中承认，公函是用盖有深圳金曼克公司印章的空白信纸的复印件打印的，真实性存疑，且无深圳金曼克公司与勃格公司的债权债务转让协议佐证，二审最终驳回了勃格公司的诉讼请求。

与此同时，2006年7月，深圳金曼克公司又以本公司前任总经理张某某和财务经理姚某为被告，向原审法院提起诉讼［（2006）深福法民一（劳）初字第996号］，请求两被告返还公司财务资料，原审法院以超过诉讼时效为由，驳回了深圳金曼克公司的请求。但在该判决中查明："张某某1993年年底兼任深圳金曼克公司与勃格公司董事，1999年初始又兼任两公司的总经理。2000年深圳金曼克公司与勃格公司共同购买彩虹大厦25D层，勃格公司住所为25D之一，深圳金曼克公司住所为25D之二，房产证显示两公司为共同产权人。2006年3月23日，张某某在《深圳特区报》登报声明辞去深圳金曼克公司总经理职务，同时深圳金曼克公司出让彩虹大厦25D层的产权给勃格公司。姚某在一张载明金曼克公司1992年1月至2005年12月会计账簿、会计记账凭证、会计报表、纳税申报表、已用增值税票、普通票、银行对账单、验资报告等相关财务资料（现存彩虹大厦25D勃格公司办公室）的移交单上签署了经手人姚某的字样。"同年11月28日，深圳金曼克公司又向深圳市公安局经济犯罪侦查局报案。当年12月12日，太平洋公司就暂存、保管深圳金曼克公司档案一事向深圳市公安局致函称，其作为山东金曼克公司的股东，因与山东金曼克公司股权纠纷一案,暂存保管了深圳金曼克公司部分公司资料。深圳市公安局后未对深圳金曼克公司的报案予以立案。2007年12月12日深圳金曼克公司又在原审法院对姚某某隐匿、故意销毁会计资料一案提起刑事自诉。2008年4月8日,原审法院受理后将该案移送至深圳市公安局福田区公安分局侦查,但至今没有侦查结果。

深圳市中级人民法院再查明,原审法院就勃格公司诉深圳金曼克公司买卖合同纠纷一案[(2006)深福法民二初字第1024号],委托宝龙会计师事务所对双方的债权债务情况进行审计过程中,2008年1月18日,宝龙会计师事务所出具《收条》载明:"赵某某先生送来深圳市金曼克电气有限公司1995年至2005年期间会计账簿(共11本)。"此外,该收条上还备注:"深圳市金曼克公司1995年至2005年往来账已全部收回。"该备注旁有赵某某的签字,落款时间为2008年4月23日。2008年5月7日,宝龙会计师事务所出具《交接单》载明:"太平洋公司赵某某先生送达深圳市金曼克电气有限公司1995年至2005年间会计凭证及往来账簿至深圳市宝龙会计师事务所有限公司,共计266本,其中会计凭证255本,往来明细账簿11本。"该交接单上有赵某某及宝龙会计师事务所相关审计项目负责人员黄某某的签字,并盖有宝龙会计师事务所公章。2008年6月18日,宝龙会计师事务所出具《报告书》载明,深圳金曼克公司255本会计凭证及11本会计往来明细是太平洋公司赵某某提供,深圳金曼克公司2006年1月至3月份3本会计凭证是深圳金曼克公司任某某提供。2008年7月8日,宝龙会计师事务所工作人员向(2006)深福法民二初字第1024号案件承办法官报告称,深圳金曼克公司任某某及朱姓财务人员在宝龙会计师事务所办公地点,要求复印查看深圳金曼克公司财务资料凭证过程中,有人擅自闯入抢走大部分财务资料。宝龙会计师事务所随即报案未侦破。《审计报告》附记也记载:"经法院同意,金曼克公司的任某某与另一女人于7月7日、8日两天到我公司查阅资料。就在7月8日下午5:40分左右,又来了9个人,在任某某3人(其中我公司1人)面前,强行抢走金曼克公司1995年至2005年明细账11本,会计凭证合共181本,事后经查阅有关录像及抢劫犯罪人员丢下的资料,可以说明这是一起有预谋、有组织的入屋抢劫犯罪活动……我公司对金曼克公司和任某某保留追究有关责任的权利。"2009年10月20日,赵某某出具《收条》,载明收到宝龙会计师事务所退回的本案深圳金曼克公司会计凭证(共74本)。2015年4月24日,山东金曼克公司又向山东省金乡县公安局报案,要求赵某某和勃格公司交还深圳金曼克公司财务账册,该局发出(2015)00001号不予立案通知书。

深圳市中级人民法院还查明,2008年8月8日,案外人太平洋公司出具《董事委派书》载明，有关太平洋公司入股山东金曼克公司事宜，公司决定重新委派3名董事代表出任山东金曼克公司董事，赵某某为该3名董事之一。同日，太平洋公司出具授权委托书委托赵某某代表太平洋公司参加山东金曼克公司召开的股东大会，并代表其行使表决权。2015年4月16日，法院作出的（2013）深中法涉外终字第63号民事判决书载明，2007年7月10日，赵某某系勃格公司董事之一。山东省高级人民法院于2010年1月11日作出的（2008）鲁民四终字第30号民事判决书载明，赵某某为太平洋公司的法定代表人，任职公司董事。

2014年12月19日，深圳金曼克公司经股东会决议通过进行清算，书面通知勃格公司在30日内申报债权及清算组成员、联系人，并于当日向深圳市市场监督管理局备案清算组人员组成。2014年12月23日在《深圳特区报》刊登注销公告，并通知债权人申报债权。

深圳市中级人民法院二审期间，勃格公司提交了（2007）杭民二初第219号民事判决书、（2009）浙商终字第219号民事调解书、（2009）沪二中民四（商）初字第12号民事判决书、（2010）深福法民二初字第8117号民事判决书、（2011）深中法民二终字第219号民事调解、（2013）闸民二（商）初字第1120号民事裁定书、（2015）浙杭破（预）字第2号民事裁定书等裁判文书，主张山东金曼克公司及其控股子公司长期以来欠付勃格公司巨额债务且拒不履行生效裁判文书确定的还款义务。为逃避股东怠于履行清算义务的责任，恶意进行所谓自行清算，而且自行清算至今没有任何进展。山东金曼克公司质证称，上述裁判文书浙江和上海相关法院均未支持勃格公司与本案类似的请求，恰恰证明勃格公司的请求无事实和法律依据。

深圳市中级人民法院二审期间，勃格公司还提交了山东金曼克公司的工商信息资料及深圳金曼克公司2005年至2010年的"工商年检报告书"，主张山东金曼克公司于2010年2月8日发生股东及实际控制人变更，而其控股子公司深圳金曼克公司业务、财务账册资料和资产未能及时交接、清理、追查。根据深圳金曼克公司自己提交的年检报告书，2005年至2010年仍然有超过2500万元的账面资产，至2010年后灭失，而此时深圳金曼克公司早已经被山东金曼克公司控制，与勃格公司或赵某某等没有关联。既然从2006年至2010年深圳金曼克公司可以正常提交年检报告，因此，即使深圳金曼克公司2006年之前的账册被抢走，也不应影响股东山东金曼克公司在时隔多年之后依据公司法规定对深圳金曼克公司进行清算。山东金曼克公司质证称，对上述证据的真实性不予认可，即使深圳金曼克公司2005年至2010年的"工商年检报告书"中所谓有超过2500万元的账面资产，实际上是根据2005年资产负债表对外应收账款及应付款的延续，其中应付款金额与应收款金额相差不多，勃格公司主张主要包括本案债务，而2005年恰恰是赵某某等控制深圳金曼克公司时期，与勃格公司存在高度关联，深圳金曼克公司只对勃格公司负债非常可疑。深圳金曼克公司此时对外应收账款即使存在，其财务资料也被赵某某等掌握或被抢，山东金曼克公司无从追讨，因此，账面资产即使灭失也非山东金曼克公司怠于履行清算义务造成。

一审法院审理后作出判决：一、山东金曼克公司应于判决生效之日起十日内连带对（2011）深福法民二初字第5307号民事判决书所确定的深圳金曼克公司拖欠勃格公司的债务（货款本金17889588元、诉讼费用129138元以及迟延履行债务利息）承担连带清偿责任；二、驳回勃格公司的其他诉讼请求。山东金曼克公司不服一审判决，提起上诉。深圳市中级人民法院审理后，作出判决：一、撤销深圳市福田区人民法院（2014）深福法民二初字第8167号民事判决；二、驳回深圳勃格变压器有限公司的诉讼请求。

【案件争点】

山东金曼克公司是否构成怠于履行清算义务。

【裁判要旨】

生效判决认为，勃格公司依据《公司法解释二》第十八条二款的规定，主张山东金曼克公司作为股东怠于履行清算义务，导致深圳金曼克公司主要财产、账册、重要文件等灭失，无法进行清算，侵犯了作为债权人的勃格公司的利益，请求其对深圳金曼克公司的债务承担连带清偿责任，故本案是股东损害公司债权人利益责任纠纷。山东金曼克公司上诉称勃格公司已被判决解散，其提起本案诉讼主体不适格且已经超过诉讼时效。根据勃格公司提交的公司两次董事会决议，勃格公司被判决解散后，公司尚未注销，其法人主体资格尚存，其以公司名义进行诉讼并没有违反《民事诉讼法》的相关规定。作为侵权纠纷，诉讼时效应从当事人知道或者应当知道权利被侵犯之日起计算。本案勃格公司就（2011）深福法民二初字第5307号生效民事判决申请强制执行，因未发现被执行人深圳金曼克公司有可供执行的财产，原审法院于2013年10月裁定终结本次执行，勃格公司遂于2014年10月22日提起本案诉讼，并未超过当时规定的2年的诉讼时效。因此，山东金曼克公司的上述两项上诉主张，均不能成立，法院不予采纳。本案深圳金曼克公司于2012年1月2日经营期限届满，证据显示此前的2008年7月8日公司会计账册在审计过程中已经大部分被抢而遗失，2014年12月19日备案成立清算组后，清算工作并无实质性进展，公司实际处于人去楼空状态。因此，虽然清算工作理论上没有结束，但根据本案实际，一审认定深圳金曼克公司已经实际无法清算，法院予以认可。本案争议的焦点仅仅是山东金曼克公司是否构成怠于履行清算义务，并导致深圳金曼克公司主要财产、账册、重要文件等灭失，实际无法清算。基于如下理由，法院认为山东金曼克公司在本案中不构成怠于履行清算义务：

首先，从理论上看，公司作为独立的民事主体，应对自己的行为独立承担责任，公司的股东以其认缴的出资额或认购的股份为限对公司承担责任，这是公司制度的根本所在，是现代公司制度的基石，其他因股东不履行或不适当履行公司清算义务或其他义务，造成公司相对人权益受损或债权人利益受损，而在有限责任之外承担的清算赔偿责任或连带清偿责任，只能作为公司股东有限责任制度的例外和补充，因此，有着严格的适用条件。《公司法解释二》第十八条第二款规定：有限责任公司的股东怠于履行义务，导致公司主要财产、账册、重要文件等灭失，无法进行清算，债权人可以主张其对公司债务承担连带清偿。该款规定理论依据是公司"法人人格否认制度"，法律依据是《公司法》第二十条的规定。其立法宗旨是通过事后救济的方式，明确和强化清算义务人的清算责任和民事责任，督促、引导公司股东等清算义务人依法组织清算，规范法人退出机制，保护债权人的应有利益。但是，如前所述，法人人格否认制度只是公司股东有限责任原则的例外和补充，有其严格的适用要件，在实践中主要适用于公司资本显著不足（股东出资不实或抽逃出资）、利用公司人格回避合同和侵权债务（股东享有权益，公司承担风险）、利用公司人格回避法律义务（例如纳税义务）以及公司人格形骸化（股东与公司人格混同）的情况。同理，涉及有限责任公司股东因怠于履行清算义务的清算赔偿责任及公司债务连带清偿责任的适用，也应根据前述法律和司法解释的具体规定及侵权的一般原理，结合具体案件的事实，综合考虑公司股东的主观过错的性质、影响公司债权人及公司的程度、导致公司未能依法清算的情形、公司财产损失的范围等因素加以认定，而非一刀切地机械适用。

其次，从本案债务形成历史看，勃格公司、深圳金曼克公司、山东金曼克公司从20世纪90年代初成立之后，多次进行了股权转让，伴随着股东变更，相应各公司董事和法定代表人也频繁变动，各公司及公司股东之间交叉持股，存在密切的关联关系。近20年来，各公司之间、公司股东之间、公司与公司股东之间、公司与高级管理人员之间，围绕着股权、控制权、关联债权债务、劳资等发生了数十起纠纷，仲裁和诉讼此起彼伏、不绝于缕。其中，勃格公司与深圳金曼克公司之间，以2006

年上半年为时间节点,之前股东之间存在着关联关系,公司也存在密切的合作关系和关联交易,证据显示赵某某、张某某同时在两公司任职,特别是张某某1993年底兼任深圳金曼克公司与勃格公司董事,1999年初始又兼任两公司的总经理。两公司曾经共同购买相关房产并在一起办公。深圳金曼克公司的实际控制权即将发生变化的2006年3月23日,张某某在登报声明辞去深圳金曼克公司总经理职务的同时,声明深圳金曼克公司出让彩虹大厦25D层的产权给勃格公司。在此前后,两公司共同盖章向客户发布《公函》,通知各用户将已发货未付款的合同项下货款直接付至勃格公司账户。深圳金曼克公司还向勃格公司出具债务《确认函》等。在此时间节点之后,深圳金曼克公司更大可能被山东金曼克公司控制,但证据显示此后深圳金曼克公司更多精力在主动或被动进行各类诉讼,并没有多少经营活动。故本案债务虽经审计(审计意见仅对送审资料得出的,这些送审资料基本上是曾经保存在勃格公司并由正与山东金曼克公司进行诉讼的赵某某提供的),但是全部发生在勃格公司与深圳金曼克公司高度关联和密切合作期间,并无证据充分证明山东金曼克公司之前或其后转移了深圳金曼克公司的主要财产或获取了不当利益。勃格公司二审提交了深圳金曼克公司2005年至2010年的"工商年检报告书",其中每年的"经营情况"中记载年末总资产均2500万元左右,和负债数额基本对应,主张深圳金曼克公司存在财产灭失。法院认为,上述报告书上数据实际上是根据深圳金曼克公司2005年资产负债表对外应收账款及应付款得出,而2005年恰恰是赵某某等控制深圳金曼克公司时期,与勃格公司存在高度关联,此时对外应收账款即使存在,其财务资料也被赵某某等掌握或之后被抢,山东金曼克公司无从追讨。因此,账面资产即使灭失也非山东金曼克公司怠于履行清算义务造成。相反,在山东金曼克公司与太平洋公司及赵某某进行仲裁和诉讼之时,山东金曼克公司实际控制深圳金曼克公司后,很快起诉前总经理张某某及财务经理姚某的情形下,深圳金曼克公司匆忙声明转让房产给勃格公司、出函确认勃格公司的大额债权、转让公司对外债权给勃格公司的行为,无论出于什么动机,也无论最终是否落实,上述行为很难让人信服出于善意。

再次,也是最重要的,本案不能认定深圳金曼克公司的会计账册遗失是山东金曼克公司怠于履行清算义务所致。深圳金曼克公司的绝大多数财务账册及凭证,之前由赵某某、姚某等保管,2006年由姚某签字的一张交接单载明"现存彩虹大厦25D勃格公司办公室"。因为(2006)深福法民二初字第1024号案件审计的需要,2008年5月7日,由赵某某提交给宝龙会计师事务所共计266本,审计过程中的2008年7月7日被不法分子盗抢走181本,2009年10月20日,赵某某出具《收条》，签收了未被抢走的剩余74本账册。由此可见，深圳金曼克公司会计账册的遗失发生在公司营业期届满之前，即发生清算事由之前，与山东金曼克公司是否怠于履行义务没有因果关系。不仅如此，即使太平洋公司是山东金曼克公司的股东，赵某某任职山东金曼克公司的董事，但是，正如前所述，此时太平洋公司与山东金曼克公司及其他股东正因为股权纠纷发生多起仲裁和诉讼，赵某某本人在给公安机关的函件中也明确承认自己与山东金曼克公司存在矛盾，基于维护自身利益的需要保存深圳金曼克公司的财务资料，因此，其此时以深圳金曼克公司进行的行为并不能代表股东山东金曼克公司的意志。相反，基于赵某某在2006年至2009年期间同时也担任勃格公司董事、张某某兼任勃格公司的董事和总经理的事实，此时勃格公司与太平洋公司及赵某某等之间的关系，远较太平洋公司与山东金曼克公司关系以及与更换了实际控制人的深圳金曼克公司之间的关系更为紧密。综上，一审仅仅依据太平洋公司亦曾委派赵某某在上述期间担任山东金曼克公司董事，其提交、收回深圳金曼克公司会计账簿等相关资料均系以太平洋公司董事的身份作出，而太平洋公司是山东金曼克公司股东，进而推定赵某某持有深圳金曼克公司的会计账簿等相关材料是代山东金曼克公司所持有，与本案实际不符，法院予以纠正。案件证据显示，尽管不能排除山东金曼克公司及其当时控制的深圳金曼克公司经理任某某等人参与2008年7月7日深圳金曼克公司财务账册盗抢案的可能，但在公安机关未最终得出侦破结论之前，法院不能认定山东金曼克公司对上述财务账册遗失存在过错。

最后，关于山东金曼克公司是否怠于履行清算义务。虽然深圳金曼克公司于2012年1月2日经营期限届满后，山东金曼克公司作为控股股东，未按照《公司法》的相关规定，在法定期限内成立清算组开始清算，而是迟至2014年12月19日，才备案成立清算组着手清算工作。但是，在此之前，山东金曼克公司及深圳金曼克公司通过向公安机关报案、提起诉讼等方式，一直在向实际保管掌握深圳金曼克公司财务账册的赵某某等人追讨。在清算组成立之后，履行了公告债权申报、备案等法定程序，继续采用报警等方式追讨深圳金曼克公司财务账册，上述行为可以视为其迟延成立清算组对深圳金曼克公司进行清算的补救措施。

综上所述，深圳金曼克公司因为财务账册遗失，导致实际无法清算，并非山东金曼克公司怠于履行义务所导致，勃格公司请求其对深圳金曼克公司的涉案债务承担连带清偿责任，事实和法律依据不足。山东金曼克公司的上诉请求，具有事实和法律依据，法院予以支持。一审判决认定事实和适用法律均有不当，法院予以纠正。

例案二：北京建茂宏顺海产品商行与刘某、赵某某股东损害公司债权人利益责任纠纷案

【法院】
北京市第二中级人民法院

【案号】
（2018）京02民终9649号

【当事人】
原告：北京建茂宏顺海产品商行

法定代表人：李某某

被告：刘某

被告：赵某某

【基本案情】
北京建茂宏顺海产品商行（以下简称建茂宏顺商行）向一审法院起诉请求：（1）刘某、赵某某对（2012）顺民初字第1047号民事判决书确定的阿凯祥龙公司应给付建茂宏顺商行的货款480749.06元、违约金（以23000元为基数，按每日0.1%的利率标准计算，自2011年9月6日起计算至实际给付之日止；以110813元为基数，按每日0.1%的利率标准计算，自2011年10月6日起计算至实际给付之日止；以76664元为基数，按每日0.1%的利率标准计算，自2011年11月6日起计算至实际给付之日止；以71787元为基数，按每日0.1%的利率标准计算，自2011年12月6日起计算至实际给付之日止；以88171元为基数，按每日0.1%的利率标准计算，自2012年1月6日起计算至实际给付之日止；以92042.19元为基数，按每日0.1%的利率标准计算，自2012年2月6日起计算至实际给付之日止；以23000元为基数，按每日0.1%的利率标准计算，自2012年3月6日起计算至实际给付之止）、案件受理费8511元承担连带清偿责任。（2）刘某、赵某某对（2012）顺民初字第1047号民事判决书指定的期间未履行给付金钱义务所应加倍支付迟延履行期间的债务利息（以实际未付货款为基数，按照中国人民银行同期贷款利率的二倍为标准，自2012年8月2日起计算至实际付清之日止）承担连带清偿责任。（3）刘某、赵某某承担诉讼费用。

法院认定事实：2012年6月27日，北京市顺义区人民法院作出（2012）顺民初字第1047号民事判决书，判决：阿凯祥龙公司给付建茂宏顺商行货款480749.06元，

并支付违约金（以23000元为基数，按照日千分之一，自2011年9月6日起计算至实际给付之日止；以110813元为基数，按照日千分之一，自2011年10月6日起计算至实际给付之日止；以76664元为基数，按照日千分之一，自2011年11月6日起计算至实际给付之日止；以71787元为基数，按照日千分之一，自2011年12月6日起计算至实际给付之日止；以88171元为基数，按照日千分之一，自2012年1月6日起计算至实际给付之日止；以92042.19元为基数，按照日千分之一，自2012年2月6日起计算至实际给付之日止；以18217.87元为基数，按照日千分之一，自2012年3月6日起计算至实际给付之止），于本判决生效之日起7日内执行。案件受理费8534元，由阿凯祥龙公司负担8511元。

2012年8月2日，建茂宏顺商行向北京市顺义区人民法院申请强制执行。2014年3月14日，北京市顺义区人民法院作出（2012）顺执字第3354号执行裁定书，因未能找到阿凯祥龙公司及其可供执行的财产，裁定（2012）顺民初字第1047号民事判决书本次执行程序终结。

阿凯祥龙公司成立于2010年7月28日，股东为刘某、赵某某。2013年10月16日被吊销了营业执照。刘某、赵某某在阿凯祥龙公司被吊销营业执照后，并未组成清算组对该公司的债权债务进行清算。

刘某、赵某某目前保管阿凯祥龙公司2010年9月到12月记账凭证共计8本，2011年全年记账凭证共计19本，2012年全年记账凭证共计6本，2013年全年记账凭证共计1本。2010年阿凯祥龙公司涉税情况的《设税鉴证报告》1本，2011年阿凯祥龙公司涉税情况《设税鉴证报告》1本。另根据以上记账凭证制作的2010年9月至2012年12月的财务表1本、总分类账2本、明细分类账2本。其中，2010年9月至2011年12月的总分类账和明细分类账上各贴有2012版的印花税票；2011年1月至2011年12月总、明细分类账1本，其中，2011年1月至2011年12月总、明细分类账上贴有2012年版的印花税票。

一审法院审理后作出判决：一、刘某、赵某某于该判决生效之日起十日内共同支付北京建茂宏顺海产品商行对北京阿凯祥龙餐饮有限公司享有的债权：货款480749.06元、违约金（以23000元为基数，按照日千分之一，自2011年9月6日起计算至实际给付之日止；以110813元为基数，按照日千分之一，自2011年10月6日起计算至实际给付之日止；以76664元为基数，按照日千分之一，自2011年11月6日起计算至实际给付之日止；以71787元为基数，按照日千分之一，自2011年12月6日起计算至实际给付之日止；以88171元为基数，按照日千分之一，自2012

年1月6日起计算至实际给付之日止；以92042.19元为基数，按照日千分之一，自2012年2月6日起计算至实际给付之日止；以18217.87元为基数，按照日千分之一，自2012年3月6日起计算至实际给付之止）及案件受理费8511元；二、刘某、赵某某于该判决生效之日起十日内共同支付北京建茂宏顺海产品商行上述债务迟延履行期间的债务利息（自2012年8月2日至2014年7月31日止，按中国人民银行同期贷款最高利率计付的债务利息上增加一倍计算，自2014年8月1日至实际付清之日止，按照日万分之一点七五的标准计算）；三、驳回北京建茂宏顺海产品商行的其他诉讼请求。刘某、赵某某不服一审判决，提起上诉。北京市第二中级人民法院审理后作出判决：一、撤销北京市西城区人民法院（2018）京0102民初1481号民事判决；二、驳回北京建茂宏顺海产品商行的诉讼请求。

【案件争点】

刘某、赵某某是否怠于履行义务导致建茂宏顺商行的债权无法受偿。

【裁判要旨】

《民事诉讼法解释》第九十条[①]规定，当事人对自己提出的诉讼请求所依据的事实或者反驳对方诉讼请求所依据的事实，应当提供证据加以证明，但法律另有规定的除外。在作出判决前，当事人未能提供证据或者证据不足以证明其事实主张的，由负有举证证明责任的当事人承担不利的后果。本案中，建茂宏顺商行作为阿凯祥龙公司的债权人，依据《公司法解释二》第十八条第二款的规定，以刘某、赵某某作为阿凯祥龙公司的股东，怠于履行义务，导致公司主要财产、账册、重要文件等灭失，无法进行清算为由，要求刘某、赵某某对阿凯祥龙公司债务承担连带清偿责任，故建茂宏顺商行应对其上述主张承担相应的举证责任。刘某、赵某某主张阿凯祥龙公司账册、重要文件保存完好，其不存在怠于履行义务，导致公司主要财产、账册、重要文件灭失，无法进行清算的情形，对此向法院提交了阿凯祥龙公司自2010年至2013年公司经营期间的会计记账凭证等材料，建茂宏顺商行主张上述会计资料不真实、不完整，阿凯祥龙公司无法据此进行清算，但对此未提交相应证据。在刘某、赵某某提交了阿凯祥龙公司经营期间账册的情况下，仅凭企业被吊销营业执照以及执行法院因无可执行财产裁定终结本次执行程序，认定公司无法进行清算，缺乏事实和法律依据。

据此，建茂宏顺商行提交的证据不足以证明其诉讼主张，其诉讼请求应予驳回。

---

① 对应2022年4月1日修订的《民事诉讼法解释》第九十条，法条内容未作变动，后同。

一审法院判决刘某、赵某某共同支付建茂宏顺商行对阿凯祥龙公司享有的债权的判决结果有误，二审法院予以纠正。

> 例案三：北京富华建设发展有限公司与中企信用融资担保有限公司、北京惠谷康华科技发展有限公司股东损害公司债权人利益责任纠纷案

【法院】

　　北京市第二中级人民法院

【案号】

　　（2019）京02民终13409号

【当事人】

　　原告：北京富华建设发展有限公司

　　法定代表人：石某

　　被告：中企信用融资担保有限公司

　　法定代表人：李某某

　　被告：北京惠谷康华科技发展有限公司

　　法定代表人：白某某

【基本案情】

　　2012年11月15日，北京市东城区人民法院作出（2011）东民初字第08868号民事判决书，确认北京国叶世纪投资有限公司（以下简称国叶世纪公司）于判决书生效后15日内给付北京富华建设发展有限公司（以下简称富华建设公司）2010年8月1日至2011年3月14日期间的租金1067079.39元及相应违约金。如果未按判决指定的期间履行给付金钱义务，国叶世纪公司应加倍支付迟延履行期间的债务利息；诉讼费14404元由国叶世纪公司承担。2017年1月5日，北京市东城区人民法院作出（2013）东执字第1098号执行裁定书，以未能查找到国叶世纪公司名下可供执行的财产为由，裁定终结北京市东城区人民法院作出的（2011）东民初字第08868号民事判决书的本次执行程序。国叶世纪公司股东为中企信用融资担保有限公司（以下简称中企担保公司）和北京惠谷康华科技发展有限公司（以下简称惠谷康华公司），其中中企担保公司持股比例70%，惠谷康华公司持股比例30%，公司注册资金9800万元。2012年10月10日，北京市工商行政管理局作出行政处罚决定书，载明：国叶世纪公司未在规定的期限内接受2011年度企业年检，也未在北京市工商行政管理

局公告规定的截止日期2012年7月15日以前补办年检手续。北京市工商行政管理局决定吊销国叶世纪公司营业执照，国叶世纪公司的债权债务由股东组成清算组负责清算，并到原登记机关办理注销登记。2017年3月2日，惠谷康华公司曾向北京市第一中级人民法院申请对国叶世纪公司强制清算。2017年11月30日，惠谷康华公司提交撤回对国叶世纪公司强制清算的申请。2017年12月5日，北京市第一中级人民法院作出（2017）京01清申21号民事裁定书，裁定准许惠谷康华公司提交撤回对国叶世纪公司的强制清算申请。截至一审庭审之日，中企担保公司未对国叶世纪公司进行清算。2012年5月8日，北京市通州区人民法院作出（2011）通刑初字第794号刑事判决书，确认：王某某、蔡某、黄某某作为国叶世纪公司直接负责的主管人员和直接责任人员，共同以欺骗手段取得金融机构贷款8500万元，后将资金挪作他用，至案发时仍有5760万元本金未归还，构成骗取贷款罪。富华建设公司依据《公司法解释二》第十八条第二款规定诉至法院，请求判令：（1）中企担保公司、惠谷康华公司共同给付富华建设公司依据（2011）东民初字第08868号民事判决书对国叶世纪公司享有的债权1081483.39元，包括租金1067079.39元、案件受理费14404元以及违约金（以每日143.2元标准支付逾期交租违约金，其中143201.13元自2010年8月6日开始计算，143201.13元自2010年9月7日开始计算，143201.13元自2010年10月9日开始计算，143201.13元自2010年11月6日开始计算，143201.13元自2010年12月7日开始计算，143201.13元自2011年1月10日开始计算，143201.13元自2011年2月11日开始计算，64671.48元自2011年3月8日开始计算，均计算至实际支付之日止）。（2）中企担保公司、惠谷康华公司共同给付富华建设公司依据（2011）东民初字第08868号民事判决书对国叶世纪公司享有债权的相应迟延履行期间债务利息（以租金和违约金之和为基数，按照中国人民银行同期贷款利率双倍标准，自2013年2月22日起计算至2014年7月31日止；以租金和违约金之和为基数，按日万分之一点七五的标准，自2014年8月1日起计算至实际付清之日止）。（3）中企担保公司、惠谷康华公司承担本案诉讼费用。

北京市西城区人民法院审理后作出一审判决：驳回富华建设公司的诉讼请求。富华建设公司不服一审判决，提起上诉。北京市第二中级人民法院于2019年11月21日作出（2019）京02民终13409号民事判决：驳回上诉，维持原判。

【案件争点】

中企担保公司、惠谷康华公司是否存在怠于履行清算义务的行为。

【裁判要旨】

　　生效判决认为，《民诉法解释》第九十条规定："当事人对自己提出的诉讼请求所依据的事实或者反驳对方诉讼请求所依据的事实，应当提供证据加以证明，但法律另有规定的除外。在作出判决前，当事人未能提供证据或者证据不足以证明其事实主张的，由负有举证证明责任的当事人承担不利的后果。"根据法院查明的本案事实，国叶世纪公司于2012年10月10日被吊销营业执照，而在此之前，人民法院刑事判决已经确认国叶世纪公司直接负责的主管人员和直接责任人员共同以欺骗手段取得金融机构贷款8500万元，后将资金挪作他用，至案发时仍有5760万元本金未归还，构成骗取贷款罪。国叶世纪公司的主要财产、重要文件等均已被依法处理。富华建设公司援引《公司法解释二》第十八条第二款的规定要求国叶世纪公司的股东中企担保公司和惠谷康华公司对国叶世纪公司的涉案债务承担连带清偿责任，但富华建设公司没有提供充分证据证明中企担保公司、惠谷康华公司因怠于履行义务，导致国叶世纪公司主要财产、账册、重要文件等灭失，无法进行清算。富华建设公司举证不能，应当承担不利后果，一审法院判决驳回富华建设公司的诉讼请求并无不当。富华建设公司关于中企担保公司、惠谷康华公司作为国叶世纪公司的股东具有怠于履行清算义务的行为且国叶世纪公司客观上无法清算，应当对公司的债务承担清偿责任的上诉理由，没有事实和法律依据，法院不予支持。

三、裁判规则提要

　　公司除因合并、分立导致的解散外，其他情形下解散后均要进行清算。有限责任公司的股东、股份有限公司的董事和控股股东等清算义务人应当在法定期限内及时启动清算程序。清算义务人启动清算程序并依法进行清算后，公司债权人的利益就可以依法得到维护，清算义务人当然无须向债权人承担任何责任。但是实践中，一些公司解散后，清算义务人不积极启动清算程序并对公司进行清算，而是对公司"不管不顾"，甚至"人去楼空"，恶意逃废债务，导致公司没有履行清算程序甚至无法再进行清算，结果致使公司债权人的利益受损。为促使公司依法清算、维护债权人利益，《公司法解释二》第十八条规定，股东等清算义务人未依法启动清算程序导致公司未清算或无法进行清算时，应对公司债权人承担相应的责任。这一规定坚持了公司法的原则和精神，是对公司法相关概括性规范的具体化。

　　《公司法解释二》第十八条第二款规定："有限责任公司的股东、股份有限公司的董事和控股股东因怠于履行义务，导致公司主要财产、账册、重要文件等灭失，无法进行清算，债权人主张其对公司债务承担连带清偿责任的，人民法院应依法予以支持。"该条规定规制的是公司清算义务人怠于履行义务的行为，其中，"怠于履行义务"，是指有限责任公司的股东在法定清算事由出现后，在能够履行清算义务的情况下，故意拖延、拒绝履行清算义务，或者因过失导致无法进行清算的消极行为。该条规定的责任本质上是侵权责任，从行为要件的角度，清算义务人可以针对上述要点围绕客观原因导致无法清算、其未拖延履行清算义务等方面进行免责抗辩。具体说来，如果股东能够举证证明其已经为履行清算义务采取了积极措施，或者小股东能够举证证明其既不是公司董事会或监事会成员，也没有选派人员担任该机关成员，且从未参与公司经营管理；再比如公司清算事由出现之前，公司的账册、重要文件等材料已经因自然灾害或者被司法机关收缴等原因而灭失或者股东对这些材料失去控制等。

四、辅助信息

《公司法解释二》

第十八条第二款 有限责任公司的股东、股份有限公司的董事和控股股东因怠于履行义务，导致公司主要财产、账册、重要文件等灭失，无法进行清算，债权人主张其对公司债务承担连带清偿责任的，人民法院应依法予以支持。

《全国法院民商事审判工作会议纪要》

第十四条 公司法司法解释（二）第18条第2款规定的"怠于履行义务"，是指有限责任公司的股东在法定清算事由出现后，在能够履行清算义务的情况下，故意拖延、拒绝履行清算义务，或者因过失导致无法进行清算的消极行为。股东举证证明其已经为履行清算义务采取了积极措施，或者小股东举证证明其既不是公司董事会或者监事会成员，也没有选派人员担任该机关成员，且从未参与公司经营管理，以不构成"怠于履行义务"为由，主张其不应当对公司债务承担连带清偿责任的，人民法院依法予以支持。

公司股东权利行使与责任案件裁判规则第 21 条：

债权人依据《公司法解释二》第十八条第二款的规定请求有限责任公司股东对公司债务承担连带责任的，诉讼时效期间自债权人知道或者应当知道公司无法进行清算之日起计算。公司出现清算事由后，因无财产可供执行，人民法院对债权人的强制执行申请作出终结本次执行程序裁定的，债权人签收该裁定的时间可以认定为"债权人知道或者应当知道公司无法进行清算之日"

【规则描述】　《公司法解释二》第十八条第二款赋予债权人向怠于履行公司清算义务以致无法清算的股东主张连带清偿公司债务的权利。该条规定一方面旨在强化清算义务人依法、及时清算的法律责任，另一方面也竭力实现债权人与公司股东之间合法权益的平衡。而债权人请求股东对公司债务承担连带责任的侵权之债请求权受诉讼时效限制既是权利基础的要求，亦是不同利益主体间权益平衡的体现。诉讼时效的设置，旨在督促债权人在知晓股东怠于履行清算义务，且其债权无从清偿后及时行使其对股东享有的连带清偿请求权。而对于债权人主张该项请求权的理想化状态是先提起强制清算，在人民法院的终结裁定中获得类似于"公司主要财产、章程、重要文件等灭失，无法清算"的事实认定，再诉股东承担连带清偿责任，然而司法实践中，多数债权人并未先启动强制清算程序，而是在其债权走到终结本次执行程序时，发现股东在此前便已存在怠于清算的情形，此时此刻，便应作为债权人知道或者应当知道公司无法清算的起算点。

一、类案检索大数据报告

截至 2020 年 3 月 31 日，以"股东损害公司债权人利益责任纠纷""清算""终结本次执行""诉讼时效期间"为关键词，通过 Alpha 案例库共检索到类案 388 件，经逐案阅看、分析，与本规则关联度较高的案件共有 246 件。因其中存在同一案件的一审、二审、再审裁判，严格意义上应将其认定为一起案件，同时还有不同股东因对同一家公司同一份股东会决议有异议而提起的多起诉讼，实质上争议的焦点问题是相同的，故剔除前述情形后，实际共有 111 件案件，也即有 111 篇裁判文书。整体情况如下：

从类案地域分布看，涉案数最多的地域是北京市，共 47 件；其次是广东省，共 14 件。（如图 9-1 所示）

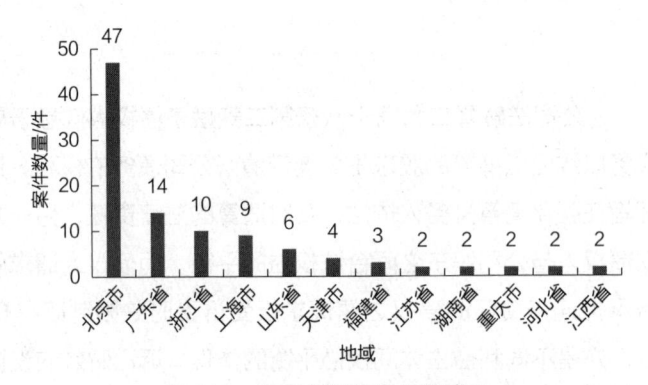

图 9-1 类案主要地域分布情况

从类案结案时间看，最多的年份是 2019 年，共有 47 件；其次为 2018 年，共有 31 件。（如图 9-2 所示）

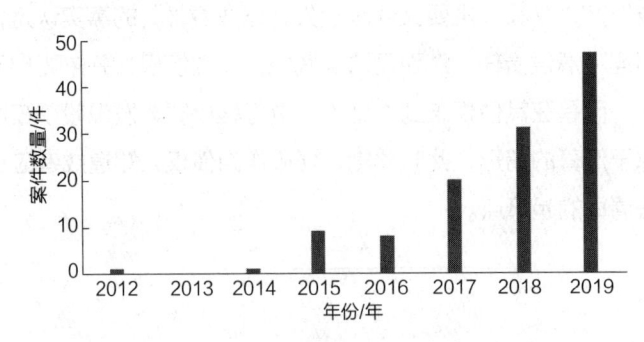

图 9-2 类案结案年度分布情况

从案件经历的审理程序看，只经过了一审程序的共计 57 件；经过一审、二审两审程序的共计 48 件，经过了一审、二审及再审程序的共计 6 件。（如图 9-3 所示）

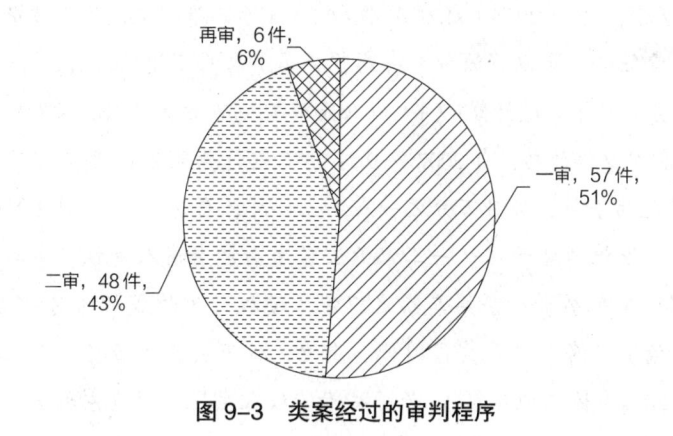

图 9-3　类案经过的审判程序

二、可供参考的例案

例案一：北京天庆源金属材料有限公司与崔某某等股东损害公司债权人利益责任纠纷案

【法院】

辽宁省高级人民法院

【案号】

（2019）辽民申 3226 号

【当事人】

再审申请人（一审原告、二审上诉人）：北京天庆源金属材料有限公司

法定代表人：郝某某

被申请人（一审被告、二审上诉人）：崔某某、王某某、王某

【基本案情】

再审申请人北京天庆源金属材料有限公司（以下简称天庆源公司）因与被申请人崔某某、王某某、王某股东损害公司债权人利益责任纠纷一案，不服辽宁省大连市中级人民法院（2018）辽 02 民终 7766 号民事判决，向辽宁省高级人民法院申请再审。

天庆源公司申请再审称：其再审申请符合《民事诉讼法》第二百条①规定的情形。请求：撤销辽宁省大连市中级人民法院（2018）辽02民终7766号民事判决和辽宁省瓦房店市人民法院（2018）辽0281民初2314号民事判决；改判被申请人对北京大海商贸有限责任公司（以下简称大海商贸公司）欠再审申请人货款155855元及迟延履行期间债务利息［分段计算：（1）以人民币155855元为基数，按照中国人民银行同期贷款基准利率双倍计算，自2007年9月28日起计算至2014年7月31日；（2）以人民币155855元为基数，按日万分之一点七五计算，自2014年8月1日起计算至实际付清之日止］承担清偿责任；一二审诉讼费用由被申请人负担。事实和理由：根据《公司法解释二》第十八条第二款之规定，侵权行为构成须同时满足两个条件，一是怠于履行清算义务，二是公司财产、重要文件灭失无法清算。另根据最高人民法院民二庭（2014）民二他字第16号《关于债权人主张公司股东承担清算赔偿责任诉讼时效问题请示的答复》，只有当申请人知道或应当知道公司财产、重要文件灭失且无法清算之日才开始起算诉讼时效。本案大海商贸公司于2007年11月29日被吊销营业执照，此时公司财产并未灭失，不足以致使债权人的债权受到损害，因此不能以吊销营业执照之日作为诉讼时效的起算日期。北京市丰台区人民法院作出裁定书时大海商贸公司有财产，直到本案开庭之时再审申请人才知晓大海商贸公司的车辆及账册等重要文件已灭失，客观上已经处于"无法清算"的状态。现没有证据证明再审申请人已于2008年知晓大海商贸公司财产、账簿账册等重要文件灭失且无法清算致使自身债权受到损害的情况下，二审法院以2008年终结本次执行程序裁定书作出之时作为本案诉讼时效的起算日期，属于认定事实和适用法律错误。在被申请人怠于履行清算义务的侵权行为持续存在的情况下，再审申请人多年来通过强制执行程序、诉讼程序积极地为实现自己的债权作出努力，并无怠于行使自己权利的行为，迟延履行期间的债务利息是公司作为债务人应当承担的付款义务，亦属于股东承担责任的范畴。迟延履行利息属于法定利息，执行程序中因客观条件导致无法执行不是免除被申请人支付利息的法定事由。大海商贸公司及其法定代表人崔某某不履行报告财产义务、不配合法院执行工作，导致北京市丰台区人民法院及再审申请人无处查找也无法实际控制大海商贸公司名下"京G×××××"车辆，故未能对该车辆进行扣押拍卖，客观原因造成了"执行不能"。再审申请人及北京市丰台区人民法院执行人员并非放任被执行人转移财产或消极采取执行措施，不属于"怠于执

---

① 对应2021年12月24日修正的《民事诉讼法》第二百零七条，法条内容未作变动，后同。

行"。迟延履行利息属于法定利息，执行程序中因客观条件导致无法执行不是免除被申请人支付利息的法定事由。

崔某某、王某某、王某提交意见称：辽宁省大连市中级人民法院（2018）辽02民终7766号民事判决认定事实清楚，适用法律正确，再审申请人提出的再审申请不符合《民事诉讼法》第二百条规定的情形，请求驳回再审申请人的再审申请。本案已经超过诉讼时效。最高人民法院（2014）民二他字第16号《关于债权人主张公司股东承担清算赔偿责任诉讼时效问题请示的答复》明确："该赔偿请求权的诉讼时效期间应从债权人知道或者应当知道因公司股东不履行清算义务而致其债权受到损害之日起计算。"本案再审申请人于2007年12月28日对（2007）丰民初字第1535号民事判决申请法院执行，北京市丰台区人民法院作出的（2008）丰执字第0659-1号民事裁定中明确载明被执行人无可供执行财产，此时再审申请人即知道或者应当知道清算义务人怠于履行清算义务而导致公司无法清算损害债权人权益的事实，该时间点即为诉讼时效起算点。再审申请人在2018年才提起诉讼，是怠于行使自己的权利，且本案中未发生使诉讼时效中止或中断的处于不确定状态的事由。因再审申请人提起诉讼超出诉讼时效，针对延迟履行期间的债务利息不存在被申请人支付的情况。

【案件争点】

天庆源公司主张崔某某、王某某、王某对大海商贸公司债务承担清偿责任是否超过诉讼时效期间。

【裁判要旨】

辽宁省高级人民法院经审查认为：关于再审申请人的诉讼请求是否超过诉讼时效期间的问题，再审申请人依据北京市丰台区人民法院（2007）丰民初字第01535号民事判决，享有大海商贸公司的债权后，2007年12月28日再审申请人申请执行，2008年终结执行。2007年11月29日，北京市工商行政管理局怀柔分局作出京工商怀处字（2007）第D2532号行政处罚决定书，吊销大海商贸公司营业执照，责令该公司的债权债务由股东组成清算组负责清算，并到原登记机关办理注销登记。基于上述事实，再审申请人在2008年时，对大海商贸公司经营状况及该公司需清算一节应当知晓。据此，二审法院认定2008年执行法院裁定终结执行时，大海商贸公司无财产可供执行，严重损害债权人天庆源公司的权益，天庆源公司于2018年4月26日提起本案诉讼，超过诉讼时效期间，并对被申请人主张本案超过诉讼时效的理由予以采纳并无不当。故再审申请人提出撤销辽宁省大连市中级人民法院（2018）辽02

民终 7766 号民事判决的申请再审理由不能成立，辽宁省高级人民法院不予支持。裁定如下：驳回北京天庆源金属材料有限公司的再审申请。

> **例案二：中国建设银行股份有限公司广州越秀支行与广州摩托集团物业管理有限公司及广州恒烨房地产有限公司等股东损害公司债权人利益责任纠纷案**

【法院】

广东省广州市中级人民法院

【案号】

（2019）粤 01 民终 18907 号

【当事人】

上诉人（原审被告）：广州摩托集团物业管理有限公司

法定代表人：万某某

被上诉人（原审原告）：中国建设银行股份有限公司广州越秀支行

负责人：石某

原审第三人 1：广州恒烨房地产有限公司

法定代表人：徐某

原审第三人 2：广州恒越房地产发展有限公司

法定代表人：彭某

【基本案情】

中国建设银行股份有限公司广州越秀支行（以下简称建行越秀支行）诉称：其向广州恒烨房地产有限公司（以下简称恒烨公司）发放借款，并由广州恒越房地产发展有限公司（以下简称恒越公司）提供担保的事实已由（2006）穗中法民二初字第 91 号民事判决及广东省高级人民法院（2007）粤高法民二终字第 106 号民事判决确认。现上述案件已进入强制执行阶段［案号：（2008）穗中法执字第 1071 号］。经查询，恒烨公司的企业注册登记资料显示该公司是中外合作的外商投资企业，开办单位（股东）包括广州摩托集团物业管理有限公司（曾用名：广州摩托集团房地产有限公司，以下简称摩托公司）和澳门中恒投资实业有限公司、广州骏业投资有限公司、华南缝制设备集团公司，投资总额为 3.2 亿港元，注册资本为 10700 万港元。其中，澳门中恒投资实业有限公司提供 9630 万港元作为注册资本，广州骏业投资有限公司提供相当于 1070 万港元的人民币作为注册资本，摩托公司提供房地产开发资质及办理有关手续，华南缝制设备集团公司提供开发用地。现恒烨公司实收资本为 2544 万元，各股东未全面履行出资义务。其后，恒烨公司被吊销营业执照。鉴于摩托公司开办恒烨公司时注册资金不实，恒烨公司被吊销后未履行相应的义务，导致公司财产贬值、流失、毁损或者灭失，依法应对其承担责任，故起诉要求摩托公司：（1）对恒烨公司应承担（2007）粤高法民二终字第 106 号民事判决的责任，其中借款本金人民币 14607748 元，利息（暂计至起诉之日止）人民币 24347026 元，合计 38954774 元向其承担连带赔偿责任；（2）承担本案全部诉讼费用。

摩托公司辩称：其以提供房地产开发资质及办理有关手续作为合作条件，已由中国注册会计师验证并出具验资报告，恒烨公司已经合法注册成立，并已具备房地产开发资质，故应认定为其已经全面履行出资义务，无须对公司债务承担补充赔偿责任。依据法不溯及既往原则，其无须对恒烨公司的其他股东未全面履行出资义务承担连带责任。即建行越秀支行因恒烨公司其他股东未全面出资，要求其对公司债务承担连带责任应以法律明确规定为前提。本案中，恒烨公司成立于 1999 年，本案所涉民事行为即恒烨公司与建行越秀支行的借款担保行为亦发生在 2004 年之前，当时的《公司法》并未就发起人连带责任作出规定。因此，建行越秀支行无权依据上述法律规定请求其在其他股东未缴足出资的本息范围内对公司债务承担连带责任。债权人主张公司股东承担清算赔偿责任应受诉讼时效的限制。该赔偿请求权的诉讼时效期间应从债权人知道或者应当知道因公司股东不履行清算义务而致其债权受到损害之日起计算，因此建行越秀支行要求其承担的连带清偿责任已超过二年的诉讼时效期限。本案中，恒烨公司成立于 1999 年 12 月 21 日，营业期限至 2009 年 12 月 21 日届满，营业执照已于 2008 年 12 月 29 日被依法吊销，企业被吊销信息依法予以公示。依据《公司法》第一百八十条、第一百八十三条的规定，公司解散事由包括公司营业期限届满或者依法被吊销营业执照等。公司应当在解散事由出现之日起 15 日内成立清算组。建行越秀支行于 2008 年 6 月前向广州市中级人民法院申请了强制执行［案号：（2008）穗中法执字第 1071 号］。恒烨公司在强制执行期间被吊销了营业执照，由于营业执照被吊销事宜是面向社会公开的，且建行越秀支行作为恒烨公司的债权人，在其债权未能完全实现时理应时刻关注恒烨公司的状态。对于恒烨公司于 2008 年 12 月被吊销了营业执照的事实，建行越秀支行客观上存在着知道的条件和可能，并且一切向社会公开的信息都应推定为已知，故其应当知道该吊销事实，进而应当知道恒烨公司在被吊销之日起 15 日内即 2009 年 1 月 13 日前未成立清算组和恒烨公司的股东逾期不履行清算义务的事实。因此，建行越秀支行至少在2009年1月13日已知第三人恒烨公司股东不履行清算义务而致建行越秀支行债权受到损害。即使建行越秀支行主张不知道第三人恒烨公司营业执照被吊销，在起诉第三人恒烨公司及申请强制执行时其也应当知道第三人恒烨公司在2009年12月21日营业期限届满，已出现公司解散事由，应当在营业期限届满之日起15日内组织清算。因此，建行越秀支行至少在2010年1月5日已知道第三人恒烨公司股东怠于履行清算义务的事实。本案的诉讼时效应当为第三人恒烨公司营业执照被吊销之日起15日后的二年内，即建行越秀支行应在2011年1月13日前向法院提起诉讼。即使从保护债权人的利益出发，建行越秀支行至迟也应当在第三人恒烨公司营业期限届满15日后，即2010年1月5日知道公司股东怠于履行清算义务的事实存在，应在2012年1月5日前提起诉讼。但建行越秀支行现提起本诉讼，显然早已经过了二年的诉讼时效。因此，请求依法驳回建行越秀支行全部诉讼请求。

恒烨公司、恒越公司均未提出述称意见和举证。

经一审法院审理查明，恒烨公司的《商事登记基本信息》显示：商事主体类型为有限责任公司（台港澳与境内合作），成立日期为1999年12月21日，注册资本为10700万港元，营业期限为1999年12月21日至2009年12月21日，主体状态为吊销，未注销，吊销日期为2008年12月29日；股东为摩托公司、澳门中恒投资实业有限公司、华南缝制设备集团公司、广州骏业投资有限公司。

2003年6月17日，广州安立信会计师事务所有限公司向恒烨公司出具广安会（验）字（2003）222号《验资报告》，内容为："根据协议、合同、章程的规定，贵公司申请登记的注册资本为（港币）17000万元，由股东在领取营业执照之日起3个月内投入不少于注册资本15%的资金，其余在3年内出资完毕。本次出资为第四期，经我们审验，截至2003年5月28日，贵公司已收到股东澳门中恒投资实业有限公司第4期缴纳的注册资本合计（港币）146万元。其中股东以货币出资（港币）146万元。我们注意到：贵公司前三期已收到股东出资（港币）25445790.07元，其中澳门中恒投资实业有限公司出资（港币）15445000元，广州城骏房地产有限公司出资（港币）10000790.07元，已经广东金五羊会计师事务所有限公司于2000年5月29日、2000年9月28日和广东启明星会计师事务所有限公司于2002年5月9日以'金五羊验字（2000）第0179号''金五羊验字（2000）第0288号'和'粤启验字（2002）第0438号'验资报告予以审验。截至2003年5月28日，连同前期出资贵公司共收到各出资者缴纳的注册资本（港币）26905790.07元，占注册资本的25.14%……"该报告的附件2《累计注册资本实收情况明细表》记载：截至2003年5月28日，注册资本币种为港币；认缴注册资本情况：澳门中恒投资实业有限公司9630万元，占注册资本总额比例90%，广州城骏房地产有限公司1070万元，占注册资本总额比例10%，合计10700万元，摩托公司提供房地产开发资质及办理有关手续，华南缝制设备集团公司提供开发用地；累计实缴注册资本：澳门中恒投资实业有限公司16905000元，占注册资本总额比例15.79%，广州城骏房地产有限公司10000790.07元，占注册资本总额比例9.35%，合计26905790.07元，占注册资本总额比例25.14%……

摩托公司于2014年8月5日从广州摩托集团房地产有限公司变更登记名称为广州摩托集团物业管理有限公司，即本案被告。

2007年3月2日，广州市中级人民法院对建行越秀支行诉恒烨公司、广州宏瀚房地产开发有限公司（以下简称宏瀚公司）、恒越公司借款合同纠纷一案作出（2006）穗中法民二初字第91号民事判决书，查明：2004年3月31日，建行越秀支行与恒烨公司签订了《借款合同》，约定：建行越秀支行向恒烨公司发放人民币4986万元贷款，贷款期限自2004年3月31日至2005年3月30日，合同期内贷款利率按年利率5.841%计算，贷款逾期的罚息利率是8.7615%；同日，建行越秀支行与恒烨公司签订了《最高额抵押合同》，约定：恒烨公司以位于南华东路芳草围2号朗晴居二期的房产对其在2004年3月30日至2006年3月30日期间连续发生的信贷业务作抵押担保，担保的债权包括借款本息、违约金、赔偿金和建行越秀支行为实现债权而发生的一切费用；同日，建行越秀支行与宏瀚公司签订了《保证合同》，约定宏瀚公司对恒烨公司与建行越秀支行签订的上述借款合同项下的债务及费用提供连带保证责任；2004年8月24日，恒烨公司提供的部分抵押物已依法办理了抵押登记；2006年3月29日建行越秀支行与恒越公司签订了《保证合同》，约定恒越公司对恒烨公司与建行越秀支行签订的上述借款合同项下的债务及费用提供连带保证责任；合同签订后，建行越秀支行依约向恒烨公司发放了贷款4986万元，但贷款到期后，恒烨公司只偿还贷款本金为2911.93万元、利息3258457.7元，至2005年5月31日，恒烨公司尚欠建行越秀支行借款本金为2074.07万元，利息为23750595.89元（从2004年3月31日暂计至2005年5月1日止）；宏瀚公司、恒越公司没有承担连带清偿责任；经建行越秀支行追索未果，遂诉至法院；判决：恒烨公司在该判决书发生法律效力之日起10日内向建行越秀支行清偿借款本金2074.07万元及利息23750595.89元及从2005年6月1起至清偿之日止的利息（利率按中国人民银行规定的同期逾期贷款利率计算）……判后，建行越秀支行不服上诉。广东省高级人民法院于2007年11月27日作出（2007）粤高法民二终字第106号民事判决书，判决：维持广东省广州市中级人民法院（2006）穗中法民二初字第91号民事判决书主文第二项、第三项、第四项及案件受理费的负担部分；变更广东省广州市中级人民法院（2006）穗中法民二初字第91号民事判决书主文第一项为：限恒烨公司在该判决发生法律效力之日起10日内向建行越秀支行清偿借款本金2074.07万元及相应利息（截至2006年5月20日的利息为2375059.89元，期后的利息按中国人民银行规定的同期逾期贷款利率计付至实际清偿之日止）……

2008年6月5日，广州市中级人民法院作出（2008）穗中法执字第1071号民事裁定书，载明：本院依据已经发生法律效力的广东省高级人民法院（2007）粤高法民二终字第106号民事判决书，于2008年4月23日向被执行人恒烨公司、恒越公司发出执行通知书，责令该被执行人在2008年4月30日前履行上述法律文书确定的义务并负担本案执行费；但该被执行人至今未按执行通知书履行法律文书确定义务；裁定：查封、冻结、扣划被执行人恒烨公司、恒越公司的银行存款2350万元或等值财产。

建行越秀支行因要摩托公司对恒烨公司应承担（2007）粤高法民二终字第106号民事判决的责任向其承担连带赔偿责任而提起本案诉讼。摩托公司对本案管辖权提出异议。广东省广州市珠海区人民法院于2018年3月22日作出（2018）粤0105民初1456号民事裁定书，裁定驳回管辖权异议。摩托公司不服提出上诉。广州市中级人民法院于2018年5月24日作出（2018）粤01民辖终885号民事裁定书，裁定：驳回上诉，维持原裁定。

在本案审理期间，建行越秀支行、摩托公司均确认恒烨公司于2008年12月29日已经被吊销，吊销之后股东没有对该公司进行清算。建行越秀支行表示其已经执行到部分的本金，所以上述判决的本金和利息都有变化。

二审法院另查明：（1）恒烨公司属中外合作企业，性质为有限公司。广州骏业投资有限公司曾用名为广州城骏房地产有限公司，现为吊销状态。华南缝制设备集团公司已注销。（2）《恒烨公司章程》第9条约定："投资总额为3.2亿元港币，注册资本为1070万港币，差额部分由澳门中恒投资实业有限公司和广州城骏房地产有限公司负责投入。摩托公司提供房地产开发资质及办理有关合作公司注册、用地报批、规划报建等手续；华南缝制设备集团公司提供开发用地及配合合作公司的注册登记；广州城骏房地产有限公司提供相当于1070万港币的人民币作为注册资金；营业执照核发之日起3个月内投资15%，其余3年投资完毕；澳门中恒投资实业有限公司提供相当于 9630 万港币作为注册资金，投资时间头 3 个月内为 15%，其余 3 年内投资完毕。"第 17 条约定："董事会由摩托公司、华南缝制设备集团公司、广州城骏房地产有限公司、澳门中恒投资实业有限公司四方派员组成。"第 72 条约定："合作公司经营本项目所涉及的利益或发生亏损均由澳门中恒投资实业有限公司承担，摩托公司、华南缝制设备集团公司、广州城骏房地产有限公司均不参与所得利益分成或承担亏损。"各方签订的《中外合作经营企业合同》中也有上述约定。(3)(2006) 穗中法民二初字第 91 号民事判决书认为：至该案建行越秀支行起诉之日止，恒烨公司提供的抵押物已经部分涂销，且已涂销的抵押物的权利价值为 6432.9548 万元……建行越秀支行辩称最高额抵押合同所担保的债权除了本案的 4896 万元外，还有另外的债权，但是建行越秀支行未提供证据证明，因此视为建行越秀支行主动放弃了担保物权。未涂销抵押物面积为 4398.86 平方米，权利价值为 2177.0452 万元。该案除判决恒烨公司向建行越秀支行清偿借款本金 2074.07 万元及利息外，还判决建行越秀支行对恒烨公司提供的抵押物（海珠区朗晴新街 × 号 404、2601、2802、2902、× 号 1401、2901、3001，× 号 204、504、1501、1504、2001、2004、2304、2901、3001、3102，× 号 202、301、401、2001、2801、3201、3301 共计 24 套房产）享有优先受偿权；恒越公司对上述抵押物不能清偿的债务向建行越秀支行承担连带清偿责任，并有权向恒烨公司追偿。(4) 伍某、陶某与恒烨公司、建行越秀支行等房屋买卖合同纠纷二审判决书[案号：(2016) 粤 01 民终 19062 号]，查明以下事实：① 2008 年 6 月 5 日，法院下达 (2008) 穗中法执字第 1071 号民事裁定书，查封了包括伍某、陶某所购房屋在内的若干套房屋；② 2008 年，多个小业主作为案外人提出执行异议，法院裁定驳回包括伍某、陶某在内的异议人的异议，并要求异议人将剩余的房屋款项直接支付到法院，用于案件的执行后，解除对若干套房屋的查封；③ 2009 年 7 月 20 日，法院向包括伍某、陶某在内的小业主发出通知，通知小业主将房屋剩余款项付款到法院代管账户后，凭付款证明到法院办理解除房屋的查封手续。后由于建行越秀支行在各小业主付清房款后，未办理抵押房产涂销登记手续，故包括伍某、陶某在内的多位小业主向法院提起诉讼，要求办理抵押房产涂销手续及办理房地产权属证书，并得到了法院的支持。再查明：(2007) 粤高法民二终字第 106 号民事判决书经过执行，因查封被执行人的部分财产已经处理，部分财产因案外人对该财产权属提出执行异议正在审查中，本案无其他财产可处理，2011 年 7 月 12 日法院作出 (2008) 穗中法执字第 1071 号执行裁定书，裁定终结本次执行。二审法院调取了上述执行裁定书，经质证，摩托公司、建行越秀支行对该执行裁定书的真实性、合法性、关联性均无异议。

广东省广州市珠海区人民法院作出一审判决：摩托公司对（2007）粤高法民二终字第 106 号民事判决书确定的恒烨公司的债务不能清偿部分承担连带赔偿责任。如果未按判决指定的期间履行给付金钱义务，应当依照《民事诉讼法》第二百五十三条[①]之规定，加倍支付迟延履行期间的债务利息。广东省广州市中级人民法院于 2020 年 3 月 26 日作出（2019）粤 01 民终 18907 号二审判决：一、撤销广东省广州市海珠区人民法院（2018）粤 0105 民初 1456 号民事判决；二、驳回被上诉人中国建设银行股份有限公司广州越秀支行的全部诉讼请求。

【案件争点】

1. 本案是否遗漏当事人。

2. 摩托公司是否应在其他股东未履行出资本息范围内对恒烨公司的债务承担连带责任。

3. 建行越秀支行能否请求摩托公司承担清算赔偿责任。

4. 建行越秀支行请求摩托公司承担清算赔偿责任是否超过诉讼时效。

【裁判要旨】

关于焦点一。恒烨公司为中外合作企业，根据《公司法》的规定，外商投资的有限责任公司和股份有限公司适用《公司法》；有关外商投资的法律另有规定的，适用其规定。故本案的处理应适用《公司法》的规定。根据《公司法解释三》第十三条第三款规定，股东在公司设立时未履行或者未全面履行出资义务，债权人请求公司的发起人承担的是连带责任，其他股东并非本案必须参加诉讼的当事人，债权人没有起诉全体股东的，法院不必追加其他股东为共同被告。本案一审中摩托公司并未提出追加当事人的申请。摩托公司上诉认为一审法院未将中恒公司、广州骏业投资有限公司列为本案当事人，属于遗漏当事人，依据不足，不予采纳。

关于焦点二。摩托公司作为《合作经营企业合同》合作一方，为设立公司而签署公司章程，同意设立恒烨公司，是恒烨公司的发起人之一。建行越秀支行依据《公司法解释三》第十三条的规定，要求摩托公司在其他股东未履行出资本息范围内对恒烨公司的债务承担连带责任。摩托公司则辩称，本案中恒烨公司成立于 1999 年，其成立时间早于《公司法》（2005 年修订）施行时间，第一次规定有限责任公司发起

---

① 对应 2021 年 12 月 24 日修正的《民事诉讼法》第二百六十条，法条内容未作变动。

人连带责任的《公司法解释三》①在2011年才施行，由于当时的《公司法》及司法解释并未就发起人连带责任作出规定，依据法不溯及既往原则，摩托公司无须在其他股东未缴足出资的本息范围内对公司债务承担连带责任。对此，根据《公司法解释一》第二条的规定，在旧法未作规定时可以按照"从旧兼有利"的原则参照适用新法，但此仅在有利于维护交易秩序并且不会严重损害当事人预期的情况下，才由法院考虑酌情适用。《公司法解释三》于2010年12月6日经最高人民法院审判委员会第1504次会议通过，其第十三条的制定依据是鉴于《公司法》（2005年修订）第九十四条规定了"股份有限公司成立后，发起人未按照公司章程的规定缴足出资的，应当补缴；其他发起人承担连带责任"，但没有完整规定有限责任公司发起人未履行或未全面履行出资义务时，其他发起人的连带责任，因此将该法关于股份有限公司的相关规定扩张适用于有限责任公司。但上述第九十四条的规定，是《公司法》于2005年修订时增加的条款，《公司法》（1999年修正）、《公司法》（2004年修正）并没有该项规定。而摩托公司作为恒烨公司的股东，依据恒烨公司章程，该公司注册资金由澳门中恒投资实业有限公司、广州骏业投资有限公司负责投入，且3年内投资完毕，摩托公司仅提供房地产开发资质及办理有关合作公司注册、用地报批、规划报建等手续，并无监督其他股东出资的职权，如本案参照适用《公司法》（2005年修订）以及《公司法解释三》第十三条的规定，将极大地加重摩托公司的责任，导致权利义务严重失衡，远超出其设立恒烨公司时对其所应承担的股东责任的合理预期，故一审判决参照适用《公司法》（2005年修订）及《公司法解释三》第十三条的规定，存在不当，二审法院予以纠正。摩托公司的抗辩理由成立，建行越秀支行要求摩托公司在其他股东未履行出资本息范围内对恒烨公司的债务承担连带责任，缺乏法律依据，二审法院不予支持。

关于焦点三。按照《恒烨公司章程》约定，摩托公司向恒烨公司委派董事，并非摩托公司所称其不参与经营管理。摩托公司作为股东，是清算义务人，未举证证明其已经为履行清算义务采取了积极措施，摩托公司辩称不构成"怠于履行义务"的理由不成立。

恒烨公司经法院强制执行未发现其他财产，摩托公司作为公司股东未提供证据证明公司主要财产、账册、重要文件的去向，建行越秀支行也未举证证明恒烨公司仍可进行清算，可推定恒烨公司主要财产、账册、重要文件等灭失而无法进行清算，

---

① 2020年12月29日已第二次修正。

而摩托公司也未举证证明其"怠于履行义务"的消极不作为与"公司主要财产、账册、重要文件等灭失,无法进行清算"的结果之间没有因果关系,故依据《公司法解释二》第十八条第二款"有限责任公司的股东、股份有限公司的董事和控股股东因怠于履行义务,导致公司主要财产、账册、重要文件等灭失,无法进行清算,债权人主张其对公司债务承担连带清偿责任的,人民法院应依法予以支持"的规定,建行越秀支行可以请求摩托公司对恒烨公司应付建行越秀支行的案涉债务承担连带清偿责任,但建行越秀支行该请求权应受诉讼时效的限制。

关于诉讼时效问题。根据《民法总则》[①]的规定,诉讼时效期间自权利人知道或者应当知道权利受到损害以及义务人之日起计算。公司债权人依据《公司法解释二》第十八条第二款提起的诉讼,其权利受到损害的时间应当是其知道或者应当知道"公司主要财产、账册、重要文件灭失,无法进行清算"之日。即公司债权人以《公司法解释二》第十八条第二款为依据,请求有限责任公司的股东对公司债务承担连带清偿责任的,诉讼时效期间自公司债权人知道或者应当知道公司无法进行清算之日起计算。建行越秀支行申请强制执行期间,恒烨公司于2008年12月29日被吊销营业执照,且恒烨公司营业期限至2009年12月21日届满,公司解散的两个事由已经出现。因恒烨公司无其他财产可处理,法院于2011年7月12日裁定终结本次执行。此时建行越秀支行即已知晓恒烨公司无其他可供执行财产的事实状态,恒烨公司无法清算、侵害到建行越秀支行的债权已经能够确定。按照《公司法》第一百八十三条的规定,公司因章程规定的营业期限届满、营业执照被吊销等法定事由解散的,应当在解散事由出现之日起15日内成立清算组,开始清算。《公司法解释二》第七条规定,逾期不成立清算组进行清算的,债权人可以申请人民法院指定有关人员组成清算组进行清算。建行越秀支行作为债权人、申请执行人,应当关注恒烨公司的经营情况,包括其是否正常营业、是否存在营业执照被吊销的情况,建行越秀支行在恒烨公司营业执照被吊销、营业期限届满后八九年间,既未要求恒烨公司的股东履行清算义务,也未向人民法院申请强制清算或者请求恒烨公司的股东承担赔偿责任。建行越秀支行于2018年1月16日才提起本案诉讼,早已超过了法律规定的诉讼时效期间。故建行越秀支行请求摩托公司承担赔偿责任,不予支持。

至于摩托公司提出的其是否有权在建行越秀支行放弃的价值为6432.9548万元的抵押房产优先受偿权的范围内免责的问题。基于前述争议焦点的分析,建行越秀支

---

① 已失效。

行在本案中的诉讼请求应予以驳回，而摩托公司上述主张未在一审中提出，一审亦未予审理，故对该问题不再予以审查。

对摩托公司的调查取证申请，已调取（2008）穗中法执字第 1071 号执行裁定书，并供摩托公司、建行越秀支行质证。对摩托公司申请调取的其他证据材料，已无调查收集的必要，根据《民事诉讼法解释》第九十五条[①]的规定，不予准许。

例案三：上海东展国际贸易有限公司与葛某某、顾某某等股东损害公司债权人利益责任纠纷案

【法院】

上海市静安区人民法院

【案号】

（2017）沪 0106 民初 12524 号

【当事人】

原告：上海东展国际贸易有限公司

负责人：谢某某

被告 1：葛某某

被告 2：顾某某

被告 3：黄某某

【基本案情】

上海东展国际贸易有限公司（以下简称东展公司）诉称：2014 年 6 月 30 日，上海市静安区人民法院受理东展公司起诉上海美缇塑胶制品有限公司（以下简称美缇公司）进出口代理合同纠纷案，并判决美缇公司支付东展公司 2461897.45 元、承担诉讼费 18642 元，判决生效后东展公司申请强制执行，但美缇公司未履行义务。美缇公司于 2013 年 3 月 13 日被上海市工商行政管理局松江分局吊销营业执照，三被告是美缇公司的股东，其未在法定期限履行清算义务，现美缇塑胶制品有限公司的财产、账册已灭失，无法清算，损害了东展公司作为债权人的权益，按照公司法解释的规定，三被告应对美缇公司的债务承担连带清偿责任。故诉至法院，请求：判令三被告对美缇公司应承担的债务本金 2461897.45 元、诉讼费 18642 元、延迟履行期间的

---

① 对应 2022 年 4 月 1 日修正的《民事诉讼法解释》第九十五条，法条内容未作变动。

加倍债务利息713651.2元承担连带清偿责任。

葛某某、黄某某辩称：本案已过诉讼时效，美缇公司在2013年3月13日被吊销营业执照，东展公司在2014年起诉的时候已经知道以上事实；工商年检报告显示东展公司起诉时美缇公司就已经资不抵债；葛某某、黄某某不存在未出资或侵占公司财产的事实，不应对公司债务承担民事责任。

顾某某未答辩，亦未到庭应诉。

法院经审理查明：本案东展公司与美缇公司等被告进出口代理合同纠纷一案，上海市静安区人民法院于2014年6月27日以（2013）静民二（商）初字第1887号民事判决书判决美缇公司支付东展公司1533074.69元、1369019.02元自2010年5月18日至判决生效日止的月1.25%利息、违约金1640.56元，诉讼费18642元由美缇公司承担。当事人上诉后，上海市第二中级人民法院于2014年11月21日作出终审判决维持原判。判决生效后东展公司向上海市静安区人民法院申请强制执行，美缇公司未履行义务，上海市静安区人民法院于2015年12月21日因美缇公司无财产可供执行裁定终结本次执行程序，同时决定将美缇公司纳入失信被执行人名单并在中国执行信息公开网发布。

另查明，三被告是美缇公司股东，持股比例为葛某某40%、顾某某15%、黄某某45%。美缇公司于2013年3月13日被上海市工商行政管理局松江分局吊销营业执照，后三被告未对美缇公司进行清算。

【案件争点】

东展公司的诉讼请求是否超过诉讼时效期间。

【裁判要旨】

公司解散，作为公司股东对公司清算负有义务，三被告未履行法定清算义务，依法应当承担民事责任。清算赔偿责任是基于清算义务人怠于履行清算义务而产生的侵权民事责任，即怠于清算造成债权人利益受损是股东向债权人承担责任的条件，因此审查债权人知道或应当知道权利被侵害的事实应包括股东怠于清算的消极行为，以及由此造成公司财产贬损、灭失或无法清算等事实因素，才能准确认定诉讼时效起算点。本案中，美缇公司于2013年3月13日被吊销营业执照后，股东未在法定期限进行清算，并不必然造成公司财产贬损、灭失或无法清算等后果，即便造成了公司财产贬损等后果，也并不必然导致债权人的权利受损，因此不能从该时间点起算诉讼时效。东展公司直至2015年12月21日执行案件的终本裁定送达后，方有可能知道其权利受到侵害的后果，故本案诉讼时效应从该时间点起算，东展公司的起诉未超过诉讼时效。东展公司作为生效民事判决所确定的债权人，其已证明其债权无法通过法院强制执行程序实现，以及被告存在怠于履行清算义务的事实，已承担了其应负之举证责任；被告作为负有清算义务的公司股东，其对公司状况相比作为债权人的东展公司存在天然的举证便利，故应当对其怠于履行清算义务的行为并未导致公司主要财产、账册、重要文件等灭失，以及并未造成公司无法进行清算的事实承担举证责任。被告提供的工商年检审计报告和执行裁定反映出美缇公司2011年已资不抵债、2010年即无财产可供法院强制执行等事实，仅能证明在特定的时间点美缇公司缺乏偿债能力，而据此判断公司在此后直至解散期间始终处于资不抵债、无偿债能力的状态却不具备充分的理由，更无法据此得出被告之后的怠于履行清算义务行为并未导致公司主要财产、账册、重要文件等灭失，以及并未造成公司无法进行清算的结论，故对被告的抗辩难以采纳，被告对此应当承担不利的法律后果。被告顾某某经合法传唤，未到庭应诉，应予缺席判决。

综上所述，东展公司的诉讼请求应予支持。据此判决：葛某某、顾某某、黄某某对美缇公司对东展公司所负债务承担连带清偿责任。

三、裁判规则提要

《公司法解释二》第十八条第二款规定："有限责任公司的股东、股份有限公司的董事和控股股东因怠于履行义务，导致公司主要财产、账册、重要文件等灭失，无法进行清算，债权人主张其对公司债务承担连带清偿责任的，人民法院应依法予以支持。"该条赋予了债权人起诉请求怠于履行清算义务的义务人对公司债务承担连带清偿责任的权利。但鉴于条文规定的有限性，正确、统一地理解该条文，须剖析该权利性质及构成，进而解决债权人行使该项权利是否受诉讼时效期间的限制，如受限制，如何计算诉讼时效期间，以及"终结本次执行程序"事由是否影响诉讼时效期间的计算等实践中分歧较大的问题。

（一）债权人基于《公司法解释二》第十八条第二款产生的请求权是否受诉讼时效限制

从《公司法解释二》第十八条第二款的规定来看，该条是基于侵权行为理论为债权人设置的民事权利，同时，也是为公司股东设置的民事责任。作为清算义务人的公司股东，由于怠于履行清算义务的消极行为，给公司债权人造成债权无从清偿的损失。基于该侵权，产生法定侵权之债，债权人基于此产生赔偿请求权，该赔偿请求权在性质上属于债权请求权。

《最高人民法院关于审理民事案件适用诉讼时效制度若干问题的规定》第一条规定："当事人可以对债权请求权提出诉讼时效抗辩，但对下列债权请求权提出诉讼时效抗辩的，人民法院不予支持：（一）支付存款本金及利息请求权；（二）兑付国债、金融债券以及向不特定对象发行的企业债券本息请求权；（三）基于投资关系产生的缴付出资请求权；（四）其他依法不适用诉讼时效规定的债权请求权。"显然，《公司法解释二》第十八条第二款赋予债权人的债权请求权不属于上述诉讼时效抗辩的例外情形，因此，应受诉讼时效制度的约束。

（二）债权人基于《公司法解释二》第十八条第二款产生的请求权的诉讼时效的计算

《民法典》第一百八十八条规定："向人民法院请求保护民事权利的诉讼时效期间为三年。法律另有规定的，依照其规定。诉讼时效期间自权利人知道或者应当知道权利受到损害以及义务人之日起计算。法律另有规定的，依照其规定。但是，自权利受到损害之日起超过二十年的，人民法院不予保护，有特殊情况的，人民法院可以根据权利人的申请决定延长。"结合前述规定，债权人行使请求权的诉讼时效期间应从其知道或者应当知道权利受到损害之日起计算。回归《公司法解释二》第十八条第二款法定的债权人赔偿请求权的诉讼时效期间，即应从债权人知道或者应当知道因公司股东不履行清算义务导致其债权受损之日起计算。

（三）"终结本次执行程序"事由对诉讼时效起算点计算的影响

结合前述规定，明确了债权人赔偿请求权的诉讼时效期间起算点是"债权人知道或者应当知道因公司股东不履行清算义务导致其债权受损之日起"，而司法实践中，如何认定受损之日，需要结合《公司法解释二》第十八条第二款规定，解剖权利构成要件来认定。债权人享有该权利须构成四个要件：（1）股东怠于清算的消极加害行为；（2）公司无法清算致债权人的债权无法清偿的损害结果；（3）股东怠于清算致公司主要财产、账册、重要文件灭失，无法清算与债权人的债权无法清偿之间成立因果关系；（4）股东怠于履行清算义务的主观过错。基于此，诉讼时效期间的起算点应该以债权人知道或者应当知道债务人公司无法清算致其债权无法清偿之日为准，而确认该起算点，须将股东怠于履行清算义务的起算点与债权人的债权无法清偿的起算点结合考量：当股东怠于履行清算义务发生在债权人债权无法清偿之后时，因因果关系不成立，债权人该项特殊的债权请求权亦无法成立，故不应适用该诉讼时效起算规则；当股东怠于履行清算义务发生在债权人债权无法清偿之前时，则满足前述构成要件，以最终成立要件即债权人债权无法清偿为起算点计算诉讼时效。司法实践中，公司股东怠于履行清算义务发生后，债权人多以在此后出现了"终结本次执行程序"事由为由，要求股东承担连带清偿责任，该请求权的诉讼时效以法院作出终结本次执行程序的裁定书之日起计算。

四、辅助信息

《民法典》

第一百八十八条　向人民法院请求保护民事权利的诉讼时效期间为三年。法律另有规定的，依照其规定。

诉讼时效期间自权利人知道或者应当知道权利受到损害以及义务人之日起计算。法律另有规定的，依照其规定。但是，自权利受到损害之日起超过二十年的，人民法院不予保护，有特殊情况的，人民法院可以根据权利人的申请决定延长。

《公司法解释（二）》

第十八条第二款　有限责任公司的股东、股份有限公司的董事和控股股东因怠于履行义务，导致公司主要财产、账册、重要文件等灭失，无法进行清算，债权人主张其对公司债务承担连带清偿责任的，人民法院应依法予以支持。

《最高人民法院关于审理民事案件适用诉讼时效制度若干问题的规定》

第一条　当事人可以对债权请求权提出诉讼时效抗辩，但对下列债权请求权提出诉讼时效抗辩的，人民法院不予支持：

（一）支付存款本金及利息请求权；

（二）兑付国债、金融债券以及向不特定对象发行的企业债券本息请求权；

（三）基于投资关系产生的缴付出资请求权；

（四）其他依法不适用诉讼时效规定的债权请求权。

公司股东权利行使与责任案件裁判规则第 22 条：

已登记注销的公司仍有未清偿债务，债权人依据《公司法解释二》的规定起诉清算组成员、公司股东、董事、实际控制人，要求其承担相应民事责任的，人民法院予以支持

【规则描述】　　公司注销应以合法清算完毕为前提，对于已经清算登记注销的公司未清偿债务，清算组成员或公司股东、董事、实际控制人如存在违反法律法规、不履行法定义务的情形或在注销登记过程中对公司债务作出承诺，则应承担相应责任。该规定系为保护公司债权人利益，规范公司股东、董事、实际控制人及清算组成员依法履职而设计的规则。从《公司法解释二》的规定看，清算组成员或公司股东、董事、实际控制人对公司未清偿债务承担责任的情形分 4 种：（1）清算组成员未履行对债权人的通知、公告义务导致债权人未及时申报债权而未获清偿，或执行未经确认的清算方案，或从事清算事务时，违反法律、行政法规或者公司章程时，对债权人的损失承担赔偿责任。（2）公司股东、董事、实际控制人以虚假清算报告骗取注销登记的，对公司债务承担赔偿责任。（3）公司股东、董事、实际控制人未经清算即办理公司注销登记导致公司无法清算的，对公司债务承担清偿责任。（4）公司股东、董事、实际控制人在办理公司注销登记时对公司债务作出承诺的，按承诺对公司债务承担责任。

一、类案检索大数据报告

截至 2020 年 4 月 21 日，以"清算""注销登记""未清偿""债务"为关键词，通过 Alpha 案例库共检索到类案 2538 件，经逐案阅看、分析，与本规则关联度较高

的案件共有 476 件。因其中存在同一案件的一审、二审、再审裁判，严格意义上应将其认定为一起案件（同时还有套案因素等，实质上争议的焦点问题是相同的），故剔除前述情形后，实际共有 345 件案件，也即有 345 篇裁判文书。整体情况如下：

从类案地域分布看，涉案数最多的地域是广东省，共 106 件；其次是浙江省，共 54 件。（如图 10-1 所示）

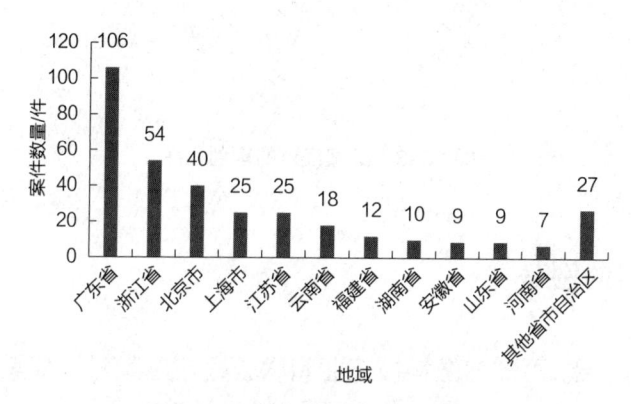

图 10-1 类案主要地域分布情况

从类案结案时间看，最多的年份是 2018 年，共有 85 件；其次为 2016 年和 2019 年，各有 66 件。（如图 10-2 所示）

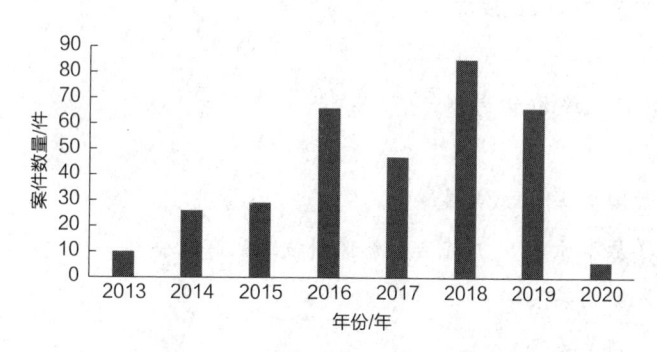

图 10-2 类案结案年度分布情况

从案件经历的审理程序看，只经过了一审程序的共计 345 件；经过一审、二审两审程序的共计 123 件，经过了一审、二审及再审程序的共计 8 件。（如图 10-3 所示）

图 10-3　类案经过的审判程序

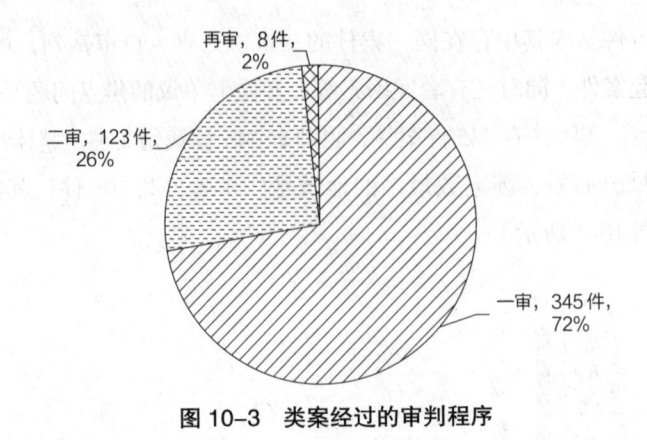

二、可供参考的例案

> **例案一：广东百诺影像科技工业有限公司与戚某某、傅某某清算责任纠纷案**

【法院】

广东省广州市中级人民法院

【案号】

（2019）粤 01 民终 8650 号

【当事人】

上诉人（原审被告）：戚某某

被上诉人（原审原告）：广东百诺影像科技工业有限公司

法定代表人：刘某某

原审被告：傅某某

【基本案情】

广东百诺影像科技工业有限公司（以下简称百诺公司）起诉请求：（1）判令戚某某、傅某某向百诺公司连带清偿货款及模具开发费 700827.6 元及逾期付款利息（利息计算方法：自 2006 年 6 月 18 日至付清之日止，以欠款额按中国人民银行同期同类逾期贷款利率计付），利息暂计至起诉之日为 527303 元；（2）判令戚某某、傅某某向百诺公司偿还案件受理费 13895 元；（3）判令戚某某、傅某某承担本案诉讼费用。

中山百诺精密工业有限公司诉广州市汇淼贸易有限公司承揽合同一案［案号为：（2008）中坦民二初字第50号］，一审判决判令广州市汇淼贸易有限公司应于判决生效之日清偿中山百诺精密工业有限公司货款及模具开发费，合共700827.6元及逾期付款利息（利息计算方法：自2006年6月18日至付清之日止，以欠款额按中国人民银行同期同类逾期贷款利率计付）。案件受理费13895元，由广州市汇淼贸易有限公司承担。广州市汇淼贸易有限公司不服上述判决书，并向广东省中山市中级人民法院提起上诉，广东省中山市中级人民法院于2013年10月14日作出（2010）中中法民二终字第17号民事判决书，判决驳回上诉，维持原判。一审案件受理费13895元和二审案件受理费13895元均由广州市汇淼贸易有限公司负担。中山百诺精密工业有限公司据此向广东省中山市第一人民法院申请强制执行。广东省中山市第一人民法院于2014年7月14日作出（2014）中一法执字第2311-2号执行裁定书，称：申请执行人中山百诺精密工业有限公司与被执行人广州市汇淼贸易有限公司承揽合同纠纷一案，法院（2008）中坦民二初字第50号民事判决书已经发生法律效力。依上述生效法律文书，被执行人广州市汇淼贸易有限公司应于判决生效之日向申请人清偿货款及模具开发费，合计700827.6元及逾期付款利息，但被执行人至今未履行付款义务。根据申请执行人申请，法院于2014年2月18日对该案立案执行。本案在执行过程中，依职权向中山市各商业银行、中山市工商行政管理局、中山市国土资源局、中山市公安局交通警察支队车辆管理所等部门调查，未发现被执行人广州市汇淼贸易有限公司在中山市有财产可供执行，经向广东省高级人民法院系统查询被执行人在广东省境内的银行存款情况，也未发现被执行人有财产可供执行，此外，也未查询到被执行人在广州市有房地产等可供执行。上述情况已告知申请执行人，申请执行人无法找到被执行人，无法提供被执行人可供执行财产线索，申请人同意本案终结本次执行。法院认为，被执行人广州市汇淼贸易有限公司暂无可供执行的财产，本案符合终结本次执行的条件，依法应终结本次执行。依照《民事诉讼法》第一百五十四条①第一款第八项之规定，裁定如下：一审法院（2014）中一法执字第2311号案终结本次执行。

2015年11月11日，广州市汇淼贸易有限公司的两位股东咸某某和傅某某作出股东会决议，内容如下："根据《公司法》及公司章程，广州市汇淼贸易有限公司于

---

① 应2021年12月24日修正的《民事诉讼法》第一百五十七条，法条内容未作变动。

2015年11月11日在公司会议室召开股东会，出席本次会议的股东共2人，代表公司股东100%的表决权，所作出的决议经公司股东表决权的100%通过。（1）因经营不善的原因，决定解散广州市汇淼贸易有限公司。同意公司停止一切经营活动，进行清算备案，同意注销本公司。（2）同意成立清算组对公司进行清算，清算组成员为戚某某、傅某某，其中负责人为傅某某。"广州市汇淼贸易有限公司于2016年2月14日出具了清算报告，称：根据《公司法》及公司《章程》的有关规定，本公司于2015年11月11日召开股东会决议解散，并成立公司清算组对公司进行清算，并已登报公告。经依法清算，情况如下：（1）本公司已于2015年11月12日在信息时报上登报公告进行注销清算；（2）本公司已了结所有未完业务，停止一切生产经营活动；（3）本公司所有税款已清缴，国、地税已注销；（4）本公司员工已妥善安置；（5）本公司债权债务已清理完毕；（6）本公司剩余财产已由股东按出资比例分配完毕。广州市工商行政管理局天河分局于2016年2月17日向广州市汇淼贸易有限公司发出了准予注销登记通知书，称"广州市汇淼贸易有限公司：经审查，提交的广州市汇淼贸易有限公司注销登记申请，申请材料齐全，符合法定形式，我局决定准予注销登记"。

百诺公司认为戚某某、傅某某应书面通知百诺公司申报债权，而不应未通知百诺公司申报债权，未经合法清算程序，恶意地在法院作出生效判决后出具虚假的《清算报告》，骗取公司登记机关办理法人注销登记，故要求戚某某、傅某某向百诺公司连带赔偿（2008）中坦民二初字第50号生效判决书确定的广州市汇淼贸易有限公司的付款义务，遂引致纠纷。

戚某某、傅某某提供：汇淼公司股东出资收款收据会计凭证（2002年11月8日），拟证明汇淼公司成立时的两名股东李某某、傅某某实缴出资的事实；汇淼公司股东会决议、戚某某出资收款收据会计凭证（2006年2月6日），拟证明汇淼公司股东李军鸿把股份转账给戚某某后，戚某某实缴出资的事实；汇淼公司欠股东戚某某共508149.53元的税务报表及会计凭证（一套），拟证明汇淼公司在2015年11月清算前累计欠股东戚某某共计508149.53元，因汇淼公司无偿付能力，戚某某放弃追讨，而在2015年税务报告和清算报告中作为"确实无法偿付的应付款项"而被列入"营业外收入"冲抵历年累积亏损的事实情况，附《汇淼公司累计向股东戚某某借款508149.53元的详细情况》及证据清单；汇淼公司在信息时报上的清算公告（2015年11月12日），拟证明戚某某、傅某某作为清算组成员在汇淼公司清算前已经依法履行了要求相关债权人向清算组申报债权的公告通知程序；执行裁定书（2014）中一法执字第 2311-2 号,拟证明原审法院执行局在 2014 年执行汇淼公司财产过程中因其无可供执行财产而终结执行的事实情况,也印证了汇淼公司在清算注销前已无任何资产的事实情况;广州市天河区国家税务局企业所得税征收方式鉴定通知书;2002 年汇淼公司验资报告、2003 年汇淼公司验资报告,2004 年至 2015 年度企业所得税汇算清缴查账报告;企业注销税务登记税款情况鉴证报告(2015 年 10 月 23 日至 2015 年 10 月 31 日),拟证明广州市汇淼贸易有限公司亏损的事实。

法院另查明,中山百诺精密工业有限公司于 2016 年 8 月 30 日变更名称为百诺公司。

戚某某、傅某某向法院提出对广州市汇淼贸易有限公司会计资料进行司法审计,一审法院认为本案是清算责任纠纷,戚某某、傅某某的申请没有事实和法律依据,故不予准许。

广州市番禺区人民法院审理后作出一审判决:傅某某、戚某某于判决发生法律效力之日起十日内向百诺公司连带赔偿(2008)中坦民二初字第 50 号民事判决书确定的广州市汇淼贸易有限公司的付款义务,包括:(1)货款及模具开发费合共 700827.6 元;(2)案件受理费 13895 元;(3)逾期付款利息(利息计算方法:自 2006 年 6 月 18 日至付清之日止,以欠款额按中国人民银行同期同类逾期贷款利率计付)。戚某某不服一审判决,向广州市中级人民法院提起上诉。广州市中级人民法院审理后作出二审判决:驳回上诉,维持原判。

【案件争点】

戚某某是否应当对汇淼公司欠付百诺公司债务承担连带赔偿责任。

【裁判要旨】

百诺公司对汇淼公司享有的债权,已经生效判决[(2010)中中法民二终字第 17 号民事判决]予以确认,法院不再重复审查。至于戚某某主张生效判决[(2010)中中法民二终字第 17 号民事判决]关于汇淼公司欠付百诺公司款项的认定有误,汇淼公司对百诺公司并不负有债务,该主张与生效判决[(2010)中中法民二终字第 17 号民事判决]的认定结果相悖,在生效判决[(2010)中中法民二终字第 17 号民事判决]被依法撤销之前,应以生效判决[(2010)中中法民二终字第 17 号民事判决]认定结果为准,戚某某对生效判决[(2010)中中法民二终字第 17 号民事判决]的异议,可另循途径解决。

在生效判决[(2010)中中法民二终字第 17 号民事判决]已经认定百诺公司对汇淼公司享有未清偿债权的情况下,戚某某作为汇淼公司股东在没有直接通知百诺公司，而仅通过登报公告的方式通知债权人申报债权。在程序上属于能够通知而没有直接通知百诺公司申报债权，导致汇淼公司未对百诺公司的债务进行处理的情况下，承诺汇淼公司债权债务已经清理完毕而注销了汇淼公司。该事实与《公司法解释二》第十九条规定相符，即"有限责任公司的股东、股份有限公司的董事和控股股东，以及公司的实际控制人在公司解散后，恶意处置公司财产给债权人造成损失，或者未经依法清算，以虚假的清算报告骗取公司登记机关办理法人注销登记，债权人主张其对公司债务承担相应赔偿责任的，人民法院应依法予以支持"。一审法院据此判决戚某某与傅某某共同对汇淼公司欠付百诺公司债务承担连带责任正确，法院予以维持。

至于戚某某申请本案中止审理的问题，戚某某以其已对生效判决［(2010)中中法民二终字第17号民事判决］申请再审，对生效判决［(2010)中中法民二终字第17号民事判决］所涉事实进行了的举报为由，要求本案中止审理缺乏法律依据。

例案二：孟某某与曲某某等清算责任纠纷案

【法院】

北京市第三中级人民法院

【案号】

（2016）京03民终1283号

【当事人】

上诉人（原审被告）：曲某某

上诉人（原审被告）：郗某某

被上诉人（原审原告）：孟某某

【基本案情】

孟某某起诉称：孟某某与瑞科罗娜（北京）服装有限公司（以下简称瑞科服装公司）劳动争议一案，北京市第三中级人民法院（2014）三中民终字第11717号民事判决书判决瑞科服装公司给付孟某某各项经济款项共计33477.41元。孟某某向北京市朝阳区人民法院申请强制执行后，发现瑞科服装公司已经于2014年10月27日注销，后该执行案件因瑞科服装公司无可供执行财产而裁定终结执行。曲某某、郗某某作为瑞科服装公司股东，注销瑞科服装公司时，未按照法律规定清理瑞科服装公司债权债务，属于未经依法清算，以虚假清算报告骗取公司登记机关办理公司注销登记，曲某某、郝某某应该对公司债务承担赔偿责任。故孟某某起诉至法院，请求判令：（1）曲某某、郝某某给付孟某某各项经济款项33447.41元及以33447.41元为基数，自2014年9月2日起至2015年8月19日止，按照日万分之五为标准计算的利息11740.04元；（2）曲某某、郝某某承担本案全部诉讼费用。

  法院经审理查明：2013年4月23日，瑞科服装公司经北京市工商行政管理局朝阳分局（以下简称朝阳工商局）依法核准登记成立，公司类型为有限责任公司，注册资本为50万元，法定代表人曲某某，股东曲某某出资40万元，郝某某出资10万元。2014年8月1日，瑞科服装公司作出瑞科服装公司关于成立清算组决议，决议事项如下：（1）同意公司注销；（2）同意由曲某某和郝某某组成清算组，依照相关法律法规及公司章程之相关规定，具体负责公司清算事宜。2014年9月17日，瑞科服装公司向朝阳工商局申请备案公司清算组成员及清算组负责人，2014年9月23日，朝阳工商局作出了备案通知书，内容为：经审查，瑞科服装公司提交的清算组备案申请，材料齐全，符合法定形式，我局予以备案。清算组成员为曲某某、郝某某，曲某某为负责人。2014年10月27日，瑞科服装公司作出注销清算报告，内容为：依据相关规定，经公司投资各方讨论通过，决定注销本公司。公司债权债务已清理完毕，各项税款及职工工资已结清，已于2014年2月28日在《新京报》报纸上发布清算公告。清算组成员签字处有曲某某和郝某某的签字。同日，瑞科服装公司召开股东会会议，会议形成如下决议："由于以下原因：决议解散；依照公司法规定，经公司股东讨论通过，全体股东决定注销本公司，公司注销后的未尽事宜由全体股东承担，全体股东一致确认清算报告内容。"全体股东签字处有曲某某和郝某某的签字。2014年11月5日，瑞科服装公司向朝阳工商局提交了企业注销申请书，同日，朝阳工商局作出了注销核准通知书，内容为："瑞科服装公司，瑞科服装公司因经营期限届满申请注销登记，经我局核定，准予注销。"另查明，瑞科服装公司与孟某某因劳动争议在北京市朝阳区人民法院曾进行过诉讼，瑞科服装公司的委托代理人黄某某及孟某某到庭参加了该诉讼。2014年7月9日，一审法院作出（2014）朝民初字第21143号民事判决书，判决瑞科服装公司该判决生效后7日内给付孟某某双倍工资差额29172.41元及解除劳动合同经济补偿金4275元。瑞科服装公司不服一审判决，上诉到北京市第三中级人民法院，2014年9月2日，该院作出（2014）三中民终字第11717号民事判决书，判决驳回了瑞科服装公司的上诉。法院庭审中，双方当事人均认可瑞科服装公司未履行生效法律文书所确定的瑞科服装公司应向孟某某履行给付金钱的义务。

北京市朝阳区人民法院作出一审判决：一、曲某某、郗某某于判决生效之日起10日内赔偿孟某某损失33447.41元；二、曲某某、郗某某于判决生效之日起10日内赔偿孟某某利息损失（以33447.41元为基数，自2014年9月10日起至2015年8月19日止，按照日万分之一点七五的标准计算）；三、驳回孟某某的其他诉讼请求。如果未按判决指定的期间履行给付金钱义务，应当依照《民事诉讼法》第二百五十三条①之规定，加倍支付迟延履行期间的债务利息。

曲某某、郗某某不服，提起上诉，北京市第三中级人民法院于2016年1月20日作出（2016）京03民众1283号二审判决：驳回上诉，维持原判。

【案件争点】

1. 孟某某是否为适格债权人。

2. 曲某某、郗某某是否应就瑞科服装公司对孟某某的债务承担赔偿责任。

3. 赔偿责任范围如何确定。

【裁判要旨】

1. 关于孟某某是否为适格债权人。孟某某与瑞科服装公司的债权债务关系已经由生效法律文书确认，瑞科服装公司应向孟某某履行生效法律文书所确定的给付金钱义务，曲某某、郗某某主张瑞科服装公司不欠付孟某某款项的上诉意见缺乏法律依据，法院不予采纳。孟某某有权以瑞科服装公司债权人身份提起本案诉讼。

2. 关于曲某某、郗某某是否应就瑞科服装公司对孟某某的债务承担赔偿责任。

（1）曲某某、郗某某作为瑞科服装公司的清算组成员，在履行清算义务时存在瑕疵。《公司法解释二》第十一条规定，公司清算时，清算组应当按照《公司法》第一百八十五条的规定，将公司解散清算事宜书面通知全体已知债权人，并根据公司规模和营业地域范围在全国或者公司注册登记地省级有影响的报纸上进行公告。清算组未按照前款规定履行通知和公告义务，导致债权人未及时申报债权而未获清偿，债权人主张清算组成员对因此造成的损失承担赔偿责任的，人民法院应依法予以支持。

本案中，瑞科服装公司及其清算组在办理瑞科服装公司清算注销事宜时，知悉瑞科服装公司与孟某某之间存在债权债务关系，并且处于诉讼程序当中，但瑞科服装公司未予以清偿，曲某某、郗某某主张口头告知了孟某某瑞科服装公司已经进入清算程序并要求其申报债权，但孟某某对此不予认可，曲某某、郗某某亦未提供相应证据予以证明，对曲某某、郗某某的该项主张，法院不予认可。故曲某某、郗某

---

① 对应2021年12月24日修正的《民事诉讼法》第二百六十条，法条内容未作变动。

某所组成的瑞科服装公司清算组未履行书面通知全体已知债权人的义务，由此导致孟某某的债权无法通过清算程序得以清偿，曲某某、郗某某应当赔偿孟某某所遭受的损失。

（2）瑞科服装公司的清算报告与其实际债务情况不符，曲某某、郗某某作为瑞科服装公司的清算义务人，应承担相应赔偿责任。《公司法解释二》第十九条规定，有限责任公司的股东、股份有限公司的董事和控股股东，以及公司的实际控制人在公司解散后，恶意处置公司财产给债权人造成损失，或者未经依法清算，以虚假的清算报告骗取公司登记机关办理法人注销登记，债权人主张其对公司债务承担相应赔偿责任的，人民法院应依法予以支持。

本案中，瑞科服装公司明知存在未清偿债务，仍于2014年10月27日作出公司债权债务已经清理完毕的清算报告，并向朝阳工商局报备注销公司，属于未经依法清算，以虚假的清算报告骗取公司登记机关办理法人注销登记的行为，瑞科服装公司股东曲某某、郗某某亦应承担瑞科服装公司对孟某某债务的赔偿责任。

（3）曲某某、郗某某作为瑞科服装公司股东在瑞科服装公司办理清算注销时，向朝阳工商局报备的股东会决议中承诺对公司注销后的未尽事宜承担责任。公司未清偿债务属于公司注销后的未尽事宜范围，鉴于在向工商局报备的股东会决议中明确记载"公司注销后的未尽事宜由全体股东承担"，而瑞科服装公司的股东即为曲某某、郗某某，该二人均在该股东会决议中签字确认。公司未清偿债务属于公司注销后的未尽事宜，孟某某主张曲某某、郗某某对瑞科服装公司未尽债务承担清偿责任，具有事实依据。

3. 关于赔偿范围。赔偿损失范围包括生效法律文书所确定的主债务及相应迟延履行期间的利息损失，虽然瑞科服装公司于2014年11月5日注销，但瑞科服装公司未履行给付金钱义务给孟某某造成的利息损失是持续发生的，该损失如前文所论述，应由瑞科服装公司股东曲某某、郗某某予以赔偿。

利息损失的计算标准，应当按照生效法律文书及《最高人民法院关于执行程序中计算迟延履行期间的债务利息适用法律若干问题的解释》所确定的日万分之一点七五的标准进行计算。利息损失计算时间应自生效法律文书所确定的履行期届满之日起算，孟某某主张计算到2015年8月19日，未超出利息损失的计算期间，一审法院判决予以支持并无不当。

综上，曲某某、郗某某的上诉请求不应予以支持。

例案三：朗豪贸易（上海）有限公司与叶某波、叶某航清算责任纠纷案

【法院】

上海市第一中级人民法院

【案号】

（2017）沪01民终1887号

【当事人】

上诉人（原审被告）：叶某波

上诉人（原审被告）：叶某航

被上诉人（原审原告）：朗豪贸易（上海）有限公司

【基本案情】

朗豪贸易（上海）有限公司（以下简称朗豪公司）起诉请求：（1）判令叶某波、叶某航对（2010）徐民二（商）初字第632号民事判决、（2012）沪一中民四（商）终字第1357号民事判决所确定的案外人某某公司付款义务的未清偿部分向朗豪公司承担连带赔偿责任；（2）判令叶某波、叶某航对（2014）徐民二（商）初字第1529号民事判决所确定的某某公司付款义务向朗豪公司承担连带赔偿责任；（3）案件受理费由叶某波、叶某航共同承担。

法院经审理查明：2010年4月20日，因案外人某某公司结欠朗豪公司货款，朗豪公司向上海市徐汇区人民法院（以下简称徐汇法院）提起诉讼，某某公司在该案审理中提出了反诉。徐汇法院经审理后于2012年7月2日作出（2010）徐民二（商）初字第632号民事判决书，判决：一、某某公司于判决生效后十日内支付朗豪公司价款4896000元，并按每日万分之三的标准支付朗豪公司上述款项自2010年4月1日起至清偿之日止的逾期付款违约金；二、某某公司于判决生效后十日内支付朗豪公司截至2010年3月31日止的逾期付款违约金318345.60元；三、朗豪公司于判决生效后十日内赔偿某某公司维修费及公证费损失9642.80元；本诉案件受理费及财产保全费合计48300.83元由某某公司负担；反诉案件受理费44705元，由朗豪公司负担25元，某某公司负担44680元；鉴定费85000元，由朗豪公司负担5000元，某某公司负担8万元。某某公司不服该判决，于2012年8月14日向上海市第一中级人民法院（以下简称一中法院）提出上诉，一中法院经审理后，于2012年9月26日作出（2012）沪一中民四（商）终字第1357号民事判决书，判决：驳回上诉，维持原

判。此后，因某某公司未履行上述民事判决，朗豪公司申请强制执行，因某某公司名下无可供执行的财产，除于2014年10月8日将位于上海火车站南立面的LED显示屏折抵执行款100万元外，朗豪公司亦不能提供某某公司名下其他可供执行的财产线索，故徐汇法院于2014年10月27日作出（2013）徐执字第24号执行裁定书，裁定：（2013）徐执字第24号执行案件的本次执行程序终结。本次执行程序终结期间，申请执行人发现被执行人有可供执行的财产线索，可以重新申请恢复执行，不受申请执行期限的限制。

2014年7月22日，因某某公司另有结欠朗豪公司的货款未清偿，朗豪公司再次向徐汇法院提起诉讼，徐汇法院经审理后于2014年8月26日作出（2014）徐民二（商）初字第1529号民事判决书，判决：某某公司于判决生效之日起十日内支付朗豪公司货款484000元及违约金（以484000元为基数，按每日万分之三为计算标准，从2011年1月16日起计算至实际清偿之日止），并承担案件受理费5246元。2015年3月30日，因某某公司未履行（2014）徐民二（商）初字第1529号民事判决书所确定的义务，朗豪公司申请强制执行。因某某公司已经工商行政管理部门核准注销，故徐汇法院于2015年9月15日作出（2015）徐执字第1690号民事裁定书，裁定：（2014）徐民二（商）初字第1529号民事判决终结执行。

2014年11月26日，朗豪公司以某某公司在明知对朗豪公司负有巨额债务的情况下，未通知朗豪公司，也未向朗豪公司清偿债务或提供担保，便在工商机关办理了减资登记，严重危及朗豪公司债权实现为由，向上海市浦东新区人民法院（以下简称浦东法院）提起诉讼，要求叶某航、叶某波在减资金额范围内对朗豪公司的债权承担连带补充赔偿责任。浦东法院经审理后于2015年1月21日作出（2014）浦民二（商）初字第4245号民事判决书，判决：叶某航在减资210万元范围内、叶某波在减资90万元范围内，对（2010）徐民二（商）初字第632号民事判决、（2012）沪一中民四（商）终字第1357号民事判决所确定的某某公司付款义务的未清偿部分向朗豪公司承担连带补充赔偿责任；案件受理费15400元，由叶某航负担10780元，叶某波负担4620元。叶某航、叶某波不服该判决，于2015年3月19日向一中法院提出上诉，一中法院经审理后，于2015年6月19日作出（2015）沪一中民四（商）终字第675号民事判决书，判决：驳回上诉，维持原判。

某某公司成立于2008年7月16日，系有限责任公司，公司注册资本为500万元，股东为叶某波、叶某航。

2014年10月25日，某某公司召开临时股东会，两股东叶某波、叶某航到会。

经全体股东同意,形成股东会决议如下:(1)基于经营不善的原因,同意注销某某公司;(2)成立清算组,成员为叶某波、案外人余某,其中叶某波为清算组负责人;(3)清算组在成立之日起10日内应当将清算组成员、清算组负责人名单向公司登记机关办理备案;(4)清算组成立之日起10日内通知债权人,并于60日内在报纸上公告。在清理公司财产、编制资产负债表和财产清单后,及时制定清算方案,报股东确认;(5)清算结束、清算组应制作清算报告,报股东确认。2014年10月31日,某某公司两股东叶某波、叶某航向上海市普陀区市场监督管理局提交公司登记(备案)申请书,备案某某公司清算组负责人、清算组成员,并出具承诺书。同日,上海市普陀区市场监督管理局向某某公司出具内资公司备案通知书,确认备案事项为清算组负责人:叶某波,清算组成员:案外人余某。

2014年12月22日,某某公司作出《上海某某有限公司注销清算报告》,载明:"一、清算过程:……2.清算组已在成立之日起十日内通知了所有债权人,并于2014年11月4日在上海商报上刊登了注销公告;3.清算组按制定的清算公司财产、编制资产负债表和财产清单后,制定了清算方案,并报请股东确认。二、清算结果:1.清算组按制定的清算方案处置公司财产,并按法律规定的清偿顺序进行清偿;2.清偿顺序如下……3.公司债务已全部清偿;4.公司财产已处理完毕。"清算组负责人叶某波及成员余某在注销清算报告上签字。叶某波、叶某航作为股东在注销清算报告上签字确认了该清算报告,并承诺:公司债务已清偿完毕,若有未了事宜,股东愿意在法律规定的范围内继续承担责任。同日,某某公司召开临时股东会,两股东叶某波、叶某航到会。经全体股东同意,形成股东会决议如下:(1)基于经营不善的原因,同意注销某某公司;(2)清算组已于成立之日起10日内通知债权人,并于2014年11月4日在《上海商报》上刊登注销公告;(3)同意清算组出具的清算报告,并由清算组向公司登记机关申请注销登记。

2015年3月16日,某某公司向上海市普陀区市场监督管理局提交公司注销登记申请书,在该申请书中某某公司在债权债务清理情况一栏勾选了已清理完毕选项。申请人声明"本公司依照《公司法》《公司登记惯例条例》申请注销登记,提交材料真实有效"一栏由叶某波签字,并加盖了某某公司公章。2015年3月20日,上海市普陀区市场监督管理局出具准予注销登记通知书,载明:"经审查,提交某某公司的注销登记材料齐全,符合法定形式,我局准予注销登记。"

一审中,朗豪公司确认收到(2013)徐执字第24号执行裁定确定的折抵执行款100万元,并确认叶某波和叶某航为履行(2014)浦民二(商)初字第4245号民事判决所确定的付款义务，分别于2015年10月22日支付18万元，于2015年12月9日支付40万元，于2015年12月10日支付32万元，于2016年1月12日支付675000元，于2016年2月18日支付325000元，于2016年8月30日支付60万元，共计支付250万元。

上海市浦东新区人民法院一审判决：一、叶某波、叶某航于判决生效之日起十日内对朗豪公司在（2010）徐民二（商）初字第632号民事判决中未获清偿的债权承担连带赔偿责任。二、叶某波、叶某航于判决生效之日起十日内对朗豪公司在（2014）徐民二（商）初字第1529号民事判决中未获清偿的债权承担连带赔偿责任。叶某波、叶某航不服，提起上诉，上海市第一中级人民法院于2017年3月24日作出二审判决：驳回上诉，维持原判。

【案件争点】

1. 案外人某某公司是否按照法律规定程序进行清算，该公司两股东叶某波和叶某航是否应当承担连带赔偿责任。

2. 如果叶某波和叶某航需要承担连带赔偿责任，赔偿的范围为多少。

【裁判要旨】

本案系因某某公司对朗豪公司负有拖欠货款的债务，由于某某公司的注销，导致该公司债权人即朗豪公司的债权无法得到清偿，故朗豪公司请求由某某公司的股东即叶某波及叶某航依法承担因清算而产生的相应赔偿责任的纠纷。

某某公司在注销前对朗豪公司所负的债务已由徐汇法院的两份生效判决予以确认，朗豪公司亦就此向法院申请了强制执行，扣除在执行过程中双方均表示认可的折抵款项及减免款项，朗豪公司的债权金额亦即某某公司的债务金额为确定的金额。一审法院的相关事实认定，清楚无误。某某公司及其股东叶某波、叶某航在明知某某公司对朗豪公司负有债务的情况下进行公司清算，理当依法通知债权人参加该公司债权债务的清理。而上述清算方并未向其债权人朗豪公司履行法定的通知义务，客观上剥夺了债权人参与清算公司相关债权债务清理的权利。某某公司的清算组织在明知该公司尚有对朗豪公司的债务未清偿，却在其出具的注销清算报告中称，该清算组已依法通知了所有债权人，其清算结果为公司债务已全部清偿。上述清算报告的内容明显与事实不符，并存在违法情形。一审法院据此认定因某某公司未经依法清算，以向工商管理机关出具虚假的清算报告办理公司注销登记，故朗豪公司依据《公司法解释二》第十九条的相关规定，要求某某公司的两股东叶某波、叶某航对该公司注销前所负债务向债权人朗豪公司承担连带赔偿责任，并无不当。故叶某波、叶某航认为其作为某某公司的股东，在某某公司的注销过程中并不存在主观过错，亦未对本案被上诉人朗豪公司造成任何实际损失的上诉理由，不能成立，法院对此不予采信。

至于叶某波、叶某航作为股东当为某某公司的不合法注销行为，对作为债权人的朗豪公司应承担赔偿责任的范围，一审法院依据徐汇法院的两份已生效判决所确认的涉案欠付货款本金、相关诉讼费用和可抵扣费用及金额等，所作出的判决结果，并未超越本案的事实及法律的规定，亦无不妥。叶某波、叶某航认为涉案逾期付款违约金过高，处理结果对两上诉人不公，请求予以调整，事实依据和法律依据均不充分，法院对此同样不予采信。

综上所述，叶某波、叶某航的上诉请求不应予以支持。

三、裁判规则提要

《公司法解释二》第十一条规定："公司清算时，清算组应当按照公司法第一百八十五条的规定，将公司解散清算事宜书面通知全体已知债权人，并根据公司规模和营业地域范围在全国或者公司注册登记地省级有影响的报纸上进行公告。清算组未按照前款规定履行通知和公告义务，导致债权人未及时申报债权而未获清偿，债权人主张清算组成员对因此造成的损失承担赔偿责任的，人民法院应依法予以支持。"第十九条规定："有限责任公司的股东、股份有限公司的董事和控股股东，以及公司的实际控制人在公司解散后，恶意处置公司财产给债权人造成损失，或者未经依法清算，以虚假的清算报告骗取公司登记机关办理法人注销登记，债权人主张其对公司债务承担相应赔偿责任的，人民法院应依法予以支持。"第二十条规定："公司解散应当在依法清算完毕后，申请办理注销登记。公司未经清算即办理注销登记，导致公司无法进行清算，债权人主张有限责任公司的股东、股份有限公司的董事和控股股东，以及公司的实际控制人对公司债务承担清偿责任的，人民法院应依法予以支持。公司未经依法清算即办理注销登记，股东或者第三人在公司登记机关办理注销登记时承诺对公司债务承担责任，债权人主张其对公司债务承担相应民事责任的，人民法院应依法予以支持。"上述司法解释条文围绕对清算组成员及公司股东、董事、实际控制人在何种情形下应对已注销公司的未清偿债务承担何种责任作了全面的制度设计。此类案件的争议焦点主要集中在两点：（1）清算组成员及公司股东、董事、实际控制人何种情形下应对已注销公司的未清偿债务承担责任及承担何种责任；（2）清算组成员及公司股东、董事、实际控制人对已注销公司的未清偿债务承担责任的范围。

（一）清算组成员及公司股东、董事、实际控制人何种情形下应对已注销公司的未清偿债务承担责任

1.清算组成员何种情形下应对已注销公司的未清偿债务承担责任。根据《公司法》第一百八十四条第一款第二项、第一百八十五条规定，清算组成员负有将公司解散清算事宜通知、公告债权人的职权和义务。《公司法解释二》第十一条进一步明确，清算组的通知公告义务包括书面形式通知已知债权人和进行报纸公告。清算组未履行通知和公告义务导致债权人未及时申报债权而未获清偿的，对于债权人因此未获清偿的债权，清算组成员负有赔偿责任。在审判实践中，应审查清算组成员是否履行《公司法》《公司法解释二》规定的通知公告义务，确定其是否应当承担赔偿责任。

2.公司股东、董事、实际控制人何种情形下应对已注销公司的未清偿债务承担责任。根据《公司法》第一百八十三条规定，有限责任公司的清算组由股东组成，股份有限公司的清算组由董事或者股东大会确定的人员组成，公司股东、董事、实际控制人与清算组成员常常存在重合，作为清算组成员的公司股东、董事、实际控制人自然可以根据前述规则确定责任。除此之外，根据《公司法解释二》第十九条、第二十条的规定，公司股东、董事、实际控制人还在以下情形对公司债务承担责任：（1）公司解散后恶意处置公司财产，造成债权人损失的；（2）以虚假清算报告骗取注销登记的；（3）未经清算即办理注销登记造成公司无法清算的；（4）在公司注销登记中对公司债务作出承诺。审判实践中应当针对上述4种情形，审查案件事实，确定公司股东、董事、实际控制人应否对公司未清偿债务承担责任。

（二）清算组成员及公司股东、董事、实际控制人对已注销公司的未清偿债务承担责任的范围

明确清算组成员及公司股东、董事、实际控制人应当对公司未清偿债务承担责任后，还应当进一步确定责任的形式和范围。根据《公司法解释二》第十一条、第十五条第二款、第十九条、第二十条、第二十三条第一款的规定，清算组成员及公司股东、董事、实际控制人承担责任的形式分为三种：赔偿责任、清偿责任、按承诺确定的责任。

1.赔偿责任的范围和适用。赔偿责任，对应清算组成员及公司股东、董事、实际控制人造成的债权人的损失，其责任范围限于债权人本应获得清偿，但因清算组成员及公司股东、董事、实际控制人原因而实际未获清偿的债权。对于非因清算组成员及公司股东、董事、实际控制人原因未获清偿的债权，不属于清算组成员及公司股东、董事、实际控制人的赔偿责任范围。赔偿责任适用于依据《公司法解释二》第十一条、第十九条确定的责任。

2.清偿责任的范围和适用。清偿责任，对应债权人未清偿的债务，是专适用于公司股东、董事、实际控制人未清算而办理注销登记，导致公司无法清算情形的责任。出于立法本意理解，公司股东、董事、实际控制人的注销登记行为导致公司无法清算，债权人的损失也无从确定，此时基于维护诚信原则和公序良俗原则，直接依据债权人未清偿债务作为认定公司股东、董事、实际控制人责任范围的依据，是一种较重的责任形式，具有显著的导向性。审判实践中，应重点审查公司是否无法清算。

3.按承诺确定的责任的范围与适用。按承诺确定的责任是《公司法解释二》第二十条第二款确定的责任形式，在公司登记注销的过程中，工商登记机关通常要求公司股东或第三人明确公司经合法清算、债权债务处理完毕，并要求公司股东或第三人对未清偿的公司债务承诺承担一定责任。承诺主体根据承诺内容的不同，将对公司债务承担相应的责任。由于此种注销登记时的承诺十分常见，所以审判实践中按承诺确定的责任形式常与其他责任形式一并适用。

四、辅助信息

《公司法解释二》

第十一条　公司清算时，清算组应当按照公司法第一百八十五条的规定，将公司解散清算事宜书面通知全体已知债权人，并根据公司规模和营业地域范围在全国或者公司注册登记地省级有影响的报纸上进行公告。

清算组未按照前款规定履行通知和公告义务，导致债权人未及时申报债权而未获清偿，债权人主张清算组成员对因此造成的损失承担赔偿责任的，人民法院应依法予以支持。

第十九条　有限责任公司的股东、股份有限公司的董事和控股股东，以及公司的实际控制人在公司解散后，恶意处置公司财产给债权人造成损失，或者未经依法清算，以虚假的清算报告骗取公司登记机关办理法人注销登记，债权人主张其对公司债务承担相应赔偿责任的，人民法院应依法予以支持。

第二十条 公司解散应当在依法清算完毕后，申请办理注销登记。公司未经清算即办理注销登记，导致公司无法进行清算，债权人主张有限责任公司的股东、股份有限公司的董事和控股股东，以及公司的实际控制人对公司债务承担清偿责任的，人民法院应依法予以支持。

公司未经依法清算即办理注销登记，股东或者第三人在公司登记机关办理注销登记时承诺对公司债务承担责任，债权人主张其对公司债务承担相应民事责任的，人民法院应依法予以支持。

第三部分
公司股东权利行使与责任案件裁判关联规则

公司股东权利行使与责任案件裁判规则第1条：

有限责任公司股东未依约履行出资义务或者抽逃出资，股东资格和权利并不当然被剥夺，公司或其他股东直接提起诉讼，请求人民法院判决限制股东权利或解除股东资格的，不予支持

【规则描述】 有限责任公司股东未依约履行出资义务或者抽逃出资，股东资格和权利并不当然被剥夺，公司或其他股东直接提起诉讼，请求人民法院判决限制股东权利或解除股东资格的，不予支持。限制股东权利、解除股东资格属公司自治范畴，对于未全面履行出资义务或者抽逃出资的股东，公司可根据公司章程或者股东会决议对其利润分配请求权、新股优先认购权、剩余财产分配请求权等股东权利作出相应的合理限制；对于未履行出资义务或者抽逃全部出资的股东，经公司催告缴纳或者返还，其在合理期间内仍未缴纳或者返还出资，公司可以股东会决议解除该股东的股东资格。出现上述情形，经法定程序召集、召开、表决、形成的限制股东权利、解除股东资格的股东会决议，不应被认定无效。

公司股东权利行使与责任案件裁判规则第2条：

各方就投资款项的性质未作明确约定，投资人提起诉讼请求返还投资本金及收益或确认股东资格，应当综合公司外部登记以及投资人参与公司经营、获取收益情况，区分债权投资和股权投资

【规则描述】 投资，是指特定经济主体为了在未来可预见的时期内获得收益或使资金增值，在一定时期内向一定领域投放足够数额的资金或实物的经济行为。从投资者的角度来说，投资可以分为股权投资与债权投资。与股权投资不同，债权投资所投入资金并不形成公司自有资金，公司应当还本付息。该条规则旨在对股权投资与债权投资加以区分，对于投资者向公司投入资金的性质，不应仅依据股权登记或款项备注等进行判断，而应当综合考虑公司股权工商登记情况以及投资人参与公司经营、获取收益情况进行认定。

▲ 公司股东权利行使与责任案件裁判规则第 3 条：

有限责任公司的实际出资人请求登记为公司股东的，须经其他股东过半数同意。实际出资人举证证明其他股东对其实际出资知情，且对其实际行使股东权利未提出异议，其他股东抗辩不同意变更登记该实际出资人为公司股东的，人民法院不予采纳抗辩意见

【规则描述】有限责任公司实际出资人欲显名，取得股东资格的，应当提供证据证明其有出资意愿并有对应的出资，同时公司其他股东对出资事实知情且同意。同意应作扩大理解：包括明示的同意及默认同意，实际出资人能够证明在合理期限内实际出资人参与公司经营、享受股东权利，其他股东未提出异议，则也可以要求登记为公司股东。根据现行审判规则，实际控制人履行出资义务且在经营过程中已经获得其他股东认可，不应当在主张显名登记时加重实际出资人的证明要求。合理科学分配隐名股东和其他股东之间的举证责任，综合判断股东的真实意思表示，提高了规则的可操作性，实现了实际出资人权利保护和公司人合性及信赖利益保护的平衡。

▲ 公司股东权利行使与责任案件裁判规则第 4 条：

登记于公司登记机关的股东提起诉讼主张其被冒名登记为股东，人民法院应当结合公司设立背景，工商登记的情况，被出具名义者与公司、公司法定代表人、实际控制人等之间的关系等客观事实，综合认定原告是否知道或者应当知道"出具名义"的事实

【规则描述】登记于公司登记机关的股东否认其具有公司股东身份主要有两个事由：一为"名义股东"，二为"被冒名股东"。在均存在出具名义这一客观事实的情况下，是否自愿出具名义是两者之间主要的区别。名义股东需要证明这种出具名义的自愿性，比如已签署股权代持协议；而冒名股东需要否认自愿性，比如提交身份证挂失证明等证据并由法院结合其他细节具体分析，在认定上存在难度。

公司股东权利行使与责任案件裁判规则第 5 条：

有限责任公司继受股东请求查阅公司特定文件材料，公司抗辩主张该股东对其成为公司股东之前的特定文件材料不享有知情权的，人民法院不予采纳。继受股东的请求符合《公司法》第三十三条或者公司章程的规定的，人民法院予以支持

【规则描述】 股东知情权，是公司股东的固有权利，不可被公司章程、股东之间的协议等实质性剥夺。有限责任公司的继受股东作为公司股东，有权行使股东知情权，查阅、复制公司特定文件材料，并不受时间跨度的限制。但该股东查阅、复制公司特定文件材料的范围、程序，应当严格遵守法律规定以及公司章程的特别约定，并受到诚实信用和公平合理原则的限制，不应滥用股东权利而严重影响公司正常管理，公司有合理根据认为股东查阅会计账簿有不正当目的，可能损害公司合法利益的，可以拒绝提供查阅。

公司股东权利行使与责任案件裁判规则第 6 条：

有限责任公司股东仅依据《公司法》第三十三条之规定请求查阅公司会计凭证的，人民法院不予支持，但公司章程对此有特殊规定的除外

【规则描述】 对于有限责任公司股东能否查阅会计凭证的问题，司法实践分歧巨大。根据《会计法》的相关规定，会计凭证与会计账簿、财务会计报告并非同一概念，且不存在包含关系。而《公司法》第三十三条规定的有限责任公司股东有权查阅的会计资料并不包括会计凭证，因此，有限责任公司股东请求查阅会计凭证，并没有直接的法律依据。但有法官认为，如果不允许有限责任公司股东查阅会计凭证，则无法核实会计账簿、财务会计报告的真实性，《公司法》设立股东知情权制度的目的将落空，因此应当允许有限责任公司股东查阅会计凭证。例案三根据《公司法》关于财务、会计制度的规定，从公司章程约定的角度，结合公司财务制度的实际运行情况，确立了公司未履行向股东提供经审计的财务会计报告的法定义务，有限责任公司股东可依据章程约定请求查阅会计凭证的裁判规则。

公司股东权利行使与责任案件裁判规则第 7 条：

有限责任公司股东请求查阅公司会计账簿，公司抗辩主张股东查阅会计账簿有不正当目的的，应从合理根据、损害公司合法利益可能性两方面综合认定

【规则描述】《公司法》第三十三条第二款规定了"不正当目的"作为否认股东查账权的事由，但并未规定认定"不正当目的"的标准，导致股东知情权有因此被侵害之虞。出于正当目的是我国公司法对于股东行使正当会计账簿查阅权的主要要件上的规定。但是，"正当目的"是一个相对模糊的概念，法律应当给予更明晰的界定。为了保护股东知情权，合理认定"不正当目的"，《公司法解释四》立足审判实践，对股东可能存在"不正当目的"的情形进行了列举加概括式规定。根据该规定，认定"不正当目的"时，一是必须"可能损害公司合法利益"，由于损害后果并未发生，对"可能"只能通过常理进行推断，但应当达到较大可能性；二是必须有合理根据，由于"不正当目的"属于主观心理，只能借助股东的客观行为来合理认定或者进行法律推断。

公司股东权利行使与责任案件裁判规则第 8 条：

股东以股东会或者股东大会决议中其签名系伪造为由，请求撤销决议或者确认决议不成立，但公司有证据证明该股东事先对代签名知情或者事后予以追认，人民法院不予支持。如果股东对代签名事先不知情、事后未追认，但对决议未产生实质影响或者不符合《公司法解释四》第五条规定的情形，人民法院不予支持

【规则描述】股东会或者股东大会决议中代股东签名行为归根结底属于单一的民事法律行为，然而要对该民事法律行为是否对公司决议行为效力产生影响进行评价，应当从两个层面展开：层面一，应当对该民事法律行为的效力进行评价，那么，行为人是否具备民事行为能力、意思表示是否真实、行为内容是否合法 3 个要件应是缺一不可的。层面二，股东签名代签就涉及意思表示真实与否的认定。在具体案件中，涉及代签问题，即应对是否为股东真实意思表示进行审查，如若股东事先授权或明知代签而默示或事后明确真实，都应属股东真实意思表示，此时股东以代签为由对股东会决议提出异议，不应支持；如若股东确不知情的代签，虽然股东的民事法律行为的效力因要件缺乏而受影响，但该影响是否必然影响公司决议行为的效力，则应结合《公司法》及司法解释关于决议不成立、撤销的相关规定进行评价。例如，股东以代签为由主张股东会决议不成立，应结合《公司法解释四》的规定，在代签基础上进一步审查公司是否存在未召开会议或者未对决议事项进行表决等导致决议不成立的法定情形。又如，股东以代签为由主张撤销股东会决议，应结合《公司法》第二十二条第二款的规定，在代签基础上进一步审查会议表决方式是否存在严重瑕疵且对决议产生实质影响。

公司股东权利行使与责任案件裁判规则第 9 条：

公司未按照法律或公司章程规定的期限通知股东参加股东会或者股东大会，股东未就此提出异议，并直接或者委托他人出席了会议，发表意见、参与表决，之后该部分股东又以召集程序违法为由，请求撤销该股东会或者股东大会决议的，人民法院不予支持

【规则描述】《公司法解释四》第四条规定，公司决议撤销之诉可以由法院裁量驳回，即会议召集程序或者表决方式仅有轻微瑕疵，且对决议未产生实质影响的，应当维持决议效力。公司未按照法律或者章程规定的期限通知股东参加股东(大)会，比如应当提前15日通知，实际提前14日通知股东，但股东并未就通知迟延问题向公司提出异议，而由本人或者委托他人出席了会议，在会上发表意见、参与表决。会议最终形成了有效决议。此时，股东已经有效行使了股东权利，决议内容反映了公司股东的真实意思，通知日期的迟延属于轻微瑕疵。如果股东再以天数不足构成召集程序违法为由要求撤销该决议，人民法院应当依法驳回其诉讼请求。

公司股东权利行使与责任案件裁判规则第 10 条：

人民法院对公司决议撤销纠纷中决议内容的审查范围仅限于是否违反公司章程。人民法院应尊重公司自治，不对决议内容进行商业判断

【规则描述】股东会或者股东大会、董事会的会议召集程序、表决方式违反法律、行政法规或者公司章程，或者决议内容违反公司章程的，股东可以自决议作出之日起 60 日内，请求人民法院撤销。人民法院在审理公司决议撤销纠纷时，对于决议内容的审查仅涉及是否违反公司章程。若决议内容违反公司章程，可以判决撤销公司决议；反之则不能。而对于并不违反公司章程的决议，其作出所依据的事实是否存在、作出理由是否成立，均属于公司自治内容，法院不对其进行商业判断。司法应充分尊重公司决策机关的商业判断，只要公司的商业决策不损及强制性规定和社会公共利益，一般不应当否定其正当性。公司的公司法人治理结构由决策权力机关、执行机关、监督机关组成，《公司法》推行股东内部救济原则，更有利于当事人及时主张其权利，也防止了当事人滥用诉讼权利。

公司股东权利行使与责任案件裁判规则第 11 条：

公司根据股东会或股东大会、董事会决议已办理变更登记，人民法院判决确认该决议不成立或撤销该决议的，相关主体请求公司撤销变更登记，人民法院应当予以支持，但撤销变更登记涉及善意相对人利益的除外

【规则描述】公司根据股东会或者股东大会、董事会决议已办理变更登记的，如果所依据的决议被人民法院判决确认无效或者撤销的，《公司法》第二十二条、《公司法解释四》第六条规定公司应当向公司登记机关申请撤销变更登记，但公司依据该决议与善意相对人形成的民事法律关系不受影响。由于决议不成立是《公司法解释四》新确立的制度，对于公司决议不成立的法律后果，现行公司法律规范未做规定。考虑到公司决议不成立也可能涉及变更登记的问题，且公司决议不成立的法律后果与公司决议无效、被撤销的法律后果均导致公司决议不具有约束力，故应当参照《公司法》《公司法解释四》关于公司决议无效、被撤销时的法律后果，明确如果公司办理变更登记所依据的决议被人民法院判决确认不成立，公司应当向公司登记机关申请撤

销变更登记，但公司已经依据该决议与善意相对人形成的民事法律关系不受影响。

❄ 公司股东权利行使与责任案件裁判规则第 12 条：

公司章程是股东自治规则的载体，具有公司自治特点，只要股东达成合意，且不违背法律的强制性规范，公司章程即为有效。公司章程的内容违反法律禁止性规定，股东有权提起诉讼要求确认公司章程无效，人民法院应予支持。股东仅以修改公司章程的决议存在程序瑕疵为由，请求确认公司章程无效的，人民法院不予支持

【规则描述】 公司章程不仅体现股东的自由意志，也必须遵守国家的法律规定。公司章程违反法律强制性规定，股东有权提起诉讼要求确认公司章程无效。公司章程未违反法律强制性规定，仅修改公司章程的决议存在程序瑕疵的，股东提起诉讼要求确认公司章程无效的，法院不予支持。强制性条款应当是指不能由当事人自行选择而必须遵守的规定，对该类规定的违反可能损害国家和社会公共利益。公司章程作为股东之间的协议，是公司的组织准则与行为准则，只要不违反法律、行政法规的强制性规定，公司章程即具有法定约束力。公司章程与《公司法》条款规定不一致时，应当结合具体案件判定所涉法条的性质是否属于强制性规定，凡所涉法条不属于强制性规定的，即不影响公司章程的效力。

后　记

最高人民法院在《人民法院第五个五年改革纲要（2019—2023）》中提出，完善类案和新类型案件强制检索报告工作机制。类案同判研究机制的健全完善对促进统一法律适用、提升司法公信力具有重要意义和价值，实现类案公正无疑是促进和谐社会建设的重要举措。中国法学会（最高人民法院）审判理论研究会、中国应用法学研究所按照最高人民法院党组的要求，积极开展类案裁判规则的编写工作。为此，由中国应用法学研究所韩德强主任担任主编，统筹北京市第二中级人民法院民四庭员额法官和法官助理组建编写团队，编写公司股东权利行使与责任案件裁判规则。

股东是公司的投资者，是公司直接融资的主要对象。公司要能够实现国民财富的增长，必须要有充足的资本来源。如果公司不能很好地维护股东的合法权益，不能为股东谋取合法收益，股东投资热情必将减退。因此，依法维护股东权利，是依法保护营商，促进"大众创业、万众创新"的重要条件。根据权利与义务相统一、有权必有责的原则，股东享有权利，必然还有履行相应义务，在公司日常运行、与外部债权人发生法律关系时，如果股东没有履行应尽的义务，按照公司法及司法解释的规定，股东应当对公司、其他股东或者债权人承担相应责任。关于股东权利行使与责任的案件，是公司诉讼中体量最大的一类案件，因此，本书编写人员对涉股东权利行使与责任类案件进行精细梳理和深度解析。在编书过程中，通过检索典型案件，梳理《公司法》、五部公司法解释、《全国法院民商事审判工作会议纪要》相关条款，汇总提炼形成较为权威的裁判规则。

本书的编撰历时一年有余，2020年伊始，新冠肺炎病毒疫情在我国蔓延开来，很多计划中的工作因此搁浅，但由于公司股东权利行使与责任问题的复杂性，对于审判中遇到的一些疑难问题又必须经过深度研讨和论证。韩德强主编多次与编写组全体成员线上座谈商讨，明确编写原则和定位，并对每个裁判规则的筛选审定、格式内容编排、类案检索报告的全面性与权威性等内容进行梳理和修正。北京市第二中级人民法院廖春迎副院长和民四庭杜岩庭长为课题组的组成与运转提供了坚实支撑与保障，二中院民四庭的全体员额法院和法官助理均参与了规则撰写。编写团队多次通过现场会议、视频连线等方式协调工作，进一步统一观点、修改文字，确保书籍编写工作的顺利有序进行。每一位作者在编写中均以极大的热情全身心投入，在繁忙的工作之余付出大量时间和精力对规则反复推敲；穷尽检索手段从数千件裁判文书中筛选适合的典型案例，只为尽最大可能找到同类案例，就已有的案例进行讨论，反复推敲，甄选出有代表性的案例，进而确立类案裁判规则，从而保证本书的编写质量。

全书 22 个规则基本反映了现今涉及公司股东权利行使与责任案件类型，明确了类案裁判规则。尤其是在国家提出"改善投资和市场环境，加快对外开放步伐，降低市场运行成本，营造稳定公平透明、可预期的营商环境，加快建设开放型经济新体制，推动我国经济持续健康发展"的大背景下，希冀通过对该领域类案规则的梳理和编撰为法院裁判确立法律适用的尺度标准，体现经济新常态下商事审判服务党和国家工作大局，引导公众正确行使诉权，提高守法用法能力。

最后，感谢为本书编撰提供友情支持和帮助的所有司法界、理论界、实务界的同仁，希望本书能够在未来的法律工作中发挥实际作用。